CUJIN QINGHAISHENG
XUNHUANJINGJIFAZHANDE
ZHIDUBAOZHANGTIXI YANJIU

2015年度青海省高等学校教研创新团队
“西方经济学与青海民族地区社会经济发展教研创新团队”建设成果

促进青海省循环经济发展的制度保障体系研究

曲波　王健　著

民族出版社

目　录

绪　论

一、研究背景和研究意义

（一）研究背景

传统经济运行模式在推动和实现可持续发展方面的问题越来越多，人类发展需要以新的经济增长方式作支撑。自 20 世纪 70 年代起，世界各国对传统掠夺式利用资源和线性增长模式、自身生产生活行为进行深刻反思，开始探寻如何转变经济发展模式、实现新的发展。各国政府以及国际组织均纷纷将这一问题纳入议事日程。1966 年，美国经济学家波尔丁在宇宙飞船理论的基础上，提出循环经济概念。1972 年，罗马俱乐部发表了研究报告《增长的极限》，指出稀缺自然资源将制约发展直至最终将使其停止而达到增长的极限。这份报告被认为是第一次系统地考察了经济增长与人口、自然资源、生态环境和科学技术进步间的关系问题。联合国世界环境与发展委员会于 1987 年提出了《我们共同的未来》研究报告，报告专门用《公共资源管理》一章探讨如何通过管理实现资源的高效利用、再生和循环，提出了按生态系统的自然规律、循环利用自然资源，解决可持续发展的问题。循环经济的概念正式出现，并为国际社会所关注。循环经济实质是以尽可能少的资源消耗和尽可能小的环境代价实现最大的发展效益，是兼顾发展经济、节约资源和保护环境的一体化战略。

我国对于发展循环经济的认识是在实践中逐步加深的。在党的十六大上，中央对实现全面小康社会的战略目标和走新型工业化道路进行了全面的战略部署。十六届三中全会提出了“以人为本，全面、协调、可持续发展”的科学发展观，四中、五中全会决议中明确提出要大力发展循环经济，把发展循环经济作为调整经济结构和布局，实现经济增长方式转变的重大举措。“十一五”规划把大力发展循环经济、建设资源节约型和环境友好型社会列为基本方略。党的十七大提出了建设生态文明的理念，提出到2020年要实现“建设生态文明，基本形成节约能源资源和保护生态环境的产业结构、增长方式、消费模式。循环经济形成较大规模，可再生能源比重显著上升。主要污染物排放得到有效控制，生态环境质量明显改善。”，并要求“要完善有利于节约能源资源和保护生态环境的法律和政策，加快形成可持续发展体制机制。”党的十八大提出要大力推进生态文明建设，着力推进绿色发展、循环发展、低碳发展，并提出要“加强生态文明制度建设。要把资源消耗、环境损害、生态效益纳入经济社会发展评价体系，建立体现生态文明要求的目标体系、考核办法、奖惩机制。”中共中央国务院印发《生态文明体制改革总体方案》，提出“形成支持绿色发展、循环发展、低碳发展的利益导向机制”“完善资源循环利用制度”。

党的十九大报告提出，要“推进绿色发展，建立健全绿色低碳循环发展的经济体系。”“推进能源生产和消费革命，构建清洁低碳、安全高效的能源体系。”“推进资源全面节约和循环利用，实施国家节水行动，降低能耗、物耗，实现生产系统和生活系统循环链接”，并倡导简约适度、绿色低碳的生活方式。党的十九届四中全会提出，“健全资源节约集约循环利用政策体系。普遍实行垃圾分类和资源化利用制度。推进能源革命，构建清洁低碳、安全高效的能源体系。”党的十九届五中全会提出，“推进资源总量管理、科学配置、全面节约、循环利用。” “加快构建废旧物资循环利用体系。”2020 年 12 月 30 日，习近平总书记主持召开中央全面深化改革委员会第十七次会议，审议通过了《关于加快建立健全绿色低碳循环发展经济体系的指导意见》，之后，根据国务院发布的《关于加快建立健全绿色低碳循环发展经济体系的指导意见》（国发〔2021〕4 号），针对碳达峰、碳中和任务艰巨，能源资源利用效率不高，绿色生产生活方式尚未根本形成，推动绿色发展的政策制度不够完善等问题，对于建立健全绿色低碳循环发展经济体系，促进经济社会发展全面绿色转型，确保实现碳达峰、碳中和目标，从生产、流通、消费、基础设施、绿色技术、法律法规政策等 6 方面对绿色低碳循环发展做出了部署安排，阐明了建立健全绿色低碳循环发展经济体系的基本要求、发展目标、实施路径和重点任务和牵头单位。《中华人民共和国国民经济和社会发展第十四个五年规划和 2035 年远景目标纲要》提出，“全面推行循环经济理念，构建多层次资源高效循环利用体系。深入推进园区循环化改造，补齐和延伸产业链，推进能源资源梯级利用、废物循环利用和污染物集中处置。”

青海省对于发展循环经济也做出了重要的制度安排。青海省第十二次党代会明确提出了“三区”战略部署，全力建设国家循环经济发展先行区、生态文明先行区和民族团结进步示范区，建设新青海，创造新生活，用循环经济的理念统领资源开发和经济建设，把发展循环经济作为扩大经济总量、加快转变发展方式的主攻方向。《青海省国民经济和社会发展第十二个五年规划纲要》提出要加速柴达木循环经济试验区、青海国家高新技术产业开发区和西宁经济技术开发区建设，努力把青海打造成全国区域循环经济发展的先行区。《青海省“十二五”科学技术发展规划》提出了以“绿色引领、开放创新、重点跨越、能力突破”为核心，牢牢把握科技支撑和引领绿色发展的主线，使科技创新成为推动循环经济、生态经济、新能源经济和民生经济发展的主要驱动力，推动青海成为全国绿色发展的先行地区，集中推进以资源循环利用和节能减排为重点的 10 项重大科技行动。2012 年 12 月 26 日，青海省召开了科技创新大会，提出“要以循环经济、生态经济、特色经济为重点，大力实施创新驱动战略，集中力量攻克制约资源开发利用、推进循环经济发展的技术瓶颈和科技难关”，强调“要坚持政策为主要支撑”。《青海省国民经济和社会发展第十三个五年规划纲要》提出了加快转变发展方式，建设循环经济发展先行区的发展目标，并单设“深入实施资源节约和循环利用”一节，从加强资源节约利用、推动循环型产业发展、优化能源生产消费结构等方面做出了安排，要求树立节约集约循环利用的资源观，提高节水、节地、节材、节矿标准和资源利用效率，实行最严格的水资源管理制度，坚持最严格的节约用地制度，强化矿产开发准入管理，推广绿色建筑和绿色建材，构建完整的循环型工业体系，工业固体废物综合利用率达到60%以上，优化能源生产结构，积极发展清洁能源和可再生能源，优化能源消费结构，提高绿色能源在用能结构中的比重，加强能源消费管理，有效降低火电、电解铝、水泥等重点行业耗能水平，加强节能目标和碳排放强度下降目标责任及考核评价，严格执行节能审查制度。《青海省国民经济和社会发展第十四个五年规划纲要》更加重视循环经济的发展，单设“推进资源节约集约循环利用”，从加快建设“无废城市”、加快形成绿色生产方式、倡导绿色低碳生活方式三个方面做出了具体的部署，提出坚持源头减量、资源化利用和无害化处置，推动城市绿色低碳循环发展；健全绿色低碳循环发展的经济体系，完善循环经济标准和认证制度，推进重点领域和重点行业绿色化改造，推进生产系统和生活系统循环链接；倡导简约适度、绿色低碳的生活方式，建立再生产品推广使用制度和一次性消费品限制使用制度，健全环境管理体系、能源管理体系、森林生态标志产品和森林可持续经营认证制度等。2021 年 11 月 24 日青海省第十三届人民代表大会常务委员会第二十八次会议通过《青海省循环经济促进条例》。

我国提出二氧化碳排放，力争 2030 年前达到峰值，力争 2060 年前实现碳中和。《中华人民共和国国民经济和社会发展第十四个五年规划和2035年远景目标纲要》设定了单位国内生产总值能源消耗和二氧化碳排放分别降低13.5%、18%的目标。《青海省国民经济和社会发展第十四个五年规划纲要》确立了“绿色产业体系全面建成，生态生产生活协调发展，力争在全国率先实现二氧化碳排放达到峰值”发展目标。循环经济作为一种新型的先进经济形态，体现了新发展理念，是一种新的增长方式。

大力发展循环经济，是建设资源节约型、环境友好型社会和实现可持续发展的重要途径，既是对现阶段经济高速发展所遭受资源环境约束瓶颈的反思，也是解决青海省未来可持续发展的最有效和最现实的途径，更是对未来国家的良性发展和综合竞争力提升的诉求。2021年3月7日下午，中共中央总书记、国家主席、中央军委主席习近平在参加十三届全国人大四次会议青海代表团审议时强调，高质量发展是“十四五”乃至更长时期我国经济社会发展的主题，关系我国社会主义现代化建设全局，要结合青海优势和资源，贯彻创新驱动发展战略，加快建设世界级盐湖产业基地，打造国家清洁能源产业高地、国际生态旅游目的地、绿色有机农畜产品输出地，构建绿色低碳循环发展经济体系，建设体现本地特色的现代化经济体系。这为青海发展循环指明了方向，确立了目标。快速发展的形势迫切要求青海加快循环经济制度保障体系的建设，本项研究正是在这样一个背景条件下实施展开的。研究的主要目的是为加强青海省循环经济制度保障体系建设提供参考依据。

（二）研究意义

一是有助于推动青海省促进循环经济发展相关制度的完善。

2010年8月青海省召开了首次循环经济大会。在支持循环经济发展政策的基础上，青海省相继制定发布了《青海省节能检查办法》《青海省关于进一步加强节能减排工作的若干政策措施》等地方性配套法规和政策。这些法规政策的实施，为推进青海实现“四个发展”提供了长效机制。但是，在制度创新过程中也遇到了很多困难，促进循环经济发展的制度保障体系还不够完善，例如：一些地方立法活动过多地关注于各级政府及其部门职责划分，发展循环经济的主动意识反映不足，激励措施体现不够；在对循环经济进行引导、规范、调整和促进方面，原有的一些政策需要调整和修订，还需要进一步加快制定和调整相关制度，将成熟的政策上升为规章或地方性法规等。

二是有助于推进青海省循环经济制度保障体系的建立。青海是我国重要的资源接续区，也是国家重要的生态屏障。大力发展循环经济，是青海加快转变经济发展方式，深入实施生态立省战略的主攻方向和重要途径。2009年1月1日，《中华人民共和国循环经济促进法》正式实施，推进循环经济发展的制度保障越来越有力。但是，还存在政府和相关部门、企业、公众在发展循环经济方面的责任不明确；缺乏相关政策体系和激励约束机制；发展循环经济的技术支持体系不健全等问题，需要综合运用经济、法律、行政等手段来克服。制度保障体系是促进循环经济发展的重要保证。在当前和今后一个时期，需要在现有的法律法规框架范围内，借鉴国内外经验，立足本省实际，加强促进循环经济发展的地方性法规、规章和配套性政策的制度创新工作。因此，进行与促进青海省循环经济发展有关的制度保障体系研究具有很强的现实意义，将有助于推动青海省循环经济发展的制度保障体系的完善。

二、国内外促进循环经济发展的制度建设概述

（一）国内外的主要做法

2000年，日本把建立循环型社会提升为基本国策。2000年6月颁布并于2001年1月生效的《建立循环型社会基本法》是日本调整循环经济的基本法，处于循环经济立法的核心地位，形成了以《建立循环型社会基本法》为龙头，由相关专门法律相配合的推动循环型社会建设的法律体系。该法旨在建立可持续发展的循环型社会，主要特点体现在以下方面：一是以可持续发展为宗旨，将建立循环型社会提高到了战略高度；二是明确了国家、地方政府、企业和公众应当合理分担建设循环型社会的责任；三是大力倡导绿色生产消费方式，避免企业生产经营活动和公众的消费活动产生废弃物。在《建立循环型社会基本法》的统领下，日本促进循环经济发展的相关制度保障体系还包括了一些重要的专项立法，主要有《资源有效利用促进法》《容器和包装物的分类收集与循环法》《废物管理和公共清洁法》《家庭电器回用法》《建筑材料回用法》《食物回用法》以及绿色采购等方面的相关法律。日本为了推进循环经济，建立循环型社会，采取了一系列行动措施，包括：建立生态工业园区，发展静脉产业；以政府绿色采购来启动和引导市场需求；强化政府相关部门管理职能职责；加强科学研究，发挥公众和中介

组织作用等。

德国是世界上循环经济发展最早、发展水平最高的国家之一，包装废弃物收集和处理的双元回收系统模式是循环经济运行的典型模式。德国是世界上进行循环经济尝试并最早进行相关立法的国家，目前也是该方面立法最完备的国家之一。1976 年德国就针对垃圾管理出台了管理办法。1986 年德国出台了《垃圾预防和管理法》，建立了“减量化、再利用、循环利用”的实施原则。之后，德国政府相继出台了《减少包装物垃圾条例》《物质循环垃圾管理法》等。其中，《循环经济和废物处置法》是德国发展循环经济的代表性法律规范。该法以下内容值得关注：一是将发展循环经济、保护自然资源、确保废物按照有利于环境保护的方式进行处置确立为立法原则；二是规定了废物产生者、拥有者和处置者的原则和义务；三是规定了生产者延伸责任制度；四是制定了具体的实施计划；五是规定了废物的利用和处置要处于主管部门的监测之下；六是对公众义务、废物处置人员和主管部门的咨询义务、产生废物的企业组织的通知义务等做出明确规定。

欧盟及其前身欧共体先后通过了《废油指令》《废物处置框架指令》《有毒废物指令》《共同体废物管理战略》《废物运输规则》《废物指令》《报废车辆指令》和《报废电器和电子设备指令》等。这些制度主要着眼于废物的管理和利用，强调的重点依次是废物预防、回收使用、焚烧产能和填埋处理。预防优先和回收利用是欧盟及其成员国循环经济制度建设的基本原则，通常称为“4R 原则”，即减量化（reduction）、再生产（regeneration）、再利用（reuse）和再循环（recycling）。欧盟的一些成员国根据国情，丰富和发展了循环经济的制度建设，把欧盟的一些指令转化为国内立法，在本国立法中加以确认和促进，例如：在环境法律中补充了废物回收利用和处置制度，把循环经济的发展要求渗透到了政府采购法等其他法律之中；在与产品有关的政策要求方面，强调以“前端治理”思维取代“末端处理”思维，实行绿色产品开发与设计，并将利益相关者的观点整合到了产品策略之中等。丹麦卡伦堡工业园区复合型生态系统值得关注。丹麦卡伦堡模式是一种企业之间的循环经济，其主要做法是把不同的工厂联结起来，形成共享资源和互换副产品的工业共生体系，使得一家工厂的废气、废热、废水、废渣等成为另一家工厂的原料和能源。

虽然美国没有一部全国性的循环经济法律，但是在《资源保护和回收法》（1976 年）和《污染预防法》（1990 年）中体现了发展循环经济的要求。美国联邦政府和各州政府推行了一些有利于发展循环经济的政策，例如罗得岛的固体废物管理和回用计划、饮料容器回收制度、电子垃圾处理制度等。

从我国国内来看，《中华人民共和国循环经济促进法》于 2009 年 1 月 1 日起施行，标志着我国循环经济进入法制化管理轨道，2018 年进行了修正。之后，国家公布实施了《废弃电器电子产品回收处理管理条例》《再生资源回收管理办法》等法规规章，发布了 200 多项循环经济相关国家标准。在完善政策机制方面开展了许多工作，主要体现在：实行了差别电价、惩罚性电价、阶梯水价和燃煤发电脱硫加价政策；提高了成品油消费税单位税额；中央财政，设立了专项资金支持实施循环经济重点项目和开展示范试点；开展资源税改革试点，制定了鼓励生产和购买使用节能节水专用设备、小排量汽车、资源综合利用产品和劳务等的税收优惠政策；出台了支持循环经济发展的投融资政策等。《循环经济促进法》实施以来，国家层面出台的与循环经济有关的政策及法规主要有：

1. **《循环经济发展战略及近期行动计划》**

2013 年 1 月 23 日国务院印发了《关于印发循环经济发展战略及近期行动计划的通知》（国发〔2013〕5 号），指出发展循环经济是我国的一项重大战略决策，是落实党的十八大推进生态文明建设战略部署的重大举措，是加快转变经济发展方式，建设资源节约型、环境友好型社会，实现可持续发展的必然选择。《循环经济发展战略及近期行动计划》在分析了我国循环经济发展现状与形势的基础上，明确了指导思想、基本原则和主要目标，提出要构建循环型工业体系、构建循环型农业体系、构建循环型服务业体系、推进社会层面循环经济发展，实施循环经济“十百千”示范行动，并且明确了保障措施。其中，在保障措施“健全法规和标准”部分，指出要完善循环经济促进法相关配套法规规章，研究制定限制商品过度包装条例、循环经济发展专项资金管理办法、汽车零部件再制造管理办法、再制造旧件和再制造产品进出口管理目录及管理办法、强制回收产品和包装物名录及管理办法、餐厨废弃物管理及资源化利用条例、农业机械报废回收办法等法规规章；加快修订报废汽车回收管理办法、商品零售场所塑料袋有偿使用管理办法。针对标准和计量体系建设，指出要加快制定可降解产品、再生利用产品、餐厨废弃物资源化产品、利废建材等产品标准和农业机械禁用及报废标准；完善节能、节水、资源综合利用产品标准；健全过度包装商品标准；制定生产过程协同资源化处理废弃物，再生资源回收、拆解、利用和再制造质量控制等相关规范以及建立完善循环经济计量检测体系等。

2. 《循环经济发展专项资金管理暂行办法》

2012 年 7 月 20 日财政部、国家发展改革委印发了《财政部、国家发展改革委关于印发〈循环经济发展专项资金管理暂行办法〉的通知》（财建〔2012〕616 号）。此文件对于循环经济发展专项资金的使用和管理做出了规定，明确了专项资金使用安排的原则、支持范围、支持的重点工作和支持方式。

3. 《国家鼓励的循环经济技术、工艺和设备名录（第一批）》

2012 年 6 月 1 日，国家发展和改革委员会、环境保护部、科学技术部等公布了《国家鼓励的循环经济技术、工艺和设备名录（第一批）》（公告 2012 年第 13 号），名录涉及减量化、再利用和再制造、资源化、产业共生与链接 4 个方面、共 42 项重点循环经济技术、工艺和设备，目的是推广先进技术、工艺和设备，提升循环经济发展技术支撑能力和装备水平，提高资源产出率。

4. 《循环经济发展规划编制指南》

2010 年 12 月，国家发展改革委颁布了《国家发展改革委办公厅关于印发〈循环经济发展规划编制指南〉的通知》（发改办环资〔2010〕3311 号）。《循环经济发展规划编制指南》是为了全面贯彻落实《循环经济促进法》，指导各地科学编制本地区的循环经济发展规划，充分发挥规划的宏观指导作用，由国家发展改革委组织编写的地方循环经济发展规划编制指南。

5.《**关于支持循环经济发展的投融资政策措施意见的通知**》

2010 年 4 月 19 日，国家发展和改革委员会、中国人民银行、中国银行业监督管理委员会等颁布了《关于支持循环经济发展的投融资政策措施意见的通知》(发改环资〔2010〕801 号)，从发挥政府规划、投资、产业和价格政策的引导作用，全面改进和提升支持循环经济发展的金融服务，多渠道拓展促进循环经济发展的直接融资途径，加大利用国外资金对循环经济发展的支持力度等方面，就支持循环经济发展的投资融资政策措施做出了规定。

就地方层面而言，贵州省、甘肃省等在循环经济制度建设方面做了大量的工作，出台了相应的地方性法规、规章和规范性文件，在推动地方循环经济发展方面发挥了重要的作用。

（二）经验借鉴

借鉴国内外循环经济制度建设的经验，充分利用循环经济制度建设资源，对于完善青海省循环经济制度保障体系，具有重要的参考意义。由于政体以及法律体系形成过程上的差异，不同国家进行循环经济立法的程序和规定实施的具体方法也有所不同，实体方面的借鉴价值要重于程序方面。例如，在日本与循环经济有关的制度主要是由相关业务主管行政部门主持制定的，这与我国的体制较为相似。对于部门立法模式，学者们批评较多，但是从实践效果和可操作性来看，采取相关制度部门立法的形式，对于贯彻制度、保持法制统一具有积极意义。通过对各部门领域有关循环经济的问题做出相对明确的权利和职责义务规定，要求各职能主管部门履行职责，实施本部门职责范围的循环经济，可以确保循环经济立法在这些领域具有较强的可操作性。国家层面的制度，特别是相关法律、法规，是青海省相关制度建设遵循的依据。我国其他一些地方的做法，对于青海省制度创新也具有借鉴价值。就经验借鉴而言，概括起来主要有以下几点：

一是制定促进循环经济发展的基本法规。从国外来看，日、德等国都是采取了制定一部循环经济基本促进法的形式。我国的《循环经济促进法》也起到了这样的作用。国内的一些省份也非常重视基本法规的制定工作。例如，2013 年 1 月 21 日，广东省人大常委会颁布了《广东省实施〈中华人民共和国循环经济促进法〉办法》；2012 年 3 月 28 日，甘肃省人大常委会颁布了《甘肃省循环经济促进条例》；2012 年 5 月 31 日，山西省人大常委会颁布了《山西省循环经济促进条例》；2011 年 7 月 22 日，陕西省人大常委会颁布了《陕西省循环经济促进条例》；2010 年 7 月 30 日，大连市人大常委会颁布了《大连市循环经济促进条例》等。2022 年 1 月 1 日起施行的《青海省循环经济促进条例》将循环经济的发展理念、基本原则、主要制度、重点要求等予以规范，对于青海省循环经济制度保障体系建设而言，具有重要意义。

二是注重制度措施的配套制定工作。国外多是通过授权将发展循化经济的一般原则实施赋予行政机关，通过制定行政规章的方式来予以贯彻。我国在《中华人民共和国循环经济促进法》出台后，相关的制度措施也是通过修订或制定其他相关资源能源、环境保护等方面的法律、法规和规章的形式来予以完善循环经济制度的。有的地区在完善配套制度措施方面开展的工作，值得我们借鉴。以甘肃省为例，先后制定了《甘肃省实施〈中华人民共和国节约能源法〉办法》《甘肃省实施〈中华人民共和国水土保持法〉办法》《甘肃省实施〈中华人民共和国水法〉办法》《甘肃省农村能源建设管理条例》《甘肃省发展散装水泥管理规定》《甘肃省资源综合利用条例》《兰州市城市节约用水管理办法》等。这些法规规章的实施，为循环经济的推进和实施提供了配套的法规依据，对依法促进废物减量化、资源化、无害化，起到了积极的作用。2011 年 3 月 16 日，甘肃省庆阳市人民政府颁布了《庆阳市人民政府关于加快推进全市循环经济发展的实施意见》。2010 年 3 月 25 日，甘肃省人民政府颁布了《甘肃省人民政府关于甘肃省循环经济地方标准体系建设规划（2010—2015 年）的通知》（甘政发〔2010〕22 号）。在甘肃省被国家列为循环经济试点省份后，2013 年 3 月 27 日，甘肃省印发了《甘肃省人民政府办公厅关于印发〈2013 年推进国家循环经济示范区建设工作方案〉的通知》。再以贵州省为例，该省所辖的地区在发展循环经济方面出台了一些举措。2012 年 12 月 21 日，贵州省六盘水市人民政府颁布了《市人民政府关于大力支持六枝路喜循环经济产业基地加快发展的意见》；2012 年 9 月 24 日，颁布了《市人民政府关于印发六盘水市建设全国循环经济示范城市指导意见的通知》；2012 年 2 月 2 日，颁布了《市人民政府关于大力开展大宗工业固体废弃物综合利用促进循环经济发展的意见》。

2011年11月11日，贵阳市人民政府颁布了《市人民政府办公厅关于印发〈贵阳市市级循环经济发展专项资金管理暂行办法〉和〈贵阳市市级循环经济发展专项资金项目竣工验收暂行办法〉的通知》等。近几年来，青海省也越来越重视循环经济的制度建设工作。2011年11月8日，青海省人民政府办公厅颁布了《青海省人民政府办公厅关于向西宁经济技术开发区、柴达木循环经济试验区和海东工业园区下放省级部门行政审批权（第一批）的通知》（青政办〔2011〕266号）。2010年11月10日，青海省人民政府办公厅颁布了《青海省人民政府办公厅转发省科学技术厅〈青海省增强循环经济试验区科技创新能力的若干政策措施〉的通知》。2010年10月26日，青海省人民政府办公厅颁布了《青海省人民政府办公厅转发省财政厅等部门〈青海省循环经济发展专项资金管理办法〉的通知》等。

三是明确制度建设的侧重点。总体来看，国外循环经济制度建设的重点是解决废物出路问题，也就是针对“废物”立法。这和我国循环经济存在重大差异。我国循环经济制度调整的重点首先是要贯彻“减量化”原则，强调在生产和消费过程中实现资源节约，体现节约优先和污染预防的需要，其次是要贯彻“再利用和资源化”原则，强调资源的综合利用。在循环经济制度建设中要强调对前端的潜力挖掘，着重把握好降低前端的能耗和物耗方面的制度设计。发展循环经济有利于转换经济发展模式。在资源能源效率方面，我们与发达国家有很大差距，但同时意味着有更大的改进潜力，以较低的成本实现较大幅度的提高。从地方层面来看，一般是采用制定地方规章或规范性文件的方式贯彻上述原则的。就各地的实践来看，清洁生产、固体废物处理、商品包装管理、再生资源回收综合利用、循环经济定量考核、政府绿色采购及居民绿色消费、标准体系和核算制度以及循环经济规划等方面，是制度建设的重点。

四是重视贯彻法治理念。循环经济主要解决的是市场失灵带来的社会经济问题，发展的前提是市场经济。市场经济需要法治予以保障。法治在发达国家的市场经济发展过程中起到了重要的保障作用，与之相比，我国的法治建设相对滞后，贯彻依法行政理念、推进依法行政就显得尤为重要。循环经济制度建设既需要通过对各部门领域有关循环经济的问题做出相对明确的权利和职责义务规定，又要求各职能主管部门能够履行职责，实施本部门职责范围的循环经济。要实现上述目标，有必要将其与推进依法行政紧密结合起来。从青海省促进循环经济发展的制度建设实践来看，一方面存在整体制度建设相对滞后的情况；另一方面，现有的制度多是采取了规范性文件以及部门文件的形式。虽然通过规范性文件特别是部门文件的形式有利于增强相关制度的可操作性，但是导致了相关制度的层级效力较低，部门化倾向明显，不利于贯彻依法行政建设法治政府的要求。因此，有必要借鉴发达国家的做法，将相关制度更多地通过立法的形式确立下来，通过立法明确相关主体在发展循环经济中的权利和义务。当然，在具体的循环经济制度设计时，需要切实发挥好政府的作用，尤其是发挥好政府行政手段的作用，解决好“管得对、管得好”的问题。在现行条件下，强制手段必不可少。从国外经验来看，明确政府、企业和公众各自的责任和义务，是确保循环经济顺利发展的关键。在发展循环经济方面，政府负有引导责任，应该通过制定各种经济激励措施给予政策支持，通过污染者付费和生产者责任延伸等制度，解决好生产和消费过程中的使用、回收、再生利用和处理处置等资源环境问题，推动全社会循环经济的发展。

五是注意制度的协调。发展循环经济体现了更高的要求，企业从自身成本收益的角度来看，不一定有实施循环经济的积极性。如果采取强制措施，对于单个企业也许具有积极意义，但是在行业或多数企业都还没有达到一定条件的情况下，过于强调强制手段的使用将会对企业生产经营产生消极的影响，进而会影响地方的经济增长，也不利于经济发展模式的转变。国外的先进制度经验还需要与当地的经济社会发展阶段相适应。

六是着重利用市场经济手段。通过市场手段来解决循环经济发展中存在的问题是长久之计，因此像污染者付费、押金制度、排污权交易等体现市场经济要求的制度是需要着力发展的制度。通过法规、政策等制度设计，创建人为的市场，保证其按照市场规律运行，在使得利益主体满足自身利益最大化的同时实现资源的优化配置，是政策负效应较小的做法。排污权交易市场、水权市场、碳排放交易市场等均属于该种类型。在促进循环经济发展的制度手段上，需要合理利用市场机制，把扭曲的资源价格通过市场纠正过来，需要通过法规、政策的制度创新，构建有利于资源节约和循环利用的盈利模式，使得发展循环经济有利可图，形成促进循环经济发展的长效机制。

除此之外，还有以下方面值得关注，包括：企业必须严格按照标准以防止环境污染同时确保废物的妥善处理；公众必须在日常生活中尽量减少污染；重视资源生产率、衡量最终处置量、循环利用率；政府、企业和公众合理分担责任；环境影响事先评价；重视垃圾减量、家庭用具及建筑材料回用；食品垃圾回收和再利用；最低能源效率标准；绿色采购义务；汽车制造商回收废旧汽车义务；生产者回收包装物义务及循环使用义务；对零售包装物和饮料包装物回收的严格要求；废弃物街头回收和上交式回收的二元系统模式；建立专门机构与充分利用现有机构相结合；强调标准化、技术规范的作用；基于产品生命周期的整合性产品政策（为环保产品正确定价、刺激绿色产品需求、强化绿色生产）等。

三、研究思路、方法和内容

（一）研究思路

第一，本书试图在文献研究的基础上，奠定研究的理论基础，对循环经济制度保障体系进行界定，重点围绕正式制度展开，具体包括相关地方性法规和省政府规章；第二，对青海省循环经济的发展状况进行分析，同时对工业循环经济这一关键环节进行发展状况评价，以了解青海省循环经济发展的基本现状；第三，对青海省循环经济制度供给现状进行分析，主要包括两方面的内容，一是基于生命周期过程的视角，按照循环经济涉及领域的先后顺序，从资源能源、生产消费、环境保护和宏观管理四个领域进行制度供给分析，二是按照循环经济制度保障体系的基本框架，从基本管理制度、减量化制度、再利用和资源化制度、激励约束制度四个领域进行分析，通过资料文献与部门调查，分别进行各个领域的正式制度供给状况及其主要内容规定的识别汇总；第四，对青海省循环经济制度保障体系进行定量和定性相结合的评价，主要包括制度保障体系整体状况评价和基本管理制度、减量化制度、再利用和资源化制度、激励约束制度评价；第五，结合评价的结果，识别上述制度规定存在的问题，核心是找出促进青海省循环经济发展的制度需求；第六，提出加强青海省循环经济制度保障体系建设的若干建议；第七，立足于可操作性，以省政府规章建设为重点，提出《青海省资源综合利用管理办法》的立法建议稿；第八，开展减量化制度创新案例研究，提出《海东市节约用水管理办法》的立法建议稿。

（二）研究方法

研究将采用定性分析与定量分析相结合的研究方法。在理论基础研究、青海省循环经济制度供给现状分析、青海省循环经济制度保障体系存在问题分析思考建议和案例研究部分，主要采用定性分析。在青海省循环经济发展状况分析、青海省循环经济制度保障体系评价部分，主要采用定量分析。在各部分的研究中，具体使用文献研究法、问卷调查法、访谈法、专家预测法等方法。

（三）研究内容

研究的主要目标是为青海省循环经济制度保障体系建设提供参

考。包括以下内容：

绪论部分。主要阐述研究的背景以及意义；国内外制度建设概况；相关文献综述；课题研究的思路、方法和内容等。

研究的理论基础。主要阐述循环经济、制度创新相关理论，特别是循环经济制度保障体系的主要内容。

青海省循环经济发展状况。包括青海省循环经济发展状况调研分析；青海省工业循环经济发展评价。

青海省循环经济制度供给现状。主要包括两方面内容，一是从生命周期角度出发，按领域对循环经济的制度供给状况进行考察；二是按照循环经济制度保障体系的内容划分，对青海省循环经济的制度供给状况进行考察。

青海省循环经济制度保障体系评价。采取定量分析与定性分析相结合的方式，对制度保障体系的整体状况以及基本管埋制度、减量化制度、再利用和资源化制度、激励约束制度进行评价。

青海省循环经济制度保障体系存在的问题。主要对制约基本管理制度、减量化制度、再利用和资源化制度、激励约束制度的问题进行分析。

加强青海省循环经济制度保障体系建设的思考。主要从基本管理制度、减量化制度、再利用和资源化制度、激励约束制度方面提出完善建议。

青海省循环经济制度建设案例研究。以《青海省资源综合利用管理办法》的制度创新为例，提出完善青海省循环经济制度保障体系的具体对策。

减量化制度创新案例研究。以《海东市节约用水管理办法》的制度创新为例，提出青海省海东市减量化利用水资源的具体对策。

第一章　研究的理论基础[①]

一、循环经济概述

（一）循环经济的涵义

循环经济的概念是循环经济制度建设的首要问题，它不仅直接决定着相关制度的调整范围对象，而且也影响着循环经济各项制度

---

① 注：《中华人民共和国循环经济法》《中华人民共和国环境保护法》《中华人民共和国水污染防治法》《中华人民共和国大气污染防治法》《中华人民共和国固体废物污染防治法》《中华人民共和国清洁生产促进法》《中华人民共和国政府采购法》《中华人民共和国可再生能源法》《中华人民共和国节约能源法》《中华人民共和国农村土地承包法》《中华人民共和国土地管理法实施条例》《中华人民共和国矿山安全法》《中华人民共和国电力法》《中华人民共和国环境污染评价法》《中华人民共和国水土保持法》《中华人民共和国防洪法》《中华人民共和国防沙治沙法》《中华人民共和国农业法》《中华人民共和国立法法》《中华人民共和国行政许可法》《中华人民共和国水法》《中华人民共和国矿产资源法》《中华人民共和国土地管理法》《中华人民共和国森林法》《中华人民共和国草原法》等，文中分别简称《循环经济法》《环境保护法》《水污染防治法》《大气污染防治法》《固体废物防治法》《清洁生产促进法》《政府采购法》《可再生能源法》《节约能源法》《农村土地承包法》《土地管理法实施条例》《矿山安全法》《电力法》《环境污染评价法》《水土保持法》《防洪法》《防沙治沙法》《农业法》《立法法》《行政许可法》《水法》《矿产资源法》《土地管理法》《森林法》《草原法》等。

的具体内容要求。在国外，循环经济侧重于废物循环领域。这不符合我们的基本国情，也无法适应发展循环经济的需要。循环经济（cyclic economy）是在20世纪60年代提出的主要适用于化工经济等领域的经济发展方式。循环经济的实质就是工业生态学，在原有的传统经济发展模式中，过度开采资源、资源利用率低下造成的浪费以及污染物过量的排放，使工业的发展既带来了经济的增长，同时也对人类的日常生活造成了一定的威胁。循环经济发展模式，本质就是实现经济的可持续发展，通过少量的资源达到高效的利用率以及少量污染的排放，是用少量的资源实现最大的效益。循环经济发展模式的重点就在于改变经济发展模式，从单线增长转变为循环发展，实现资源的不断循环利用，满足不同时期人们对于资源的需求，通过提高资源的生产效率，经济活动的非物质化和可持续发展，保护资源不被过度开发和实现资源的再利用，确保经济能够可持续发展。这一理论是在全世界经济资源短缺和生态环境恶化的背景下发展起来的一种新的经济发展形式，不仅促进了经济可持续发展，也促进了人与自然的和谐发展。

目前学术界对循环经济尚无一致看法，代表性的观点主要有：广义的循环经济、狭义的循环经济、生态学及环境保护角度的循环经济等。

循环经济涵盖经济发展、社会进步、生态环境三个方面，追求这三个系统之间达到理想的组合状态。广义的循环经济是指围绕资源高效利用和环境友好所进行的社会生产和再生产活动，目的是以尽可能少的资源环境代价获得最大的经济效益和社会效益，实现人与自然和谐发展。广义的循环经济，不仅关注工业系统、社会系统内部循环经济体系建设与发展，更重要的是把人口、资源、环境、经济、社会等因素纳入循环经济理论体系。

狭义的循环经济，主要是指废物减量化和资源化，通过废物的再利用、再循环等社会生产和再生产活动发展经济，相当于“垃圾经济”“废物经济”。一般说来，经济都是相对于一定的社会生产活动，而且总与一定的产业相对应。例如，循环经济概念产生的德国和日本，与之对应的是“静脉产业”。所谓“静脉产业”是指废弃物资源化形成的产业，它是相对于“动脉产业”而言的。“动脉产业”是指开发利用自然资源形成的产业。根据我国的基本国情，倡导和推进循环经济，不应局限于狭义的范畴。

循环经济思想源于生态平衡和环境保护，从生态和环境保护的角度来看，循环经济本质上是一种生态经济，是一个具有时代性的环境保护发展模式，表现为经济发展过程中物质和能量循环利用的一种新型经济发展方式，使污染物做到“低排放”甚至“零排放”，并把清洁生产、资源综合利用、生态设计和可持续消费等融为一体，实现经济发展过程中物质和能量的循环利用，将经济系统和谐地纳入自然生态系统，实现经济活动的生态化。

循环经济的提出是人类对传统经济发展模式深刻反思的结果，作为一个新的经济活动过程和增长方式，是一种新的经济形态，而不是一个单纯的经济要素。循环经济是应对资源节约和环境约束，以“低消耗、低排放、高效率”资源循环利用为主要特征，以环境友好的方式利用资源，使所有的原料和能源都在不断循环的经济过程中得到合理和高效利用，倡导人类生产活动纳入生态、经济、社会和谐共生的自然循环过程之中，将保护环境和发展经济有机地结合起来，使经济活动对自然环境的影响尽可能控制在较小的程度之内。

循环经济改变了传统经济“资源—产品—废物”单向流动的线性经济，实现了“资源—产品—再生资源”的自然和谐式循环生产模式。循环经济追求资源利用最大化和污染排放最小化，是一种将清洁生产、资源综合利用、生态设计和可持续消费等融为一体的经济发展战略。循环经济是依靠人的智力和智力产生的科技进步，按照清洁即无公害的生产方式，将资源和废弃物作为一种循环使用的原材料，重复多次使用，在产品生产过程中不发生或少发生污染。

循环经济是一种基于提高资源利用率，实现资源重复循环利用的经济发展模式。其主要原则是资源使用过程中的减量化、再利用、资源化再循环，要求在生产过程用最少的资源，产生最高的生产效率并排放最低的污染物。传统的经济粗放型经济增长方式，是高开采、低利用、高排放的经济增长模式，在这种经济发展过程中生产得越多，获得的财富就越多，同时经济增长越快，相应的对资源的需求量也就越多，资源的储量不断减少，资源消耗量和产生的废弃物也会随之增长，这会对环境以及资源造成很大的压力。发展循环经济就是通过消耗最少的资源，以及将对环境的污染降到最低来实现最大的经济利益与社会利益，促进资源可持续利用。因此，循环经济是传统经济模式的根本变革。循环经济的基本特征是：在资源开采这一环节中要适量开采，并且提高资源开发利用率，避免从源头上造成资源的浪费；在资源消耗环节，要提高资源利用效率并对产生的废弃物进行二次甚至多次利用；在再生资源产生环节，要对废旧资源进行循环利用；在社会消费环节，要宣传提倡绿色消费，提倡节约型发展模式。

根据国家发展循环经济的政策和实践，循环经济的核心在于用较少的资源能源消耗和废物产生排放来支持经济发展。在这个意义上，国家将循环经济作为转变经济增长方式，促进资源节约和环境友好型社会建设的重要途径。《循环经济促进法》第二条规定："本法所称循环经济，是指在生产、流通和消费等过程中进行的减量化、再利用、资源化活动的总称。"一般而言，循环经济应当按照减量化、再利用、资源化的先后次序实施。减量化是指减少资源、能源使用和废物产生、排放、处理处置的数量及毒性、种类等活动，还包括不可再生资源、能源和有毒有害物质的替代使用等活动。再利用是在符合标准要求的前提下延长废旧物质或者物品生命周期的活动。资源化是指对产生的废弃物质或者物品，通过收集处理、加工制造、回收和综合利用等方式使其作为再生资源使用的活动。在对循环经济所做的界定中，突出了资源节约，有助于促进资源节约型和环境友好型社会的建设。

（二）循环经济涉及的相关理论

1. 可持续发展理论

1992 年，联合国在巴西里约热内卢召开联合国环境发展大会。这次大会上制定了可持续发展的战略议程，得到国际社会广泛接受和认可，同意实施可持续发展战略。“可持续发展”最通俗的定义就是，既符合当代人类的需求，又不致损害后代满足其需求能力的发展，主要标志是资源能够永续利用，保持良好的生态环境，其核心思想是健康的经济发展应建立在生态可持续能力、社会公正和人民积极参与自身发展决策的基础之上。它所追求的目标既要使人类的各种需要得到满足，个人达到充分发展，又要保护资源和生态环境，不对后代的生存和发展构成威胁。“可持续”指的是以人为中心的“自然—社会—经济”复合系统的可持续，在不超越资源与环境承载能力的条件下，促进经济持续发展，保持资源永续利用，使可持续经济、可持续生态和可持续社会三方面和谐统一，达到经济可持续发展、生态可持续发展、社会可持续发展。可持续发展的思想或发展观符合经济、社会环境以及生态系统的内在联系和要求，是人类发展观念上的一个重大进步。可持续发展概念及其理论的形成对循环经济概念的范式化起到了重要的作用，循环经济本身是国际社会在可持续发展实践中探索和总结出来的一种概念和实践模式。

2. 生态经济学理论

生态经济学理论包括社会经济发展同自然资源和生态环境的关系，人类的生存、发展条件与生态需求，生态价值理论，生态经济效益，生态经济协同发展等。20 世纪爆发资源环境的问题之后，很多科学家开始重新研究物质循环型的经济增长问题。1980 年，联合国环境规划署召开了以“人口、资源、环境和发展”为主题的会议。确定将“环境经济”（生态经济）作为 1981 年《环境状况报告》的一项主题。生态经济学是以生态学原理为基础，经济学原理为主导，以人类经济活动为中心，运用系统工程方法，从最广泛的范围研究生态和经济的结合，从整体上研究生态系统和生产力系统的相互影响、相互制约和相互作用，揭示自然和社会之间的本质联系和规律，改变生产和消费方式，高效合理利用一切可用资源。它要求把人类经济社会发展与其依托的生态环境作为一个统一体，把经济系统与生态系统的多种组成要素联系起来实施经济社会发展。循环经济的理论基础应当说是生态经济学理论，循环经济的本质是一种生态经济。

（三）循环经济保障制度的调整范围

构建有利于推动循环经济发展、适于循环经济体系运行的制度保障措施，是推动循环经济发展的关键。从适用对象来看，由于发展循环经济涉及范围广，需要政府、企事业单位、社会组织和公众等不同主体的共同投入，因此循环经济保障制度的调整对象也就涵盖了上述主体。在上述对象中，由于企业是实施资源节约和废物减量的主体，因此是循环经济相关制度调整的主要对象。考虑到政府在推动循环经济发展中的重要地位，政府行为及其管理活动，也是循环经济保障制度调整的重要对象。

从调整行为来看，目前既面临着经济社会发展过程中所产生的大量废物问题，又面临着由于经济增长粗放、资源能源利用效率较低、污染排放严重引发的日益严重的资源环境问题。因此，降低生产和消费活动过程中的资源能源的消耗和废物的产生排放，是循环经济相关制度调整的主要行为。也就是说，在关注传统的废物利用环节之外，围绕节能、节水、节材、节地等活动的资源节约行为和减少废物排放行为，是循环经济制度保障体系调整的核心内容。

二、循环经济的制度保障体系

（一）可供选择的角度

1. 视角一：循环经济生命周期

从循环经济的生产周期来看，按照先后顺序包括了“输入端—活动端—输出端”和约束层。与之相对应的就是“资源能源—生产消费—环境保护”和“宏观管理”，其中“宏观管理”主要体现了约束层的要求。按照这一视角，就目前我国的正式制度体系来看，主要有以下三个领域与循环经济有着直接的联系。

（1）经济系统的输入端：主要包括资源和能源领域。现行资源领域的法律主要包括《水法》《矿产资源法》《土地管理法》《森林法》《草原法》等，重点针对的是相应领域的资源开发、利用以及保护问题。上述法律中关于共伴生矿产资源综合利用、木材综合利用等内容与发展循环经济有着直接的关系，一般列入资源综合利用法规、规章中，以指导相关的自然资源开发利用。

（2）经济系统的输出端：主要包括环境保护领域。自20世纪70年代末以来，我国制定了一系列环境保护法律，包括《环境保护法》《水污染防治法》《大气污染防治法》《固体废物污染防治法》等。《固体废物污染防治法》中包括了部分对废物减量和再生利用的规定。

（3）经济系统的活动端：主要包括生产消费领域。代表性制度是《清洁生产促进法》（还包括部分节水、节能法）。《清洁生产促进法》的内容涉及了不少有关节约资源与能源、提高能源效率、废物综合利用、回收利用等规定，相当程度上接近了循环经济在生产环节的基本要求。但是，从发展循环经济的需求看，集中在生产环节上的清洁生产促进法的调整范围缺乏对消费领域的考虑；清洁生产目前定位于《循环经济促进法》，需要更有力的操作性制度措施。清洁生产的起源来自污染预防的概念。现行的《循环经济促进法》不仅强调从活动输出端预防废物污染的产生，更强调从输入端推动资源节约及其高效利用等。

2. 视角二：循环经济“3R”原则

“3R”原则，也就是“减量化”“再利用”和“资源化”。围绕上述原则设计制度保障体系，有助于抓住循环经济的核心。结合《循环经济促进法》的相关制度设计，可将循环经济的制度保障体系细分为四大类制度，也就是“基本管理制度—减量化制度—再利用和资源化制度—激励约束制度”。其中，“减量化制度”和“再利用和资源化制度”是对“3R”原则的直接贯彻，“基本管理制度”和“激励约束制度”体现了对于发展循环经济的指导引导和激励约束，构成了发展循环经济的外部制度环境。在每一项基本制度下面，还包括了一系列具体的相关制度措施。

（1）基本管理制度。主要包括：规划；定额管理；目标责任；评价考核；生产者责任延伸；强制回收；重点行业监督管理；重点用能单位监督管理；重点用水单位监督管理；统计核算；标准标识等制度措施。

（2）减量化制度。主要包括：市场准入；环境友好设计；产品包装；工业节水；节油；合理矿产开发；建筑节约；发展散装水泥；禁止黏土砖；农业节约；机关事业单位节约；延长建筑使用寿命；服务业节约；再生水利用；限制一次性产品等制度措施。

（3）再利用和资源化制度。主要包括：园区循环；工业废物综合利用；发电市场准入；建筑废物综合利用；农业综合利用；林业综合利用；废物交换；废物回收；废电器电子产品回收；回收产品信息披露；废车回收；再制造或翻新产品标识；垃圾分类；污泥综合利用等制度措施。

（4）激励约束制度。主要包括：专项资金；科技支撑；财政税收优惠；投资支持；信贷支持；授信约束；价格政策；垃圾排放收费；押金；政府采购；奖励；行政处分；行政处罚等制度措施。

表 1－1 循环经济制度保障体系一览表

主要制度	相关制度措施
基本管理制度	规划；定额管理；目标责任；评价考核；生产者责任延伸；强制回收；重点行业监督管理；重点用能单位监督管理；重点用水单位监督管理；统计核算；标准标识
减量化制度	市场准入；环境友好设计；产品包装；工业节水；节能；节油；合理矿产开发；建筑节约；发展散装水泥；禁止黏土砖；农业节约；机关事业单位节约；延长建筑使用寿命；服务业节约；再生水利用；限制一次性产品

续表

主要制度	相关制度措施
再利用和资源化制度	园区循环；工业废物综合利用；发电市场准入；建筑废物综合利用；农业综合利用；林业综合利用；废物交换；废物回收；废电器电子产品回收；回收产品信息披露；废车回收；再制造或翻新产品标识；垃圾分类；污泥综合利用
激励约束制度	专项资金；科技支撑；财政税收优惠；投资支持；信贷支持；授信约束；价格政策；垃圾排放收费；押金；政府采购；奖励；行政处分；行政处罚

3. 视角三：正式制度与非正式制度

制度有正式制度和非正式制度之分。正式制度也叫正式约束，主要包括宪法、法律、行政法规、政策、规范性文件和个别契约等，是人们有意识设计并有组织加以保障实施的规则。在现代社会中，正式制度越来越多，也发挥着越来越重要的作用。其中，法律是正式制度中最重要的组成部分。非正式制度也叫非正式约束，主要包括了意识形态、习惯、风俗、道德伦理等，通常是自然演化出来的，并不是人们设计的结果，也不依赖于强制力的保障。本项研究的制度主要是指正式制度，包括地方性法规和省政府规章，其中地方性法规主要指青海省级地方性法规。

（二）研究视角选择

上述三个视角既有区别也有联系。就循环经济制度保障体系的界定而言，“正式制度与非正式制度”视角主要涉及对研究范围的界定。根据研究的目的，我们将本项研究所涉及的制度界定为正式制度。这也是本项研究的基本视角。

理论研究的难点在于对“循环经济生命周期”视角和“循环经济 3R 原则”视角的取舍。按照“循环经济生命周期”的视角看，对于循环经济所涉及的领域会有一个更为清晰的认识；按照“循环经济 3R 原则”的视角看，更能反映循环经济的本质要求。从“循环经济生命周期”的角度，可以更全面地掌握循环经济的有关制度，但是对于相关制度是否反映了循环经济的本质要求则难以把握；从“循环经济 3R 原则”的角度，可以就相关制度是否贯彻了循环经济的本质要求做出直观判断，但是在汇总与循环经济有关的制度方面会遇到困难，因为现有的制度主要采取了针对特定调整对象（例如行业、领域、主体等）的供给模式，专门围绕“减量化、再利用和资源化”出台的制度尚不多见。如果从“循环经济 3R 原则”的视角来研究制度供给现状，将会产生遗漏。因此，针对不同的研究内容，应该灵活采取上述两个研究视角。

1. 关于青海省循环经济制度供给现状的研究

在进行青海省循环经济制度供给现状研究的时候，采取了“循环经济生命周期”的视角，也就是以“资源能源—生产消费—环境保护—宏观管理”为主线，对相应的制度供给进行考察，以求对与循环经济有关的制度供给有较全面的把握。

2. 关于青海省循环经济制度保障体系的评价

在进行青海省循环经济制度保障体系评价研究的时候，采取了“循环经济生命周期”和“循环经济 3R 原则”两个视角。具体研究思路是，首先采取“循环经济生命周期”视角，汇总整理形成

“青海省循环经济制度供给资源库”；其次，采取“循环经济 3R 原则”视角，遵循“基本管理制度—减量化制度—再利用和资源化制度—激励约束制度”这一主线，将上述四项基本制度所涉及的制度措施作为研究对象，以“青海省循环经济制度供给资源库”为来源，对于每一项制度措施做出评价，并在此基础上形成关于制度保障体系的整体评价。

（三）对若干具体制度措施的解释

1. 市场准入

是指对企业（或者其产品）、某些其他主体进入某领域或者地方市场从事活动所施加的限制或者加以禁止的规制或者制度。市场准入下的“市场”一般包括特定的产品、服务、项目、行业和产业、地域等。在市场经济下，一般情况下，市场对于所有产业、行业、产品、企业应当是开放的，只要符合法律规定的一般条件，均可以平等进入。为了防止市场失效，在使用税收、补贴、奖励等市场手段不足以保护和实现公共利益的情况下，政府基于社会整体利益的需要，可以在某些行业、领域等实行市场准入制度。我国在产品质量、标准化、消费者权益保护、环境资源等方面的法律法规中实行市场准入制度。市场准入的方法主要有许可或审批和标准两大类。许可与审批是最为常用的市场准入方法，包括批准、注册、核准、登记、资质认可等。标准指的是通过有关机关或者团体制定各种标准，达不到最低的强制性标准，就无法进入特定领域或地区从事经营活动。标准与许可和审批可以结合运用，在一项具体的市场准入中，往往既有标准，又有许可、审批。市场准入或者市场准入中的许可制度广泛存在于国外的环境立法中。例如，美国《清洁空气法》规定了严格的许可证等市场准入制度。我国在环境保护方面广泛使用许可制度，有排污许可证、采矿许可证、采伐许可证、狩猎许可证等。例如，《固体废物污染环境防治法》和《放射性污染防治法》规定了“许可制度”作为进入有关行业从事相关活动的市场准入方法。

本项研究中的“市场准入”指的是“循环产品的市场准入”。循环产品是指经过再制造过程，或利用再生资源或废物获得的产品，包括经过一定修复作业而得到的二手产品，也被称为资源综合利用产品。例如，财政部、国家税务总局《关于部分资源综合利用及其他产品增值税政策问题的通知》规定的资源综合利用产品，包括利用煤炭开采过程中伴生的舍弃物油母页岩生产加工的页岩油及其他产品；在生产原料中掺有不少于30%的废旧沥青混凝土生产的再生沥青混凝土；利用城市生活垃圾生产的电力；在生产原料中掺有不少于30%的煤矸石、石煤、粉煤灰、烧煤锅炉的炉底渣（不包括高炉水渣）及其他废渣生产的水泥；利用煤矸石、煤泥、油母页岩和风力生产的电力；部分新型墙体材料产品等。与由原材料制作的产品相比，这类产品可能含有更多的有毒有害物质，或者同原产品相比，具有品质不高等问题。对循环利用产品采用市场准入和监管机制，提出环境保护要求，可以确保循环利用产品的安全及其与环境友好，维护生产者和消费者的利益，促进资源综合利用事业的健康发展。国家对废物再生和资源综合利用进行了一系列的规定，符合规定的享受国家有关优惠政策。

2. **生态设计**

也称环境友好设计或绿色设计，指的是在产品及生产工艺的设计中考虑环境和资源要素，以减少环境影响，并增加废物的重复利用和循环利用率。所谓的“产品”，不仅包括工厂生产的产品，还包括建筑物、构筑物等设施。生态设计既包括材料选取、生产工序的选择以及产品设计等产品本身以及与其相关的生产过程，还包括对产品的使用、报废和回收利用过程的设计。通过制度对于生态设计进行适当的规范，特别是给予经济激励，可以有效促使企业开展生态设计，推动循环经济的发展。生态设计的理念在现有的法律法规中有所体现，例如，《中华人民共和国固体废物污染环境防治法》第十八条规定：“产品和包装物的设计、制造，应当遵守国家有关清洁生产的规定。国务院标准化行政主管部门应当根据国家经济和技术条件、固体废物污染环境防治状况以及产品的技术要求，组织制定有关标准，防止过度包装造成环境污染。”《中华人民共和国清洁生产促进法》第十九条第四款规定企业在进行技术改造过程中应当“采用能够达到国家或者地方规定的污染物排放标准和污染物排放总量控制指标的污染防治技术。”第二十条规定：“产品和包装物的设计，应当考虑其在生命周期中对人类健康和环境的影响，优先选择无毒、无害、易于降解或者便于回收利用的方案。”

3. **自愿协议**

是指某个行业或单个企业与政府部门（能源部门或相关部门）、或政府授权机构签订的一种协议，自愿承诺在一定时间内实现一定的节能提高能效、减排温室气体的目标。自愿协议为参与企业规定了明确的、可考量的节能、减污目标，并包含有效的责任机制。通过履行自愿协议，企业可以节约资源、减少污染物排放，提高技术和管理水平；政府可以实现国家的节能和减排目标。政府主管部门按照协议的内容承担一定的管理责任，包括对企业执行自愿协议的情况进行检查监督，制定激励措施。例如，对企业的良好表现予以公开承认，在媒体上公布这些企业的名单及节约能源、减少污染物排放的成效，引导公众和政府优先采购这些企业的产品等。目前，美国、加拿大、澳大利亚、日本以及西欧一些国家，都已经开展了节能减排方面的自愿协议行动。自愿协议是由政府倡导和推动、企业响应和参与的。对于参与自愿协议的企业，政府会给企业提供一些优惠措施，包括：能源信息服务、节能潜力识别、节能技术支持、减免碳税以及免除环境许可管制等。国外的自愿协议，主要是以减排二氧化碳为目的，参与者一般是钢铁、建材等高耗能的行业或企业。自愿协议往往要与其他政策措施（如税收、贷款贴息等）一起使用。在温室气体减排问题上，欧洲一些国家的做法是，企业可以选择自愿协议代替缴纳碳税，否则就必须缴纳碳税。

4. 信息披露制度

主要指的是与循环经济相关的信息披露公开，包括政府有关部门和企业所掌握的能耗、物耗、资源综合利用、污染物排放及有毒有害物质使用和处置等信息，特别是对资源环境产生正面或负面影响的信息。除了涉及国家机密、国家安全、社会稳定、商业机密等事项外，政府有关部门有责任向社会公布其掌握的有关资源环境信息和与循环经济发展相关的信息，包括政府部门规章规划等文件、环保公关投资项目，环保工作信息等，定期公布有毒有害物质清单，提供节能环保标识及有关绿色产品、服务的信息。企业应根据国家有关规定，披露其在生产经营活动中的能耗、物耗、资源综合利用、废物排放及有毒有害物质使用和处置等信息，根据国家要求在其产品上标明其所用材料；产品中含有毒有害物质的，应当说明有毒有害物质对消费者和环境的影响程度及处理办法等。对消费者而言，拥有充分的信息，才可能做出明智的决定。企业需要各种与资源环境保护相关的信息来实现利润最大化。政府需要诸如企业节能、降耗、污染处理技术和费用、企业污染排放、居民环境需求等进行有效的资源和环境管理。如果没有强制性的信息披露制度和统计制度，能耗物耗统计信息、有毒有害物质排放信息都很难得到。等到公众们得到信息的时候，往往是损害已经发展到了不可控制或者公众受到严重损害的时候了。信息公开化的重要性已经被决策者所重视，越来越多的法律法规开始考虑增加信息披露和鼓励公众参与的有关条款。2013 年 2 月 1 日起，青海省正式颁布了《青海省实施〈中华人民共和国政府信息公开条例〉办法》，规定涉及公民、法人或者其他组织切身利益的信息以及需要社会公众广泛知晓或者参与的信息等应当主动公开。为保障信息公开条例的实施，该办法规定县级以上人民政府应当对政府部门和下一级政府的政府信息公开工作进行年度考核，并对不履行政府信息公开义务的 9 种情形分别规定了法律责任。

5. 政府绿色采购

指的是在政府采购中引入对资源能源与环保的要求、方法和程序，在条件相当的情况下优先选择符合“绿色”标准的产品和服务。政府采购的绿色标准不仅要求末端产品符合资源节约、环保标准，而且要求产品研发、生产、包装、运输、使用、再利用和再循环、处置的整个过程都符合相关标准。政府绿色采购是一种重要的环境经济手段。《采购法》第九条要求“政府采购应当有助于实现国家的经济和社会发展政策目标，包括保护环境，扶持不发达地区和少数民族地区，促进中小企业发展等”。《中华人民共和国清洁生产促进法》第十六条规定，“各级人民政府应当优先采购节能、节水、废物再生利用等有利于环境与资源保护的产品。”但上述法律条款没有明确规定政府绿色采购制度的具体内容。国务院及相关主管部门制定了一些有关政府绿色采购的政策、规章，例如，《关于开展资源节约活动的通知》（国办发〔2004〕30 号）要求“各级财政要支持资源节约和资源综合利用，并将节能、节水设备（产品）纳入政府采购目录”。财政部、国家发展和改革委员会制定了《节能产品政府采购实施意见》，要求用财政性资金进行采购的各级国家机关、事业单位和团体组织优先采购节能产品，逐步淘汰低能效产品。《国务院关于加快发展循环经济的若干意见》（国发〔2005〕22 号）要求“消费环节要大力倡导有利于节约资源和保护环境的消费模式，鼓励使用能效标识产品、节能节水产品和环境标志产品、绿色标志食品，减少过度包装和一次性用品的使用。政府机构要实行绿色采购”。2006 年 10 月 24 日，财政部和国家环境保护总局制定了《关于环境标志产品政府采购实施的意见》，要求用财政性资金进行采购的各级国家机关、事业单位和团体组织优先采购环境标志产品，其中“环境标志产品政府采购清单”由财政部、国家环境保护总局确定和调整，2008年1月1日起在全国全面实行。此外，部分地方政府也制定了绿色采购的相关文件，推动政府绿色采购活动。例如，青岛市制定了《青岛市绿色采购环保产品申请及推广管理暂行办法》，规定在公开招标的评分标准中，增设节能产品和绿色产品的分值，积极支持循环经济发展；贵阳市政府颁布了《贵阳市政府绿色采购管理办法》，以规章的形式保障政府绿色采购等。

6. 循环经济标准标识

循环经济标准是指为了发展循环经济，政府有关部门制定的有关技术、工艺和设备在节能、节水、节材、节地、资源综合利用等方面的统一技术要求和规范，或者对产品在单位产值以及单位产品的能耗、物耗排放的所作的强制性限值要求。循环经济标识是指政府部门或者公共、私人团体对达到循环经济标准的技术、工艺和设备、产品颁发、证明其生产过程符合循环经济要求的一种说明。循环经济标准属于技术要求和规范，最终体现为针对技术、设备与工艺以及产品的一系列技术参数与指标。经济发展中高污染、高能耗、高消耗的主要原因是因为技术、设备与工艺的落后造成的，因此，解决问题的关键在于抓住技术、设备与工艺，而不仅仅是排污口。循环经济标准标识与环境标准是有区别的。我国已经建立了较为完备的环境标准制度，这些标准主要包括环境质量标准、污染物排放标准、环境监测方法标准、环境标准样品标准和环境基础标准，其中环境质量标准和污染物排放标准有国家标准和地方标准。

但是从现有环境标准对企业的约束来看，主要是污染物排放标准。污染物排放标准侧重于末端，侧重于对污染物污染的控制，没有或者很少考虑到对资源的节约和废物的循环利用，这还是传统环境管理模式的体现。生态标志或者环境标志制度成为许多发达国家的共同做法。环境标志最早是从德国于1997年实行“蓝色的天使”制度开始的，这一制度在其他国家产生广泛的影响力。例如，加拿大1985年开始实施“环境选择”标志，日本1985年实施“生态标签”，北欧4国实施“白天鹅制度”，奥地利实施“生态标志”等。另外，韩国、新加坡等国家和地区陆续建立了环境标志制度。1993年国家环保总局发布《关于在我国开展环境标志工作的通知》（环科〔1993〕176号），倡导从“一九九三年起逐步在全国开展环境标志工作”。《清洁生产促进法》第十三条规定“国务院有关行政主管部门可以根据需要批准设立节能、节水、废物再生利用等环境与资源保护方面的产品标志，并按照国家规定制定相应标准。”该条规定为循环经济标准、标志制度在我国正式形成奠定了基础。

7. 以生产者为主的责任延伸制度

该项制度基本的内涵是指生产商应对产品整个生命周期内的环境影响承担责任。一般认为，生产者责任延伸所涉及的生产者责任包括：（1）法律责任，指生产者在产品的生命周期中必须对所有依法认定的环境损害负担法律责任；（2）经济责任，指生产者必须负担全部或部分废物回收、循环再利用及最终处置的费用；（3）实体性责任，包括设计、制造及回收利用技术的应用、研发以及回收处理体系的组织与管理责任；（4）信息责任，指生产者对于与产品相关的各项信息所必须负担的责任（主要是向消费者提供信息的责任）。生产者责任目前主要限于电子和电器产品的生产商对产品废弃后的回收和利用负责。实施生产者责任延伸制度可以减少对环境的污染和生态破坏，推动企业开展清洁生产，减少废弃物的处置量，提高废弃产品的回收、再利用和处置的专业化水平等。现有的生产者责任制度立法思路局限于传统的“污染者治理”原则，对于生产者责任的延伸考虑不够，规定比较零散，散见于清洁生产促进法和固体废物污染环境防治法等法律法规中，只限于强制回收方式，没有考虑回收过程中经销商和消费者的相应责任，缺乏配套的有关预付费、收费等经济手段，也没有考虑如何有效利用民间回收市场体系。从制度设计角度看，应该做出有关生产者责任延伸制度的比较全面、比较原则性的规定，由有关行政主管部门制定生产者责任延伸制度产品目录和管理办法，对于列入生产者责任延伸产品目录的产品，生产者负责其废弃产品的回收、再利用和无害化处理。从责任方式看，应该有效发挥市场的作用，采取强制方式（如强制回收、禁止使用某些材料等）、自愿方式（如企业自愿回收产品计划）以及配套的经济手段等（如产品费、生态税、预付处置费、抵押金返还）。同时，除了强调生产者的责任，还需要强调所有相关的生产者、消费者、管理者等以不同方式承担相应的责任。政府的责任主要体现在制定相应的政策和制度、绿色采购、宣传教育以及提供信息等方面。该制度的实施还需要与环境标识制度、产品和工艺标准、税收减免或补贴、消费者付费制度等衔接起来。

第二章　青海省循环经济发展状况

一、青海省循环经济发展概述

（一）发展基础

一是循环经济战略地位日益凸显。党的十八大报告把生态文明建设摆在五位一体的高度进行了论述。循环经济发展模式以“减量化、再利用、资源化”为原则，是节约利用资源、推进节能减排的有效模式，具有较好的发展潜力，是生态文明建设的必然要求，也是促进经济、社会、政治、文化、生态相协调发展的重要内容。青海省正在加快推进国家生态文明先行区和民族团结进步示范区的建设步伐，循环经济发展过程中更加注重生态文明的地位，必将进一步推动循环经济发展先行区的建设步伐。青海省将发展循环经济列入重大战略任务进行部署。循环经济在青海，已经不仅仅是产业发展的方向和重点，已经上升为统领全省经济社会发展的重大战略之一。青海成立了青海省循环经济试验区领导小组、柴达木循环经济试验区管委会、西宁经济技术开发区管委会，为加快循环经济试点园区的发展提供了组织保障。国家、青海省、循环经济试点园区所在州市，都将支持循环经济发展作为重要举措列入了发展规划。近些年来，青海省委省政府及相关部门制定和推出了价格和收费、财税、信贷等一系列相关配套政策和措施，形成了较为完备的促进循环经济发展的政策体系和体制机制。青海省加大了对循环经济理论研究和实践探索的力度，并强化了宣传和培训工作，激发和调动各类企业、社会各阶层参与循环经济工作的积极性、主动性和自觉性，循环经济理念深入人心。总体来看，发展循环经济，已经成为青海提升产业水平、调整经济结构、转变发展方式的必然选择，也是发挥比较优势、增强综合竞争实力的现实需要。2005 年 10 月，经国务院批准，国家发展和改革委员会将青海省柴达木循环经济试验区列入国家第一批 13 个循环经济试点产业园区之一。根据国家相关部门的部署，西宁经济技术开发区于 2008 年被定为第二批国家级循环经济试点园区。近年来，发展循环经济已成为推动青海省经济转型的一条主线，在“十三五”期间，青海推进钾、镁、锂、钠、氯循环产业发展，构建在全国具有重要影响力的千亿元盐湖资源综合利用产业集群。

二是循环型产业体系基本形成。园区循环化改造的步伐加快，基本构建起了工业、农业和服务业领域的循环型产业体系。青海省柴达木循环经济试验区格尔木、德令哈、大柴旦、乌兰工业园区及西宁经济技术开发区甘河、东川工业园区先后被国家确定为循环化改造示范试点园区。柴达木循环经济试验区“一区四园”的总体发展布局已初步形成。格尔木工业园区充分利用区内丰富的石油天然气资源、盐湖资源和有色金属资源，着力发展油气化工产业链、盐湖化工产业链和冶金工业产业链。德令哈工业园区充分利用柯柯盐湖及察尔汗盐湖的废弃盐、德令哈的石灰岩和鱼卡、大煤沟的煤炭资源，着力构建盐碱化工产业链。乌兰工业园区以木里焦煤及茶卡、柯柯盐湖资源为依托，加快推进煤化工与盐化工的融合发展，着力发展煤化、盐化产业链。大柴旦工业园区充分利用大煤沟、鱼卡、马海湖、大盐滩、昆特依等地丰富的煤炭、盐湖资源，着力构建能源、煤化、盐化工产业链。结合各园区长远发展需求，格尔木、德令哈、乌兰、大柴旦工业园区不断完善水、电、路、通讯、排污治污等基础设施建设，承载能力和服务功能不断提升。柴达木循环经济试验区充分发挥区域比较优势和资源组合优势，着力推动石油天然气化工与盐湖化工的融合发展，初步形成了盐湖化工、油气化工、煤化工、金属冶金、特色生物产业和新能源开发六大循环经济主导产业框架。电力、石油天然气化工、盐湖化工、煤化工、有色金属、建筑材料等产业已横向连接起来，初步构建起了循环型产业链，如“油气—盐化工”产业链、“煤—焦—盐化工”产业链、“有色金属—天然气—盐化工”产业链和“铁矿—焦炭—钢铁”产业链。

西宁市经济技术开发区作为国家第二批循环经济试点产业园区，“一区四园”的总体发展布局基本形成。生物科技产业园初步形成了以生物技术、中藏药及绿色食品加工为主导的产业集群。甘河工业园区已初步形成了有色金属冶炼和加工等为主的材料工业集群。东川工业园区已初步形成了以机械加工、特色资源开发、新材料、新能源为主的产业。南川工业园区已初步形成了以藏毯、有色金属精深加工、太阳能光伏、光热、青海高原特色动植物资源开发为主的产业。甘河工业园打造有色金属延伸加工产业链、煤及天然气化工产业链。南川工业园打造藏毯绒纺产业链、锂电池材料及储能电池产业链、光伏聚光电池产业链。东川工业园打造硅材料及光伏制造产业链、铜精深加工产业链、钛合金熔铸及板管带材加工产业链、电子铝箔及延伸产业链。生物科技产业园打造高原特色资源精深加工等产业链。

三是具备强有力的政策保障。在法律法规方面，国家出台《中华人民共和国清洁生产促进法》《中华人民共和国循环经济促进法》《中华人民共和国可再生能源法》。青海省人大及其常委会先后颁布了《青海省矿产资源管理条例》《青海省盐湖资源开发与保护条例》《青海省实施〈中华人民共和国节约能源法〉办法》等有关资源开发利用的地方性法规。青海省政府出台了《青海省人民政府关于加快推进柴达木循环经济试验区发展的若干意见》及《青海省人民政府关于加快西宁（国家级）经济技术开发区发展的若干意见》，按照《循环经济促进法》等相关法律法规及标准，制定和完善试验区相关政策规定。

（二）存在的问题

一是传统的产业结构制约了循环经济的进一步发展。青海工业发展仍然处于传统的发展模式，重化工为主的传统产业占比重较高，高新技术产业比重小，产业集聚度不够高，产业发展水平较低。多数企业管理方式粗放，产业关联度低，产业链条短，产业集聚效益差，产品多为低档次初级矿产品，特色优势产业发展水平和层次还比较低，资源精深加工、循环综合利用的程度尚不高，尚未形成大循环、大发展的局面。循环型旅游业、循环型物流业等发展较为缓慢。产业间缺乏融合，种养殖农业内部循环利用、工业园区各企业生产链循环利用等一系列产业内部循环，但循环工业与旅游融合、循环农业与旅游融合呈现雏形，需要进一步提升融合度。

二是循环经济发展的关键技术有待突破。在循环型农牧业方面，农牧科技服务较为薄弱，主要体现在如牛羊粪发酵处理技术、农畜品种选育技术、动物疫病综合防治技术水平不高。在循环型工业方面，资源开采和综合利用的关键技术如盐湖钾肥的钾回收率提高技术、油气田钻井污水处理技术、共伴生资源综合回收利用技术等有待突破。电子商务等推动循环型产业发展的信息技术处于起步阶段，有待加快发展。相关技术引进创新机制不够完善，尚缺乏大力支撑循环经济发展的一系列环保新技术。

三是循环经济发展的人才仍然紧缺。青海发展循环经济中仍然缺乏循环型产业所需的管理和专业技术人才。农畜产品质量检测、动物疫病防控、农畜产品研发等方面的专业技术人才较少；工业园区企业高级管理人才和专业技术人员缺乏，自主创新能力较弱；通过技术入股等方式来吸引科技人才的激励机制不够完善。

四是基础设施有待完善。受资金等因素的影响，园区的电力不足、工程性缺水、供热、排污及废渣处理等生产性基础设施问题依然存在。在园区环保基础设施建设方面，垃圾处理、绿化美化、消防等方面的建设较为薄弱。在循环农牧业领域，由于缺少资金来源，农牧业专业合作社在建立有机肥生产线、物流仓储、枸杞二次烘干筛选色选生产线等生产性基础设施方面仍存在困难。

五是节能减排任务较重。废弃物再利用的技术水平与内地发达地区相比差距较大，以资源型的重化工业为主的企业对废水废气废渣等处理的压力较大。受人力、资金、技术等因素制约，青海各工业园区欠缺为工矿废物分类收集、分选和回收的管理信息网络系统及相关服务体系，节能减排的监测和考核的信息化手段较为薄弱，尤其是煤矿开采中资源浪费、环境破坏等现象依然存在，有待进一步规范。

六是部分企业经营困难。在发展循环经济的实践中，部分企业遇到了困难，出现了问题。以上市公司盐湖钾肥为例，2020 年 4 月 30 日，*ST 盐湖发布 2019 年年度报告，报告显示，2019 年全年实现营业收入约 178.49 亿元，同比降低了 0.23%；实现归属于上市公司股东的净利润 -458.6 亿元，较上年同期下降 1230.58%；经营活动产生的现金流量净额 27.89 亿元，较上年同期下降 60.99%；基本每股收益 -16.46 元。据披露，该公司业绩亏损的主要原因是综合利用一、二期项目、盐湖海纳 PVC 一体化项目、金属镁一体化项目各装置整体负荷较低，导致亏损。根据前期披露的年报，该公司 2017 年、2018 年均出现巨额亏损，累计亏损额超过 70 亿元。

如何在循环经济的模式下，实现企业的可持续发展？如何在更高层面、更广范围推进青海省循环经济发展，建设国家循环经济发展先行区，无疑是一种新的尝试和创新。青海发展循环经济，应当立足于当前经济发展阶段和资源禀赋，从能源资源条件、产业结构和技术水平等方面，认真审视循环经济的内涵和发展趋势，用循环经济的理念统领资源开发和经济建设，强化制度保障，实现经济发展方式的科学转型。

二、青海省循环经济发展状况调研分析

（一）调查研究过程

为了解公众对青海循环经济发展有关问题的认识，更好地把握循环经济发展中存在的问题，采用了问卷调查研究的方式。在调查研究的资料收集中，采用了结构访问法（当面访问法）。担任本次调研的访问员主要是青海大学的学生。在对访问员进行了有关问卷调查注意事项的培训后，于 2018 年 5—9 月份由访问员携带调查问卷赴西宁市、格尔木市、海东市乐都区、黄南藏族自治州同仁县等地，按照调查方案和调查计划的要求，对所选择的被调查者进行访问和交谈，并按照问卷的格式和要求进行记录。本次调查，回收有效问卷 218 份。

（二）调查结果分析

1. 对青海发展循环经济的基本认识

（1）青海发展循环经济的重要性。85% 的被调查者认为青海发展循环经济非常重要或重要；15% 的被调查者认为重要程度一般；没有调查者表示发展循环经济不重要。这表明被调查者对青海发展

循环经济的重要性高度认同。

（2）青海发展循环经济的重点工作。本项内容设计了五项内容，分别是“环境保护”“废物回收利用”“垃圾无害化处理”“节能、节水、节电”“低消费”，被调查者可以选择多项。被调查者对“废物回收利用”“垃圾无害化处理”的认同度很高（分别为 90%、87%）；对“环境保护”“节能、节水、节电”的认同度较高（分别为 78%、67%）；对“低消费”的认同度较低（30%）。这表明公众对循环经济的再循环、再利用高度重视，对垃圾的污染以及无害化处理问题十分关注，且迫切希望得到根治；环境保护的理念已逐渐深入人心；相对而言，对“减量化”的重视程度不够，对绿色消费的认识还有待提高。

（3）循环经济的基本原则。2% 的被调查者表示听说过“3R”原则，并且知道的具体内容；13% 的被调查者表示听说过“3R”原则，但是不知道具体内容；85% 的被调查者表示没听说过“3R”原则。这一结果与前面被调查者对青海省发展循环经济重点任务的认识的调查结果有冲突，前面结论显示公众对“减量化、再循环、再利用”的理念是理解并高度认可的。这表明公众对“3R”的表述有陌生感，这与对“3R”的宣传不到位有关，也与“3R”的学术色彩（采取的英文表述，以及“减量化”通俗性不足）有关。所以，被调查者表示没听说过“3R”原则，并不代表对循环经济基本原则的不了解。

2. 对循环经济制度建设现状的认识

（1）国家的法律法规。仅有 4% 的被调查者能准确说出我国出台的有关循环经济发展方面的法律法规，例如《循环经济促进法》《清洁生产促进法》；有 18% 的被调查者能大致说出上述立法；有 78% 的被调查者不能举出有关法律法规。这表明国家出台的有关促进循环经济发展方面的法律法规对公众的直接影响力不高，导致大多数公众不清楚相关立法的情况。

（2）与青海循环经济有关的制度。仅有 6% 的被调查者能具体准确地说出与青海省循环有关的制度，例如：《青海柴达木循环经济试验区总体规划》《西宁市农家乐管理办法》《青海省实施〈中华人民共和国节约能源法〉办法》；有 21% 的被调查者表示大致知道有与柴达木循环经济试验区、西宁市农家乐管理有关的制度；有 73% 的被调查者表示不清楚相关制度。分析被调查者的结构可以看出，了解《青海柴达木循环经济试验区总体规划》的被调查者主要来自格尔木和西宁市；了解《西宁市农家乐管理办法》的被调查者来自西宁市。从调查结果看，柴达木循环经济试验区的影响力日益扩大，除了当地公众外，其他地区的公众也在关注该试验区。

3. 对城市生活垃圾的处理

（1）垃圾分类。有 27% 的被调查者表示日常的投放垃圾，会经常进行分类投放；44% 的被调查者表示偶然进行分类投放；29% 的被调查者表示没有进行分类投放。经过访谈得知，多数公众能够将废弃纸张、书刊、报纸、包装箱、瓶子进行分类整理，但因为回收渠道不够通畅、便利，影响了分类投放。

（2）垃圾箱分类投放。7% 的被调查者表示能轻松看懂所在地区垃圾箱分类投放说明；77% 表示不容易看懂；16% 表示不关注此事。这表明还需进一步清晰和明确垃圾箱的分类投放说明，否则分类投放垃圾箱的设置会形同虚设。

（3）生活垃圾集中处理。92%的被调查者表示有必要在社区推广生活垃圾集中回收处理；2%表示没有必要；6%持无所谓态度。这表明公众对在社区推广生活垃圾集中回收处理持高度肯定的态度。

（4）垃圾的无害化处置。此项内容可以做多项选择。87%的被调查者表示关注垃圾的无害化处置问题，但74%的被调查者表示并不清楚垃圾无害化处置的具体方式。

（5）减少白色污染。本项内容设计了消费者在购买日常生活用品时，如何使用购物袋的内容，被调查可以多选。35%的被调查者表示会付费使用销售者提供的一次性塑料袋；87%表示使用销售者提供的一次性免费塑料袋；有26%表示使用自己携带的可反复利用的购物袋。这表明付费使用塑料袋的规定对于引导消费者减少使用塑料袋是具有积极作用的，大中型超市都能坚持执行付费使用塑料袋的规定；但在“限塑令”实施后，特别是在集贸市场等地，免费塑料袋的使用又逐渐多了起来，这些免费塑料袋绝大多数都达不到《国务院办公厅关于限制生产销售使用塑料购物袋的通知》中规定的标准。如果不加强监督检查以及处罚力度，那么“限塑令”的实施效果将大打折扣。

4. 对废旧电子产品的处理

40%的被调查者表示会将废旧电子产品卖给做回收的小商贩；37%表示会将家中废弃的电子产品储藏起来；9%表示会扔进垃圾

堆；5% 表示会送人；5% 表示会捐赠；7% 表示有其他用途。调研发现，国家实施的旧家电“以旧换新”的政策很受公众欢迎，将废旧电子产品储藏起来的被调查者中有不少等待将来进行家电“以旧换新”的打算。

5. 节约用水

（1）水价。35% 的被调查者反映生活用自来水价高；47% 反映水价还可以；8% 反映水价低；10% 表示说不清高低。这表明目前公众对于通过提高水价来推动生活节水具有一定的承受能力，但不会太高。

（2）“一水多用”。43% 的被调查者表示在家中会经常自觉“一水多用”（例如用洗菜水冲厕等）；50% 表示偶尔会“一水多用”；7% 表示从未考虑到“一水多用”。这表明公众具备了基本的节约用水和循环用水意识，且还有进一步提高的空间。

6. 节约用电

（1）电价。72% 的被调查者表示居民生活用电电价高；24% 表示还可以；有 4% 表示电价低。这表明公众对于电价进一步提高的心理承受能力有限。

（2）电器使用的节电。47% 的被调查者表示会经常关闭不使用电器的电源；30% 表示偶尔会；23% 表示不会关闭。根据访谈了解到，不选择关闭电源的被调查者一般采取关闭电器开关的做法，而不会完全切断电源，理由主要是关闭电源不方便以及担心反复关闭电源会对电器产生不利影响。

7. 节约用地

54% 的被调查者认为“三个集中”（工业向集中发展区集中、

农用地向规模经营集中、农民向集中居住区集中）对土地的节约利用有效；31% 表示无效；15% 表示不关心。据访谈了解，表示无效的被调查者主要认为，集中后的开发区、新区等也会产生土地浪费。

8. **社区生态环境**

18% 的被调查者表示对所居住社区的生态环境满意；43% 表示较为满意；39% 表示不满意。被调查者反映出来的问题主要有：绿地不足；车辆越来越多；垃圾清理不够及时；公共活动空间狭小等。

9. **节能**

考虑到煤、油、气等能源的收费机制，公众在生活中消费能源时一般是具有节能意识的，所以此项内容主要设计为对节能产品的消费。28% 的被调查者表示，如果价格稍微偏高，总是会选择购买节能产品；67% 表示会看情况进行部分选择；5% 表示不选择。这表明公众具有了一定的节能产品消费意识，有一定的心理承受能力，在价格机制调解下，大部分消费者的选择是理性的。

10. **绿色消费**

绿色消费涉及内容较多，我们主要选择了从饮食消费、环保装修、绿色产品购买、一次性消费品、绿色产品价格承受能力、产品的更新换代、其他。

（1）饮食消费。83% 的被调查者表示在饭馆吃饭时，如果剩得比较多，通常会打包带走；14% 表示会偶然打包；仅有 3% 表示不会带走。但调查中的一个细节值得注意：有的被调查者表示，在私人消费场合会选择打包；因公消费场合，一般不会打包。

（2）环保装修。62% 的被调查者表示，即使价格略高，也愿意选择绿色家居用品和环保装修；13% 表示不愿意；25% 表示无所谓。经访谈了解，在家庭装修消费环节上，价格因素的影响力要弱于能源消费等环节，其主要原因是消费者会更多考虑健康因素。

（3）绿色产品购买。47% 的被调查者表示会经常购买带有“环保标志”的绿色标志物品；38% 表示会偶尔购买；15% 表示对此不关心；没有被调查者选择从不购买。这表明“环保标志”对消费者的购买行为已经产生了积极的影响。

（4）一次性消费品。此项问题设计了两个内容：一是如何看待一次性消费品？有 58% 的被调查者表示即使付费也要坚持使用；30% 表示不用，因为一次性消费品并不像想象中的那么卫生；12% 表示不用，因为一次性消费品属于严重的资源浪费性产品。这表明消费者在选择一次性消费品时，环保并不是其主要的考虑因素，而更关注是否卫生、健康。因此，从满足公众基本需求的角度去考虑节能减排、循环利用的相关政策制度设计，实施效果会更好。二是调查公众能否做到不用或少用一次性纸制品或木制品，有 28% 的被调查者表示能做到；67% 表示有时候能做到；5% 表示做不到。这表明对消费者不用或少用一次性纸制品或木制品的倡导工作尚有很大的提升空间。

（5）绿色产品价格承受能力。82% 的被调查者表示愿意多花 5% 购买“绿色产品”；13% 表示愿意多花 10%；只有 5% 表示愿意为此花更多的钱。这表明目前绝大多数消费者愿意为消费绿色产品支付更多的费用，但对价格的心理承受能力有限，根据调研结果判断，价格提高的合适比例大致在5%—10%之间。

（6）产品的更新换代。56%的被调查者表示能做到把损坏的物品修理再用，延长使用期，不忙于更新换代；有38%表示有时候能够做到；有6%表示做不到。据调查了解，价格和功能是影响此项行为的重要因素。

（7）其他消费。54%的被调查者表示如果经济宽裕，会选择住更大的房子；32%表示会买更好的车；6%表示会选择外出旅游；8%的选择其他。

11. 强制回收的产品和包装物

（1）对产品包装的态度。有35%的被调查者表示产品包装还是豪华的好，显得有档次；55%倾向于产品包装实用就好，豪华与否无所谓；10%表示产品包装还是简单好，有益节约资源。

（2）对产品包装的行为选择。8%的被调查者表示愿意将强制回收的产品和包装物专程送到固定的回收点；19%表示不愿意；73%表示要看是否有经济利益。这表明经济利益的有无及大小对于消费者是否选择将回收品和包装物送至回收点至关重要。

12. 对存在问题的认识

（1）开展节能工作的难点。此项问题设计为单项选择。45%的被调查者认为开展节能工作的难点是政府宣传及政策落实不到位；40%认为主要是节能意识不够；12%认为主要是节能技术的开发和推广困难；3%认为主要是能源价格普遍偏低。这表明公众认为政府行为、节能意识对有效开展节能工作影响很大。

（2）阻碍循环经济发展的障碍。此为多选题。76% 选择了“公众意识淡薄”；55% 选择了“缺少相应的法规政策与标准”；52% 选择了“缺少激励政策”；45% 选择了“缺少监督手段”；40% 选择了“缺少惩罚机制”；32% 选择了“实施费用高”。由调研结果可见，公众意识淡薄、法规政策缺失、激励及约束机制缺失对于循环经济发展的阻碍作用大。

13. **建设性意见**

（1）参与意识。63% 的被调查者表示会积极参与所在地动员参加的循环经济建设活动；31% 表示会被动参与；6% 表示不愿意参与。这表明公众的整体参与循环经济建设的意识还是很强的。

（2）宣传载体。此为单选题。32% 的被调查者认为“电视”是加强循环经济宣传力度的最有效载体；22% 选择了“标语及公益广告”；19% 选择了“网络”；12% 选择了“报纸”；8% 选择了“企业产品宣传”；5% 选择了“广播”；2% 选择了“书刊”。这表明电视在公众心目中的宣传作用较大，广播、书刊的影响力不高。据此分析，采取电视、标语及公益广告、网络、报纸等综合并用的手段，可以产生积极的宣传效果。

（3）实施手段。44% 的被调查者认为“提高公众意识”是实施循环经济最有效的手段；28% 选择了“政府调控”；25% 选择了“市场调节”；3% 表示不清楚。这表明要充分重视提高公共意识对发展循环经济的作用。

（4）参与事项。此为多选题。92% 的被调查者表示愿意在生活中尽量节水节电；66% 表示愿意促进废品回收；54% 表示能做到不随意扔垃圾、分类排放垃圾；43%表示愿意不使用一次性餐具；12%表示愿意做到购物时自己携带布袋，坚持不使用塑料袋；6%表示愿意只购买“绿色环保”产品。通过访谈了解到，个人在思想意识上是愿意从事有利于循环经济发展的活动的。在日常行为中，经济利益是影响人们行为的主要因素，如果没有一定的收益，大部分个人是难以自觉从事促进废品回收的一些活动的。关注卫生、身心健康也是个人在做出选择时会着重考虑的一个因素。在保证卫生健康与较少资源浪费之间，绝大多数个人会选择前者，例如：不少个人表示，之所以会选择一次性餐具，主要是从卫生的角度考虑，不少人表示如果非一次性餐具能够保证卫生，那么会不再使用一次性餐具。生活的方便程度，也是影响公众行为选择的一个因素，例如：在购买“绿色环保”产品问题上，不少被调查者表示除了价格因素外，主要考虑的还是习惯以及方便程度，如果“绿色环保”产品的功能、性能上有差异，或者没有满足需要的“绿色环保”产品，还是会选择购买其他产品，而不会刻意购买“绿色环保”产品。

（三）主要问题及原因分析

1. 制度建设存在不足

2004年，贵州省颁布实施了我国第一部地方性循环经济法规——《贵阳市建设循环经济生态城市条例》，为贵阳市推进循环经济发展，建设生态城市提供法制保障。随后，北京、上海等地相继出台了一系列符合地方情况的循环经济法规。国家于2008年颁布实施了《循环经济促进法》。目前，青海省关于促进循环经济发展的地方性立法尚属空白。与发展循环经济有关的制度，包含国家和地方两个层面。从体系的完整性上看，现有制度体系缺乏对一些与循环经济相关的重要制度的规定以及相关权责的界定，例如资源再用、再生和循环利用强制实施的法律义务、生产者责任制度等在现有的法律体系中并没有明确的规定，只是在《清洁生产促进法》等法律中有含糊表述；另外，一些在发达国家普遍推行的制度，如抑制废物形成制度、循环名录制度等还没有建立。

从制度保障体系的整体制定思路来看，多是从单个主管部门管理的角度出发制定，在资源再用、再生和循环利用中延续的是末端治理的思路，缺乏一种从全局、全社会的层面上将法规政策体系加以系统整合的政策制定思路，尤其忽视产业政策的调整、技术扶持政策的运用和市场机制的建设对推动循环经济的作用。青海省仍处于传统线性经济模式中，现有的环境法规和政策体系大多采取末端控制、指令性控制，在资源输入端和污染排放端缺少有效的经济控制手段和社会参与手段，这不利于发挥企业和社会的积极性。循环经济发展要求强化基于市场机制的方法，发挥企业主体的积极性。目前的市场价格体系不但不能反映资源的稀缺性，反而因为回收利用的材料价格高于原材料的价格，不利于原材料的节约和二次材料的大量利用，同时，污染排放端也缺乏强有力的经济约束。目前的政策体系较少考虑采用市场性和参与性的政策，排除了市场主体企业和社会力量在推进循环经济中的作用，客观上造成企业和社会参与积极性不足的缺陷。在现有产业政策、技术政策的推进中，以行政手段为主导，以形形色色的项目开道，形成由政府部门“唱独角戏”的局面。虽然已经开始运用税费作为激励手段，但系统地运用市场机制和社会机制的工作显得不足。政府在推进循环经济过程中，社会动员机制薄弱的问题突出。虽然人们对于发展循环经济的重要性已有所认识，在制度上却没有制定出相应的奖励和惩罚机制，以引导人们保护环境和节约资源。例如，虽然国家出台了禁止过度包装的法律条款，并从法律上鼓励使用易回收包装物，但还没有建立起与之相适应的实施机制，地方上存在食品、药品、保健品等过度包装的现象，造成资源的极大浪费。再如，《清洁生产促进法》《可再生能源法》《节约能源法》等，没有对企业的责任和义务做出具体规定，缺乏强制实施力，青海省也没有针对性的地方性立法或政策对此予以引导规范。

国家出台的有关促进循环经济发展方面的法律法规对公众的直接影响力不大，大多数被调查者不清楚相关立法。被调查者也不熟悉省内促进循环经济发展的相关制度，并认为存在政府宣传及政策落实不到位的情况。被调查者对制度的执行机制评价不高，并认为缺少相应的法规政策与标准、缺少激励政策、缺少监督手段、缺少惩罚机制是阻碍循环经济发展的因素。

2. 相关主体的责任制度不明确

参与循环经济的主体有政府、生产者、消费者等，但目前从国家到地方，还没有形成适合于循环经济发展的责任制度体系，尤其是生产者责任延伸制度还不完善，这是导致循环经济发展缓慢的一个重要原因。该制度强调从末端治理向源头控制的方向转变。近些年来，国内已开始制定体现生产者责任延伸制度的有关法律法规，例如《废旧家电及电子产品回收处理管理条例》，明确了家电等电子产品回收利用主体的责任，但生产者责任延伸制度的建立和实施还存在着许多障碍。目前，生产者还只局限于生产和售后服务环节，很少触及对废弃物的处理，废弃物的回收和处理更多由政府及环保部门承担，废弃物排放量、处理情况以及处理费用等都不影响企业的收益，对企业缺乏约束。就回收环节来看，青海省尚未建立有序的产品废弃物回收网络体系，已有的废旧物资回收利用企业规模普遍较小，处理技术也非常落后，无法应对和承担生产者责任延伸制度的需要。目前的消费者责任制度也不健全，在环保、治污、节能减排等方面，没有对消费者造成的环境破坏使其承担责任的相关规定，导致消费者随处丢弃垃圾、排污、破坏环保等事情屡屡发生，却难以追究其法律责任。

3. 对发展循环经济的认识简单、片面

被调查者对废物回收利用、垃圾无害化处理、环境保护、节能节水节电等的认同度较高，但对“减量化”的重视程度不够，对绿色消费的认识还有待提高。循环经济的发展是一个社会系统工程，需要全体民众的参与才能真正发展起来。随着青海省经济快速发展和生活水平的提高，人们对实现经济、人口、社会、资源、环境的可持续发展和循环经济已有着内在的要求。但目前民众尚未树立起科学的消费观，参与意识不强，对循环经济的理解存在偏差，没有从整体上形成环境保护、资源循环利用、废弃物回收加工再利用、生态保护等方面的意识，也没有形成循环经济发展的社会理念。虽然在政府、社会的宣传倡导下，人们的环保、节能等意识有所提高，但远未达到“习惯成自然”的程度，人们普遍缺乏将生活垃圾分类捡装、资源循环利用、保护环境、减少污染的习惯，循环经济意识还较为淡薄。公众对循环经济的了解还需要从知识的知晓进入到能力的培育，对循环经济观念的认同和参与在不同社会群体之间和同类社会群体之中还不平衡。公众普遍地视推动循环经济为政府的责任。一些经济部门和地方的政府官员也并未把公众意识当作一种有建设性的力量，没有提供公众参与的有效途径。

4. **政府作用发挥不足**

全面推进循环经济，必须对现有的生活方式和经济运行模式实施全面的重构，这是一个重新分配利益的过程。政府在循环经济战略的实施中，扮演着极为重要的角色。在目前的循环经济推进的过程中，仍然存在政府失灵的现象。主要表现在：第一，以 GDP 为主要考核指标的政绩考核制度不利于循环经济的发展。就青海省经济发展的历史及现状而言，投资是拉动 GDP 增长的主要推动力，大量的固定资产投资倾向与发展循环经济所要求的内生循环型的发展会产生抵触。以 GDP 为导向的发展，与循环经济的理念存在冲突。绿色 GDP 国民收入核算体系尚有待建立。第二，治理环境污染的目标排序靠后。政府目标具有多元化的特点，治理环境污染仅是目标之一，往往被放在经济增长、就业、稳定物价、维护社会稳定等之后。第三，政策制定思路存在缺陷。现行的资源再用、再生和循环利用政策，过分侧重于末端治理，这从根本上与循环经济模式发展的要求是相悖的。发展循环经济要求摒弃对废弃物进行被动的“末端处理”的“边污染、边治理”的生产模式，代之以在生产和消费的源头进行“管端预防”为主的生产消费模式。目前缺乏一种从全局、全社会的层面上将促进循环经济发展的政策体系加以系统整合的政策制定思路。第四，部门利益加剧了制度安排的困难。循环经济的发展涉及诸多行业与领域，现行的部门管理经济、条块分割的管理机制，使得政府各部门缺乏有效的协调，容易出现政策冲突或政策盲区，出现多头管理、管理空白乃至互相矛盾的现象，对于循环经济的发展非常不利。

5. 绿色消费的推广和普及任重而道远

调查中发现，目前白色污染有所反弹，免费塑料袋的使用又逐渐增多，且绝大多数达不到国家的标准。受价格因素影响，多数被调查者购买绿色产品的价格心理承受能力有限。一次性消费品的使用空间较大，消费者并未将是否环保作为首要考虑因素，而是更关注是否卫生、健康。公众的绿色意识不强，奢侈消费、炫耀消费、过度消费等消费形式对消费者的影响很大。绿色消费观念的推广和普及还有很长的一段路要走。

三、青海省工业循环经济发展的评价

（一）评价原则

工业经济在青海省国民经济中占有十分重要的地位。在工业生产对社会经济发展的贡献份额不断增长的同时，工业生产所消耗的能源占资源的比例，也处于高水平状况。青海省发展工业循环经济，是走上“科技含量高、经济效益好、资源消耗低且环境污染少”的新型工业化道路的必然选择。因此，通过对青海省工业循环经济发展状况进行评价，把握工业循环经济发展的现实状况，对于推动青海省工业循环经济的发展是很有必要的。在对工业循环经济进行评价前首先要建立评价指标体系，这是进行实证分析的基础，也是反映工业循环经济综合发展水平的重要依据。因此，在建立工业循环经济发展评价指标体系时，指标的选择主要考虑评价指标体系构建原则：

第一，3R 原则，也称“减量化、再利用、资源化”原则，是循环经济的三项基本原则。减量化原则针对的是输入端，旨在减少进入生产和消费过程中物质和能源流量。对废弃物的产生，是通过预防的方式而不是末端治理的方式来加以避免。在生产中，制造厂可以通过减少每个产品的原料使用量、通过重新设计制造工艺来节约资源和减少排放。在消费中，人们以选择包装物较少的物品，购买耐用的可循环使用的物品而不是一次性物品，以减少垃圾的产生。再利用原则的目的是延长产品和服务的时间强度。资源化原则要求生产出来的物品在完成其使用功能后能重新变成可以利用的资源，而不是不可恢复的垃圾。按照循环经济的思想，资源化有两种情况，一种是废品被循环用来产生同种类型的新产品，例如报纸再生报纸、易拉罐再生易拉罐等；另一种是将废物资源转化成其他产品的原料。

第二，科学性原则。循环经济是由多种要素组合而成的，包括社会、经济和环境等方面，评价指标体系力求建立在科学的基础之上，能够较客观和真实地反映系统发展的状态，能较好地量度区域循环经济主要目标实现的程度。

第三，区域性原则。由于青海省的自然条件、工业发展水平、地理位置、文化背景等方面与其他地区存在诸多差异，在发展工业循环经济过程中所遇到的问题不一样，工业循环经济的发展要求和目标也不一样，因而建设和评价的重点也不一样，这就要求指标体系和指标权重、评价方法应能反映出区域间的差异。

第四，可行性原则。评价指标体系应充分考虑到数据的可获得性和指标量化的难易程度，应着眼于可行性。在构建工业循环经济评价指标体系过程中，主要以政府历年统计数据为基础，力求选取的指标数值可以直接获得或者通过计算、修正等数学方法间接得到。

第五，可比性原则。循环经济的评价指标要具有统一的量纲，这样既可以形成循环经济系统的时间序列，分析青海省工业循环经济的发展速度和效果，又可以在空间范围上比较不同地区的工业在同一时期循环经济的发展状况，有利于落后地区找出问题和差距，借鉴发展较快地区的成功经验。

第六，定量为主，定性为辅原则。评价指标体系应该尽可能地采用定量指标，特别是涉及经济发展现状、发展潜力和资源循环利用效率等。对一些无法量化的指标可以采用定性描述。

（二）评价指标体系构建

在青海省工业循环经济发展评价研究体系建立的过程中，依据3R 原则以及青海省工业循环经济发展的实际情况，将评价指标体系分为经济发展、资源消耗、循环利用以及污染排放四个方面。通过对评价指标体系中一级指标与二级指标的选取以及计算权重来综合反映工业循环经济的发展状况。青海省工业循环经济发展的指标选取如表2-1所示：

表2-1 青海省工业循环经济发展指标体系

	一级指标	二级指标	指标类型
青海省工业循环经济发展评价指标体系	经济发展指标	X_1：工业增加值（亿元）	正向
		X_2：规模以上工业企业R&D经费（万元）	正向
		X_3：规模以上工业企业主营业务收入（亿元）	正向
		X_4：规模以上工业产值利润率（%）	正向
	资源消耗指标	X_5：工业能源消费总量（万吨）	负向
		X_6：单位工业增加值能耗（万吨标准煤/亿元）	负向
		X_7：单位工业产值电耗（亿千瓦小时/亿元）	负向
		X_8：工业用水（亿立方米）	负向
	循环利用指标	X_9：水力发电量（亿千瓦小时）	正向
		X_{10}：工业用水占总用水的比重（%）	负向
		X_{11}：工业污染治理投资（万元）	正向
	污染排放指标	X_{12}：单位GDP排放COD强度（百吨/亿元）	负向
		X_{13}：单位GDP排放SO_2强度（百吨/亿元）	负向

（三）评价过程

1. 数据收集与评价指标的标准化处理

（1）数据的收集

本书收集了2008年至2019年13项指标的数据，对青海省工业循环经济发展进行实证分析，运用熵值法计算各一级指标与二级指标的权重值，最后根据线性加权求和法计算出的综合分值对青海省工业循环经济发展进行综合评价。

（2）数据标准化处理

由于反映青海省工业循环经济发展状况的指标既有正向指标又有负向指标，正向指标的指标值越大，指标越优，负向指标的指标值越小，指标越优。因此由于各评价指标单位不统一，需对这些指标同质化即指标的标准化进行处理，对于正向指标与负向指标的数值根据不同的算法进行标准化处理，确保标准化过程的合理性，即对于某一种指标（X），设其标准化指标值为（X'_{ij}），其真实值为（X_{ij}），各年份中该指标的最大值为（X_{max}），最小值为（X_{min}）。

对于指标值越高，对工业循环经济发展的促进作用就越大的正向指标，其标准化指标值的计算公式为：

$$X'_{ij} = (X_{ij} - X_{min}) / (X_{max} - X_{min}),\ 0 \leqslant X_{ij} \leqslant 1$$

而指标值越小对工业循环经济发展评价越好的负向指标，其标准化指标值的计算公式为：

$$X'_{ij} = (X_{max} - X_{ij}) / (X_{max} - X_{min}),\ 0 \leqslant X_{ij} \leqslant 1$$

数据标准化后的结果如表 2－2 所示：

表 2－2　数据标准化处理

年份	X_1	X_2	X_3	X_4	X_5	X_6	X_7
2019	0.718	1.000	1.000	0.000	0.070	0.208	0.635
2018	0.721	0.621	0.881	0.706	0.060	0.195	0.718
2017	0.636	0.848	0.767	0.758	0.060	0.001	0.000
2016	0.892	0.770	0.889	0.718	0.046	0.507	0.802
2015	0.876	0.582	0.567	0.705	0.000	0.402	0.670
2014	1.000	0.983	0.615	0.740	0.058	0.711	0.571
2013	0.914	0.939	0.741	0.790	0.178	0.763	0.648
2012	0.880	0.861	0.626	0.815	0.329	0.956	0.961
2011	0.707	0.829	0.502	0.899	0.520	1.000	0.876
2010	0.299	0.118	0.356	0.921	0.850	0.883	0.570
2009	0.004	0.236	0.035	0.839	0.954	0.308	0.757
2008	0.000	0.000	0.000	1.000	1.000	0.440	1.000
年份	X_8	X_9	X_{10}	X_{11}	X_{12}	X_{13}	
2019	0.932	1.000	0.884	0.337	0.987	1.000	
2018	0.978	0.896	0.966	0.310	0.928	0.961	
2017	0.980	0.366	0.958	0.064	0.857	0.880	
2016	0.962	0.270	0.946	1.000	1.000	0.941	
2015	0.907	0.453	0.874	0.458	0.618	0.710	
2014	1.000	0.533	1.000	0.749	0.523	0.631	
2013	0.901	0.658	0.914	0.239	0.455	0.556	
2012	0.974	0.657	1.000	0.140	0.311	0.470	
2011	0.791	0.472	0.843	0.209	0.167	0.343	
2010	0.841	0.473	0.882	0.000	0.219	0.240	
2009	0.890	0.200	0.904	0.228	0.060	0.062	
2008	0.000	0.000	0.000	0.016	0.000	0.000	

2. **评价指标权重的计算**

熵值法是利用指定指标的信息熵值判断该指标的有效性和价值，它能够深刻地反映出指标信息熵值的效用价值，通过计算获得的指标权重值有较高的可信度，因此尝试采用熵值法进行区域循环经济发展综合评价，得到评价指标的权重如表 2 – 3 所示：

表 2 – 3　评价指标权重值

	一级指标	指标权重	二级指标	指标类型
青海省工业循环经济发展评价指标体系	经济发展指标	0.2608	X_1：工业增加值（亿元）	0.0758
			X_2：规模以上工业企业 R&D 经费（万元）	0.0687
			X_3：规模以上工业企业主营业务收入（亿元）	0.0719
			X_4：规模以上工业产值利润率（%）	0.0445
	资源消耗指标	0.3337	X_5：工业能源消费总量（万吨）	0.1684
			X_6：单位工业增加值能耗（万吨标准煤/亿元）	0.0745
			X_7：单位工业产值电耗（亿千瓦小时/亿元）	0.0474
			X_8：工业用水（亿立方米）	0.0434
	循环利用指标	0.2350	X_9：水力发电量（亿千瓦小时）	0.0664
			X_{10}：工业用水占总用水的比重（%）	0.0432
			X_{11}：工业污染治理投资（万元）	0.1253

续表

	一级指标	指标权重	二级指标	指标类型
青海省工业循环经济发展评价指标体系	污染排放指标	0.1705	X_{12}：单位GDP排放COD强度（百吨/亿元）	0.0920
			X_{13}：单位GDP排放SO_2强度（百吨/亿元）	0.0784

3. 计算分值

目前，能够通过灰色关联分析法、模糊综合评价法、因子分析法、线性加权求和法等多种评价方法计算综合分值。灰色关联分析法和模糊综合评价法适合的评价指标体系为定性指标；主成分分析和因子分析要求评价体系中指标之间具有较高关联度。与上述各种方法相比较，线性加权求和法适用于各项指标之间具有关联性并且各项指标间的整合可以表现整个事物的评价体系。因此选择用线性加权求和法计算最后的综合分值。线性加权求和法就是根据熵值法的公式计算出的各一级指标与二级指标权重的值，结合原始数据标准化处理以后各指标的值，可以求得每一个综合指标的分值，进而得出2008—2019年间青海省工业循环经济发展状况评价的总分。计算公式为：

$$F = \sum^{m} x_{ij} \times w_j$$

其中，X_{ij}为各评价指标数据标准化处理后的值，W_j 为各评价指标的权重。

从经济发展、资源消耗、资源利用以及污染排放四个分类指标计算的综合得分，如表 2 －4 所示：

表 2 －4　综合得分

年份	2008	2009	2010	2011	2012	2013
经济发展	0. 0116	0. 0147	0. 0254	0. 0487	0. 0540	0. 0580
资源消耗	0. 0830	0. 0862	0. 0909	0. 0794	0. 0716	0. 0523
循环利用	0. 0005	0. 0190	0. 0163	0. 0221	0. 0245	0. 0266
污染排放	0. 0000	0. 0018	0. 0066	0. 0072	0. 0112	0. 0146
总计	0. 0950	0. 1216	0. 1392	0. 1573	0. 1613	0. 1514
年份	2014	2015	2016	2017	2018	2019
经济发展	0. 0575	0. 0465	0. 0564	0. 0509	0. 0501	0. 0509
资源消耗	0. 0445	0. 0337	0. 0418	0. 0176	0. 0337	0. 0327
循环利用	0. 0405	0. 0294	0. 0433	0. 0173	0. 0329	0. 0345
污染排放	0. 0166	0. 0192	0. 0283	0. 0252	0. 0274	0. 0289
总计	0. 1591	0. 1289	0. 1698	0. 1111	0. 1442	0. 1469

（四）评价结果

2008—2019 年青海省工业循环经济能力总体上呈现出波动性上升的趋势，其中工业经济发展虽有波动，但总体比较平稳，大体呈上升趋势；资源循环利用水平呈现出曲折上升态势；污染排放能力得分整体上也呈现出上升的发展方向；上述三个方面共同推动了工业循环经济的发展。但是青海省工业资源消耗能力得分不断下降，说明工业企业的资源消耗能力需要得到进一步的提升。

分析具体指标可以看出：首先，青海省工业经济发展相对稳定，2008—2013 年呈现上升趋势。虽然近 12 年来工业企业收入总体上不断增加，但在 2014、2015、2017 年以及 2018 年出现了下降，出现这种现象是因为 2014 年工业企业主营业务收入相对于 2013 年有所下降，2015 年工业增加值下降，2017 年工业增加值较 2016 年下降了 13.8%，2018 年较 2019 年工业增加值下降了 24%，2019 年工业增加值较 2018 年下降了 23%。

工业企业的发展主要依靠资源的开采及利用，这既带来了经济的增长，提高了经济效益，但对于资源的需求量与消耗量不断上涨，资源消耗也在上升，分析具体指标可以看出，工业能源消费总量不断上升，工业发展需要的资源量不断上升，循环经济发展的 3R 原则中减量化的原则并未完全实现，这对于工业循环经济的发展是不利的。

资源循环利用率从 2008—2014 年是不断上升的，但在 2015 年和 2017 年有所下降，从二级指标值中可以看到工业用水量总体上呈现下降的趋势，同时水力发电量是上升的状态，说明在资源循环利用方面有所进步。但是工业污染治理投资在 2017 年出现了下降，造成 2017 年资源循环利用指标低于 2016 年，随后在 2018 年和 2019 年又有所上升。

从污染排放能力来看，2008—2019 年呈现平稳上升趋势，其中二级指标单位 GDP 排放 COD 强度以及单位 GDP 排放 SO_2 强度基本上都呈现下降的趋势，说明青海省工业企业污染排放能力有所增强。

（五）小结及展望

自从 20 世纪 90 年代中国引入循环经济以来，循环经济理念逐渐普及并且受到越来越多的认可。循环经济作为可持续发展中一个十分重要的手段，对推动青海省工业经济实现绿色发展、构建生态大省与生态强省、转变经济发展方式有着十分重要的作用。青海省大力提倡绿色经济，工业循环经济发展总体呈上升趋势，发展趋势良好，资源循环利用率不断上升，但是工业企业的资源需求量、污染物排放量不断上升，说明虽然青海在发展工业循环经济方面取得了一定进展，但发展还处于初期阶段，资源循环利用还有很大的提升空间。阻碍青海循环经济发展的原因主要是：第一，工业企业还未形成清洁型生产的发展模式。企业的发展还没有摆脱资源高投入、高消耗以及污染物过量排放的状况，发展模式还没有转变为低投入、高利用、低排放的清洁型生产模式。第二，资源综合利用率低，污染物排放量不断提升。资源开采模式单一，浪费严重，产业布局不合理，资源配置效率低，企业的发展只依靠资源的开采以及使用，使资源得不到高效利用，同时污染物过量排放。第三，循环经济发展的规划、理论指导、制度体系、技术支撑体系、运行机制以及政策不完善。第四，企业自主创新能力较低，工业企业间缺少合作，说明企业产业链条短，产业附加值低，没有形成产业的空间集聚。

青海自然资源丰富，资源组合较为合理，柴达木循环经济试验区和西宁循环经济试验区均是以循环型工业发展为主体的，这为全省发展循环型工业创造了较多有利条件和较坚实的基础。推动青海省循环型工业经济的发展，需要从延伸和完善循环产业链、发展循环经济工业园区、加快传统产业的转型升级、加大新能源的开发与利用、实施四大保障工程等方面开展。一是延伸和完善循环产业链，提升矿产资源综合利用水平。构建和完善盐湖资源综合开发循环产业链，构建和完善石油天然气资源循环开发产业链，构建有色金属资源循环开发产业链，构建煤炭资源综合开发产业链，构建盐湖、油气、有色金属、煤炭相互链接循环产业链。二是加快发展循环经济工业园区。完善柴达木循环经济试验区产业体系，提升西宁经济技术开发区产业层次，构建海东工业园循环产业链，建设重点县域工业园区，打造重点循环产业基地。三是推进盐湖化工、有色金属、煤化工、钢铁、石油天然气化工等传统产业的转型升级，加快发展新能源、新材料等新兴产业。四是依托资源优势，加快水能、太阳能、风能资源开发，大力发展水电、光伏、光热和风力发电，加快装备制造产业化发展，促进水光互补、水风互补和风光互补。大力推广太阳能热水器、太阳能日光蔬菜温室、太阳能暖房、太阳能路灯，实现能源资源的就地转化利用。加快建设适应新能源发展的智能电网，构建“装备制造—发电—产业消纳”的循环产业体系。在一些地理位置偏远的风电场、光伏电场、光热电场附近，积极争取国家产业政策支持，配套建设高载能产业。五是积极争取国家在财政、税收、信贷、投资、价格、补贴等方面给予政策支持。

第三章　青海省循环经济制度供给现状

本章重点针对资源能源、生产消费、环境保护以及宏观管理方面，对与循环经济发展密切相关的正式制度供给现状进行识别汇总。应当说明的是，实践中促进循环经济发展的相关制度，往往存在着交叉覆盖，例如，资源综合利用不仅仅就是废物的再生和循环利用，还涉及生产消费以及宏观管理等，因而上述领域的识别分析，只是一个相对的分类方式。

一、基于"循环经济生命周期"视角的制度供给

（一）资源能源领域

1. 国内制度供给状况

现行资源领域的法律主要包括《水法》《矿产资源法》《土地管理法》《森林法》《草原法》等。这些法律的调整范围重点针对的是相应领域的资源开发、利用以及保护问题。就与循环经济的关系看，《水法》中有关水使用过程中的节水问题，对循环经济有重要支持意义；《矿产资源法》《土地管理法》《森林法》《草原法》

等法律主要着眼点是相应资源的开发利用及保护管理，从内容规定上看，除少量有关内容条款与循环经济有关联外，总体与循环经济联系较少。

就用水方面的制度规定而言，《水法》中确立了取水许可与有偿使用制度、节约用水制度、用水总量控制和定额管理相结合制度、计量收费和超定额累进加价制度，及严重耗水落后工艺、设备和产品强制淘汰制度等组成的水资源制度体系。与循环经济相关的水资源管理制度主要体现是以《水法》为代表的相关制度措施上，包括取水许可制度与有偿使用制度、节约用水制度、用水总量制度与定额管理相结合的制度以及严重耗水落后工艺、设备和产品设备强制淘汰制度。《水法》确立所有权与使用权分离的原则，规定由国务院代表国家行使水资源所有权，在总则中规定了建立节水型社会的原则，第八条规定："国家厉行节约用水，大力推行节约用水措施，推广节约用水新技术、新工艺，发展节水型工业、农业和服务业，建立节水型社会。各级人民政府应当采取措施，加强对节约用水的管理，建立节约用水技术开发推广体系，培育和发展节约用水产业。单位和个人有节约用水的义务。"此外，《水法》具体规定了节水技术、各种用水控制等要求，包括各级政府具有推行节水灌溉方式和节水技术的职责；工业用水重复利用的义务以及国家淘汰落后的、耗水量高的工艺、设备和产品的措施；城市人民政府提高生活用水效率、加强城市污水集中处理、提高污水再生利用率的责任等。把节约用水放在突出位置，着力于提高用水效率是《水法》的一大特色。计量收费和超定额累进加价制度是一项体现了市场经济理念，运用经济手段鼓励节水的制度设计。《水法》第五十一条第二款确立了对严重耗水的落后工艺、设备和产品的强制淘汰制度，规定“国家逐步淘汰落后的、耗水量高的工艺、设备和产品，具体名录由国务院经济综合主管部门会同国务院水行政主管部门和有关部门制定并公布。生产者、销售者或者生产经营中的使用者应当在规定的时间内停止生产、销售或者使用列入名录的工艺、设备和产品。”国务院经济综合主管部门制定并公布了有关的名录。为了实施节约用水制度，国务院、建设部、水利部等都陆续发布了一系列具体的法规、规章、规范性文件。这些围绕用水节水的有关规定，对发展循环经济中有效利用水资源具有重要的支持作用。

从发展循环经济的需要来看，目前水资源管理政出多门的现象较为突出。在制度设计上，水资源管理的体制机制还有待改进，利用市场机制反映水资源价值的工作还需要加强，有些制度规定，例如取水许可制度和水资源有偿使用制度的规定还比较原则化和笼统化，就此有必要在地方立法制度设计上予以细化。

就用地方面的制度规定而言，相关法律法规主要有《民法典》《农村土地承包法》《土地管理法》《土地管理法实施条例》《基本农田保护条例》等。通过这些法律、法规，确立了土地用途管制制度、平衡制度、耕地保护目标责任制度、基本农田保护制度、农用地转用审批制度、土地开发整理复垦制度、土地税费制度、耕地保护法律责任制度等。目前由于城镇化的加快推进，节约用地的压力较大，就土地利用的具体领域而言，征地方面出现的问题多，征地成本过低，难以形成节约用地的约束机制，土地规划的调控作用也未能有效发挥。

就矿产资源管理方面的制度规定而言，《矿产资源法》等法律法规确立了探矿权及采矿权有偿取得制度、矿产资源税和资源补偿费制度、采矿许可制度等。1996 年《矿产资源法》修正后，改变了探矿权、采矿权绝对不可转让的规定，以矿产资源的有偿使用为核心，确立了探矿权采矿权的有偿取得和在某些特定情形下可依法转让的法律制度。有偿取得是通过权利人向矿产资源所有者即国家支付一定费用实现的。按照法律规定，探矿权采矿权的取得方式有以下三种：一是通过竞争方式有偿取得，在 2003 年《探矿权采矿权招标拍卖挂牌管理办法（试行）》颁布施行之后，特定范围内的探矿权采矿权必须以政府公开招标拍卖挂牌的方式授予矿业投资者；二是通过申请方式有偿取得；三是通过探矿权采矿权转让受让取得。资源补偿费和矿产资源税制度是两项重要的制度。矿产资源补偿费从 1994 年 4 月 1 日起实施，采矿权人开采不可再生矿产资源需要对矿产资源所有者的国家提供资源补偿费用。矿产资源补偿费是作为实现国家对矿产资源所有权权益的方式来征收的。资源税是以各种自然资源为课税对象，1994 年税制改革后，我国扩大了资源税的征收范围，除原油、天然气、煤炭外，还对黑色金属原矿、有色金属原矿和其他非金属原矿等征收资源税。征收采取从量定额的办法，按照“普遍征收，级差调节”的原则，并就资源赋存状况、开采条件、资源等级、地理位置等客观条件的差异规定了幅度税额。资源税作为同经济发展直接相关的主要税种，是中央和地方的共享税，是资源地区地方税收的重要来源。目前，矿产资源综合利用的立法工作相对滞后。

从促进循环经济发展的需要来看，目前存在的主要问题是，矿产资源的制度建设相对滞后，相关规定没有起到促进资源节约的作用，例如：探矿权采矿权实施过程中有偿取得与无偿取得的“双轨制”、矿产资源补偿费征收比率过低、矿产资源补偿费与资源税的重复征收等。另外，类似共伴生矿的综合开发等事关资源综合利用、循环利用的问题还没有强有力的制度给予保障。

就能源管理方面的制度规定而言，较为重要的法律主要有：《矿产资源法》《矿山安全法》《电力法》《煤炭法》《节约能源法》《可再生能源法》等。除了全国人大常委会通过的法律外，还有一些由国务院及有关部委颁布实施的行政法规和政府规章，比较重要的有：《电网调度管理条例》《中华人民共和国资源税暂行条例》《矿产资源补偿费征收管理规定》《矿产资源法实施细则》《煤炭生产许可证管理办法》《电力供应与使用条例》《供电营业规则》《并网风力发电的管理规定》《探矿权采矿权转让管理办法》《矿产资源开采登记管理办法》等。其中，《节约能源法》和《可再生能源法》直接体现了发展循环经济的需求，也表明了国家对于能源节约利用的重视。但从现行的能源制度体系来看，还存在能源基本法律缺位，一些能源单行立法存在空白，相关制度的执行效果并不理想的问题，例如：在《节约能源法》和《可再生能源法》的规定中，侧重于促进以及引导方面的规定较多，激励约束措施有限，导致实施效果不强。

有关资源综合利用方面的制度也是一个重要的领域。资源综合利用包括在矿产资源开采过程中对共生、伴生矿进行综合开发与合理利用；对生产过程中产生的废渣、废气、废水、余热、余压等进行回收和合理利用；对社会生产和消费过程中产生的各种废旧物资进行回收和再生利用。就资源的综合利用而言，国家层面尚无统一立法，相关的行政法规与规章主要是国务院批转原国家经委的《关于开展资源综合利用若干问题的暂行规定》（国发〔1985〕117号）。它明确了国家对资源综合利用实行鼓励和扶持政策，并制定了相应的《资源综合利用目录》以及1998年的《资源综合利用认定管理办法》。1996年8月国务院批转国家经贸委等部门《关于进一步开展资源综合利用的意见的通知》（国发〔1996〕36号）发布，原国家经贸委、原国家计委、财政部、国家税务总局又修订了《资源综合利用目录》(1996年修订)。

目前在资源利用领域中，有关税收优惠的政策主要体现为以下文件：《关于印发固定资产投资方向调节税“资源综合利用、仓储设施”税目税率注释的通知》《关于企业所得税若干优惠政策的通知》《关于继续对部分资源综合利用产品等实行增值税优惠政策的通知》《关于继续对废旧物资回收经营企业等实行增值税优惠政策的通知》《财政部、国家税务总局关于部分资源综合利用及其他产品增值税政策问题的通知》《财政部、国家税务总局关于部分资源综合利用产品增值税政策的补充通知》等。2004年1月12日国家发改委、财政部、国家税务总局印发《资源综合利用目录（2003

年修订)》，国务院颁发了《国务院办公厅关于开展资源节约活动的通知》《关于做好建设节约型社会近期重点工作通知》《关于加快发展循环经济的若干意见》等文件，直接涉及与循环经济有关的废物再生及其利用问题。根据不同种类资源综合利用的要求，出台了有关单项资源综合利用的规章、政策或文件，例如：《粉煤灰综合利用管理办法的通知》《煤矸石综合利用管理办法》《煤矸石综合利用技术政策要点》《资源综合利用电厂（机组）认定管理办法》等。

目前在资源综合利用制度建设方面，多是采取部门规章、规范性文件的形式，还没有形成统一的资源综合利用的法律，存在立法规格层次不高的问题。资源综合利用立法建设的滞后，影响着资源综合利用活动以及相关产业的发展。此外，有关资源综合利用的制度规定，来源于不同的部门，阻碍着资源综合利用的统一协调及其有效实施。

2. 省内正式制度供给状况

（1）地方性法规

与资源能源直接相关的地方性法规涉及饮用水、盐湖资源开发、节约能源、保护森林、土地资源管理、水资源管理、渔业、矿产资源管理等。

表 3－1　资源能源领域地方性法规一览表

序号	地方性法规名称
1	《青海省饮用水水源保护条例》
2	《青海省盐湖资源开发与保护条例》

续表

序号	地方性法规名称
3	《青海省实施〈中华人民共和国节约能源法〉办法》
4	《青海省实施〈中华人民共和国森林法〉办法》
5	《青海省实施〈中华人民共和国野生动物保护法〉办法》
6	《青海省实施〈中华人民共和国水法〉办法》
7	《青海省实施〈中华人民共和国渔业法〉办法》
8	《青海省实施〈中华人民共和国土地管理法〉办法》
9	《青海省实施〈中华人民共和国草原法〉办法》
10	《青海省气象条例》
11	《青海省矿产资源管理条例》
12	《青海省实施〈中华人民共和国水土保持法〉办法》

（2）省政府规章

与资源能源有关的省政府规章主要涉及矿产资源、焦煤资源、耕地资源、水资源等方面。

表 3－2　资源能源领域省政府规章一览表

序号	规章名称
1	《青海省人民政府关于修改〈青海省矿产资源补偿费征收管理实施办法〉的决定》（省政府令〔第 90 号〕）
2	《青海省木里焦煤资源开发利用与保护办法》（省政府令〔第 73 号〕）
3	《青海省耕地占用税实施办法》（省政府令〔第 71 号〕）

续表

序号	规章名称
4	《青海省人民政府关于修改〈青海省卤虫资源保护暂行办法〉的决定》（省政府令〔第70号〕）
5	《青海省实施〈中华人民共和国水文条例〉办法》（省政府令〔第69号〕）
6	《青海省城镇土地使用税实施办法》（省政府令〔第59号〕）
7	《青海省取水许可和水资源费征收管理办法》（省政府令〔第55号〕）
8	《青海省人工影响天气管理办法》（省政府令〔第56号〕）
9	《青海省国有土地使用权租赁办法》（省政府令〔第47号〕）
10	《青海省实施〈中华人民共和国抗旱条例〉办法》（省政府令〔第96号〕）

（二）生产消费领域

1. 国内制度供给状况

（1）生产领域

《清洁生产促进法》是生产领域与循环经济关系最为密切的立法。该法旨在动员各级政府、有关部门、生产和服务企业推行并实施清洁生产，涉及节约资源与能源、提高能源效率、综合利用、合理包装、废物回收利用等多个方面的内容，直接体现了循环经济在生产领域的重要要求。但是，该法是以促进法的方式建立的，鼓励性条款多，约束性条款太少，可操作性不强，大大降低了该法的实施效力和约束力。另外，在资源能源和环境保护领域，《水法》《节约能源法》《可再生能源法》《固体废物污染防治法》，以及资源综合利用的相关法规规章中，也有一些对生产领域有关循环经济活动的规范。

（2）消费领域

目前在消费领域还缺乏与循环经济有关的专门法律规定。《清洁生产促进法》《水法》《固体废物污染环境防治法》等虽然涉及消费领域，但是只做了一些原则性的要求，还缺乏具体的规范。特别需要指出的是《政府采购法》，该法主要是对政府各种商品和劳务的一般采购行为做出了规范，但是缺乏对绿色消费的规定，没有起到引导示范的作用。从整体来看，在利用市场手段调控消费行为进而引导绿色消费方面，相关制度建设还很滞后。

2. 省内正式制度供给状况

（1）地方性法规

与生产消费有关的地方性法规主要涉及矿山安全、产品质量、供用电等方面。

表 3－3　生产消费领域地方性法规一览表

序号	地方性法规名称
1	《青海省旅游条例》
2	《青海省实施〈中华人民共和国矿山安全法〉办法》
3	《青海省实施〈中华人民共和国产品质量法〉办法》
4	《青海省实施〈中华人民共和国农村土地承包法〉办法》
5	《青海省水利工程管理和保护条例》
6	《青海省供用电条例》

（2）省政府规章

与生产消费有关的省政府规章主要涉及散装水泥和草原承包方面。

表 3－4　生产消费领域省政府规章一览表

序号	规章名称
1	《青海省促进散装水泥发展办法》（省政府令〔第 93 号〕）
2	《青海省草原承包经营权流转办法》（省政府令〔第 86 号〕）

（三）环境保护领域

1. 国内正式制度供给状况

与循环经济相关的环境保护方面的法律主要有《环境保护法》《水污染防治法》《大气污染防治法》《固体废物污染环境防治法》《环境影响评价法》等。与循环经济有关的规定主要有：《环境保护法》第二十五条规定："新建工业企业和现有工业企业的技术改造，应当采用资源利用率高、污染物排放量少的设备和工艺，采用经济合理的废弃物综合利用技术和污染物处理技术"。《水污染防治法》第二十二条规定："企业应当采用原材料利用效率高、污染物排放量少的清洁生产工艺，并加强管理，减少水污染物的产生。国家对严重污染水环境的落后生产工艺和严重污染水环境的落后设备实行淘汰制度。"《大气污染防治法》第十九条规定："企业应当优先采用能源利用率高、污染物排放量少的清洁生产工艺，减少大气污染物的产生。国家对严重污染大气环境的落后生产工艺和严重污染大气环境的落后设备实行淘汰制度”等。需要指出的是1995年制定、2004年第一次修正的《固体废物污染环境防治法》，是现行所有环境立法中对循环经济反映最积极的立法。该法不仅对减量化、资源化、再循环、再利用明确加以规定，而且明确鼓励转变生产方式和生活方式、鼓励绿色采购等；不仅要求在生产和消费中减少废物的排放，而且要求在资源的开采环节减少废物的排放，还要求将减少废物的要求从工业生产延伸至农业和城市等。该法与循环经济有关的要求规定主要体现为第三条、第十八条、第十九条等。相对而言，该法还是侧重于“减量化”方面的规范，而对于“再循环、资源化”的反映有所不足。

2. 省内正式制度供给状况

（1）地方性法规

与环境保护有关的地方性法规主要涉及绿化、水污染防治等方面。

表3-5 环境保护领域地方性法规一览表

序号	地方性法规名称
1	《青海省绿化条例》
2	《青海省湟水流域水污染防治条例》
3	《青海湖流域生态环境保护条例》
4	《青海省实施〈中华人民共和国环境保护法〉办法》

（2）省政府规章

与环境保护有关的省政府规章主要涉及地质环境保护、农业环境保护等方面。

表 3－6　环境保护领域省政府规章一览表

序号	规章名称
1	《青海省人民政府关于修改〈青海省地质环境保护办法〉的决定》（省政府令〔第 72 号〕）
2	《青海省农业环境保护办法》（省政府令〔第 25 号〕）
3	《青海省环境污染损害赔偿纠纷调处办法》（省政府令〔第 13 号〕）

（四）宏观管理领域

1. 国内制度供给状况

宏观管理领域与循环经济有关的制度形式主要是一些政策规定。这些政策主要以国务院的通知、决定、意见的形式以及国务院各部门的规章等形式发布，其中来自国家发展和改革委员会的政策居多。从发展循环经济的实践来看，涉及财政、税收、价格、投融资等诸多方面。国家也出台了相关的产业、投资、金融、财税、价格、进出口等政策，致力于推动资源能源节约、提高资源使用效率、促进清洁生产、废物综合利用等。产业政策是国家干预或参与经济的政策工具，是从整个国家产业发展的全局着眼而系统设计的比较完整的政策体系。近些年来，国家的产业政策突出了对资源节约和环境保护的关注，将规模化、集约化、资源节约、环境友好等作为重要指标，引导产业可持续发展，陆续出台了《国务院办公厅转发发展改革委等部门关于对电石和铁合金行业进行清理整顿若干意见的通知》《关于清理规范焦炭行业的若干意见的紧急通知》等一系列政策文件以及煤炭工业政策、水泥产业政策等，加强对产业结构升级的引导。

在资源节约和综合利用方面，国家制定并实施了一系列的激励性政策，内容包括鼓励利用余热、余压、城市垃圾和煤矸石、煤泥等低热值燃料及煤层气生产电力、热力的综合利用电厂；鼓励利用风能、太阳能、水能、生物质能、地热能、海洋能等可再生能源发电项目；积极发展新型墙体材料和节能建筑；针对煤矸石、粉煤灰等工业固体废物产生量大、建筑材料紧缺的实际，推广新型干法水泥的应用；通过税收和在部分地区禁止使用等手段限制实心黏土砖、瓦等产品的生产和使用；引导和鼓励发展节能环保型小排量汽车；支持研究开发醇燃料、天然气、混合燃料、氢燃料等新型车用燃料，鼓励汽车生产企业开发生产新型燃料汽车等。此外在推进清洁生产、发展环保产业、推进生态工业园发展等方面，国家也制定出台了一系列产业政策。

在投资方面，国家通过产业目录引导投资方向，提出国家重点鼓励发展的产业、产品和技术应该“符合可持续发展战略，有利于节约资源和改善生态环境”，明确了《外商投资产业指导目录》分类，以及鼓励类、允许类、限制类投资项目的审批权限。

在财政税收方面，国家鼓励节约能源、资源综合利用，对有关企业及产品实行了优惠政策，在财政政策中，与扶持循环经济相关产业发展的政策较多，主要包括有益于环境的财税政策、银行环境保护贷款、资源综合利用企业的税收减免、综合利用利润留成环保投资、企业更新改造环保投资、清洁生产和环保产业等鼓励外商的投资目录、城镇土地使用税、耕地占用税、城乡维护建设税、资源税、排污收费、生态环境补偿费、矿产资源补偿费、土地损失补偿费、城建环保投资、废物回收利用、育林费、林业基金、行业造林专项资金、造林育林优惠贷款等。

税收方面的优惠政策主要包括：对生产和制造节能设备和产品的企业，给予一定的所得税优惠，例如在《关于企业所得税若干优惠政策的通知》中规定："企业利用废水、废气、废渣等废弃物为主要原料进行生产的，可在5年内减征或者免征所得税"。在《关于印发〈技术改造国产设备投资抵免企业所得税暂行办法〉的通知》《投资抵免企业所得税有关问题的通知》中规定，企业为了节约能耗、加强资源综合利用，采用先进的、适用的新技术、新工艺、新设备、新材料等对现有设施、生产工艺条件进行的改造，其项目所需国产设备投资的40%可从企业技术改造项目设备购置当年比前一年新增的企业所得税中抵免。企业使用《当前国家鼓励发展的环保产业设备（产品）目录》中的国产设备，经批准可实行加速折旧的办法。依据《清洁生产促进法》，国家"对利用废物生产产品的和从废物中回收原料的企业"，减征或者免征增值税，相关优惠政策主要有《关于林业税收问题的通知》《利用产品增值税优惠政策的通知》《国务院关于调整进口设备税收政策的通知》《关于废旧物资回收经营业务有关增值税政策的通知》《关于对部分资源综合利用产品免征增值税的通知》《关于继续对部分资源综合利用产品等实行增值税优惠政策的通知》《关于部分资源综合利用及其他产品增值税政策问题的通知》《关于部分资源综合利用产品增值税政策的补充通知》等。

在金融政策方面，已经初步形成了一个多元投资主体和多种渠道组成的推动循环经济发展的投融资格局，多元投资主体包括政府、企业、银行等，多种渠道包括财政预算、环境收费（企事业单位排污费和城镇居民污水及垃圾处理费）、国债、信贷资金、企业自有资金和民间资金等。国家将资源节约、循环经济列为国债投资重点，重点支持节能、节水、资源综合利用和循环经济试点项目，国家发改委陆续安排了节能、节水、资源综合利用项目国债投资；农村沼气建设项目，支持了一批节约和替代技术、能量梯级利用技术、可回收材料和回收处理技术、循环利用技术、“零排放”技术等重大技术开发和产业化示范项目。但是，向社会筹集资金的商业融资手段的作用严重不足或缺位。银行信贷、企业债券等渠道因缺少相关政策和制度扶持，都没有发挥应有的作用。尤其是中小企业，往往享受不到优惠政策。

在价格政策方面，目前主要是通过水价、电价等价格政策的调整，限制高耗能、高污染行业盲目发展，促进资源的合理开发、节约使用和有效保护，相关的政策包括：《国务院关于加强城市供水节水和水污染防治工作的通知》《关于进一步推进城市供水价格改革工作的通知》《上网电价管理暂行办法》《节约用电管理办法》等。在科技规划方面，“973”计划、国家重大项目攻关计划、火炬计划等对环境保护和资源开发均有所涉及。国家中长期科技发展规划已经把循环经济列入科技发展规划之中。

这些政策在推动我国循环经济的实践和试点活动方面，发挥了积极的推动作用。但是，从制度的效力层次来看，由于缺乏法律、法规方面的规定，因而相关政策的稳定性不强，较低的制度效力也影响着这些政策执行的权威性。有的经济政策还存在诸多不利于循环经济发展的制约障碍，例如：现行增值税的设置是以生产环节税为主，企业越节约，增加值比例就越高，可能支付的增值税就会越多，实际上是不利于鼓励企业节约资源的。目前的资源价格政策，不能够客观地反映资源和环境的成本，起不到鼓励企业和消费者采取资源节约和环境保护行为的作用。

2. 省内正式制度供给状况

（1）地方性法规

与宏观管理有关的地方性法规主要涉及科技进步、城乡规划等方面。

表3－7　宏观管理领域地方性法规一览表

序号	地方性法规名称
1	《青海省科学技术进步条例》
2	《青海省实施〈中华人民共和国城乡规划法〉办法》

（2）省政府规章

与宏观管理有关的省政府规章主要涉及应对气候变化、城镇规划等方面。

表 3－8　宏观管理领域省政府规章一览表

序号	规章名称
1	《青海省应对气候变化办法》（省政府令〔第 75 号〕）
2	《青海省小城镇规划建设管理办法》（省政府令〔第 40 号〕）

二、基于“循环经济 3R 原则”的制度供给

（一）基本管理制度

1. 规划制度

（1）地方性法规

地方性法规中对于规划制度做出了较多规定，主要体现在以下地方性法规。

《青海省饮用水水源保护条例》第三条规定：“饮用水水源保护应当遵循科学规划、保护优先、综合治理、强化监管、确保安全的原则。”第十七条规定：“县级以上人民政府水行政主管部门应当根据饮用水水源保护专项规划和供水规划，会同环境保护等相关部门制定饮用水水源保护实施方案。”第二十五条规定：“新建、改建、扩建饮用水水源工程应当符合水资源综合规划。”

《青海省盐湖资源开发与保护条例》第十二条规定：“省人民政府国土资源行政主管部门负责制定全省盐湖资源利用和保护的总体规划。”

《青海省实施〈中华人民共和国节约能源法〉办法》第十条规

定：“县级以上人民政府组织编制和实施节能中长期专项规划、年度节能计划。节能中长期专项规划和年度节能计划，应当包括工业、建筑、交通运输、公共机构等重点用能领域和重点用能单位的用能状况、节能目标、重点环节、实施主体等内容，并提出节能对策和落实措施。”第二十五条规定：“工业园区、产业聚集区应当制定统一的节能规划和能源利用计划，鼓励园区内的用能单位采用集中供热、供电的能源供应模式。”第三十二条规定：“县级以上人民政府交通主管部门应当会同有关部门做好交通规划统筹工作。”

《青海省实施〈中华人民共和国森林法〉办法》第七条规定：“各级人民政府应当制定本行政区域内的森林资源保护和发展规划，实行领导干部目标责任制，对造林、育林给予经济扶持，逐年增加对林业的投入。”第十七条规定：“各级人民政府应当制定植树造林规划”。

《青海省实施〈中华人民共和国野生动物保护法〉办法》第八条规定：“野生动物行政主管部门制定保护、发展和合理利用野生动物资源规划。”

《青海省实施〈中华人民共和国水法〉办法》第四条规定了各级规划“应当与水资源综合规划相适应”。第二章单列了“水资源规划和开发利用”，其中第八条规定了“水资源开发、利用、节约、保护必须符合水资源综合规划”；第九条规定了干流青海段的流域综合规划以及重要江河、湖泊和跨州（地、市）河流的流域综合规划和区域综合规划的编制要求。第五章是“水资源配置和节约用水”，第二十九条规定：“省人民政府发展改革和水行政管理部门负责全省水资源的宏观调配。全省和跨州（地、市）的水中长期供求规划，由省人民政府水行政管理部门会同有关部门制订，经省人民政府发展改革管理部门审查批准后执行。州（地、市）、县水中长期供求规划，由县级以上人民政府水行政管理部门会同同级有关部门，依据上一级水中长期供求规划和本地区的实际情况制订，经本级人民政府发展改革管理部门审查批准后执行。”

《青海省实施〈中华人民共和国渔业法〉办法》第三条规定：“各级人民政府应当把渔业资源开发纳入国民经济发展计划，实行保护与发展并举的方针，做好渔业水域的统一规划和养殖、加工、合理捕捞的综合开发。”

《青海省实施〈中华人民共和国土地管理法〉办法》的第三章是“土地利用总体规划”，第十四条规定：“各级人民政府应当依法编制本行政区域土地利用总体规划”；第十五条规定：“下级土地利用总体规划应当依据上一级土地利用总体规划编制。”第十六条规定了土地利用总体规划的审批程序。

《青海省实施〈中华人民共和国草原法〉办法》的第三章规定了“草原规划与建设”。

《青海省气象条例》第四章第二十条规定了“编制气象灾害防御规划”；第五章“气候资源开发利用和保护”的第三十四条规定：“县级以上人民政府应当根据本地区气候资源的特点编制开发利用和保护气候资源的规划，并组织实施。”

《青海省实施〈中华人民共和国水土保持法〉办法》第四条第三款规定：“编制水土保持区划、规划，制定年度防治计划，并组织实施。”

（2）省政府规章

省政府规章对于规划制度有所规定，主要体现在以下规章。

《青海省木里焦煤资源开发利用与保护办法》第二条规定：“木里焦煤资源的规划、勘查、开发、管理和保护活动，适用本办法。”第三条规定：“木里焦煤资源开发利用应当遵循统一规划、整体勘查、有序开发、综合利用、保障安全、保护环境的原则。”第二章是“规划”，第五条规定：“开发利用木里焦煤资源应当按照有关规定编制下列规划：（一）省发展改革部门负责组织编制《木里煤田矿区总体规划》和《木里煤田煤炭生产开发规划》；（二）省经济管理部门负责组织编制《煤炭资源综合利用和产业链延伸发展规划》；（三）省国土资源管理部门负责组织编制《木里煤炭资源勘查规划》和《木里煤田矿区矿业权设置方案》。”第六条规定：“编制的规划和方案应当符合国家和本省煤炭产业政策，经充分论证并征求有关行政管理部门和焦煤资源所在地州、县人民政府以及有关专家的意见。各项规划和方案之间应当协调统一、相互衔接。”第七条规定：“本办法第五条所列的规划和方案应当报省人民政府批准，需要报国家有关部门批复或备案的，经省人民政府同意后，报国家有关部门批复或备案。

《青海省实施〈中华人民共和国水文条例〉办法》第六条规定：“省人民政府水行政主管部门根据全国水文事业发展规划和本省国民经济发展需要，组织编制本省的水文事业发展规划，报省人民政府批准实施，并报国务院水行政主管部门备案。水文事业发展规划应当依据国家水文技术标准编制，并与流域综合规划、土地利用总体规划、城乡规划等相衔接。”

表 3－9　规划制度供给情况一览表

序号	类别	名称
1	地方性法规	(1)《青海省饮用水水源保护条例》 (2)《青海省盐湖资源开发与保护条例》 (3)《青海省实施〈中华人民共和国节约能源法〉办法》 (4)《青海省实施〈中华人民共和国森林法〉办法》 (5)《青海省实施〈中华人民共和国野生动物保护法〉办法》 (6)《青海省实施〈中华人民共和国水法〉办法》 (7)《青海省实施〈中华人民共和国渔业法〉办法》 (8)《青海省实施〈中华人民共和国土地管理法〉办法》 (9)《青海省实施〈中华人民共和国草原法〉办法》 (10)《青海省气象条例》 (11)《青海省实施〈中华人民共和国水土保持法〉办法》
2	省政府规章	《青海省木里焦煤资源开发利用与保护办法》 《青海省实施〈中华人民共和国水文条例〉办法》

2. **目标责任制度**

与循环经济有关的目标责任制度主要体现在以下地方性法规、省政府规章中。

(1) 地方性法规

《青海省实施〈中华人民共和国节约能源法〉办法》第六条规定：“本省实行节能目标责任制和节能考核评价制度。”“省、州级人民政府向下一级人民政府和用能单位分解落实节能目标。县级以上人民政府每年向上一级人民政府报告节能目标责任的履行情况。”

《青海省实施〈中华人民共和国森林法〉办法》第七条规定：“各级人民政府应当制定本行政区域内的森林资源保护和发展规划，实行领导干部目标责任制，对造林、育林给予经济扶持，逐年增加对林业的投入。”

《青海省实施〈中华人民共和国水土保持法〉办法》第六条规定：“水土流失重点地区的县、乡人民政府应当建立水土流失防治目标责任制，做好预防治理工作。”

（2）省政府规章

省政府规章对于目标责任制度有所规定，《青海省应对气候变化办法》（省政府令〔第75号〕）第五条规定：“国家机关、企业事业单位和社会组织应当严格遵守节能和生态环境保护法律法规及标准，强化管理措施，落实节能减排目标责任，积极参与应对气候变化的相关活动。”

表3－10　目标责任制度供给情况一览表

序号	类别	名称
1	地方性法规	(1)《青海省实施〈中华人民共和国节约能源法〉办法》 (2)《青海省实施〈中华人民共和国森林法〉办法》 (3)《青海省实施〈中华人民共和国水土保持法〉办法》
2	省政府规章	《青海省应对气候变化办法》（省政府令〔第75号〕）

3. 定额制度

与循环经济有关的定额制度主要体现在以下地方性法规、省政府规章。

（1）地方性法规

《青海省饮用水水源保护条例》第二十二条规定：“省、州（市、地）人民政府水行政主管部门应当根据流域规划和水中长期供求规划，按照总量控制与定额管理原则。”

《青海省实施〈中华人民共和国节约能源法〉办法》第三十四条规定：“交通用能单位应当制定并实施节能计划、节能技术措施和能耗定额标准，根据运量、运力等因素变化情况及时调整计划，提高运输组织化程度、集约化水平和运输工具利用效率。”

《青海省实施〈中华人民共和国水法〉办法》第三十四条规定：“用水实行总量控制和定额管理相结合的制度。”第三十五条规定：“县级人民政府水行政管理部门根据年度用水计划和有关行业用水定额，核定本行政区域内用水单位的年度用水指标。特大用水单位和有特殊需要的用水单位的年度用水指标，由省或者州（地、市）人民政府水行政管理部门核定。”第三十六条规定：“用水实行计量收费和超定额累进加价制度。对用水户在定额以内的用水，按照批准的标准价格收费，超定额用水实行累进加价。使用水工程供应的水应当缴纳水费。”

（2）省政府规章

省政府规章中对于定额制度有所规定，主要体现在以下规章中。

《青海省木里焦煤资源开发利用与保护办法》第十八条规定：“省发展改革和省经济管理部门应当统筹煤炭工业与相关产业协调

发展，合理核定省内循环经济重点产业项目的焦煤需求量，并根据循环经济产业项目的建设规模和消耗定额确定焦煤供应指标。”

《青海省取水许可和水资源费征收管理办法》（省政府令〔第55号〕）第六条规定：“实施取水许可应当坚持地表水与地下水统筹考虑，先地表水后地下水，开源与节流相结合，节流优先的原则，实行总量控制与定额管理相结合。”第十二条规定：“经批准的水量分配方案和用水定额是取水许可审批的主要依据。各州（地、市）、县取水许可总量控制指标，由省人民政府水行政主管部门依据流域和区域取水许可总量控制指标，结合各地取水现状及供需情况制定。”

表3-11　定额制度供给情况一览表

序号	类别	名称
1	地方性法规	(1)《青海省饮用水水源保护条例》 (2)《青海省实施〈中华人民共和国节约能源法〉办法》 (3)《青海省实施〈中华人民共和国水法〉办法》
2	省政府规章	《青海省木里焦煤资源开发利用与保护办法》 《青海省取水许可和水资源费征收管理办法》（省政府令〔第55号〕）

4. 评价考核制度

与循环经济有关的评价考核制度主要体现以下地方性法规。

(1) 地方性法规

地方性法规中对于考核评价制度有所规定，主要体现在以下2项法规中。

《青海省饮用水水源保护条例》第六条规定："饮用水水源保护工作实行考核评价制度。县级以上人民政府对本行政区域内饮用水水源的水质、水量安全负责。饮用水水源保护工作作为对县级以上人民政府及其负责人环境保护和监督管理目标考核评价内容。"

《青海省实施〈中华人民共和国节约能源法〉办法》第六条："本省实行节能目标责任制和节能考核评价制度。上一级人民政府将节能目标完成情况作为对下一级人民政府及其负责人考核评价的内容。"

（2）省政府规章

省政府规章中对于考核评价制度没有做出规定。

表 3－12　考核评价制度供给情况一览表

序号	类别	名称
1	地方性法规	《青海省饮用水水源保护条例》 《青海省实施〈中华人民共和国节约能源法〉办法》
2	省政府规章	无

5. 重点行业监督管理制度

（1）地方性法规

地方性法规中对于重点行业监督管理制度没有规定。

（2）省政府规章

省政府规章中对于重点行业监督管理制度没有规定。

6. 重点用能单位监督管理

与循环经济有关的重点行业监督管理制度主要体现在以下地方

性法规、省政府规章。

（1）地方性法规

地方性法规中对于重点用能单位监督管理有所规定，《青海省实施〈中华人民共和国节约能源法〉办法》第十二条规定了省节能监察机构要监督检查重点用能单位的能源利用状况；在第三章“合理使用与节约能源”的第二十条规定：“年综合能源消费总量5000吨标准煤以上的用能单位为重点用能单位。重点用能单位名单由省节能主管部门确定，并向社会公布。州、县级人民政府节能主管部门应当与本地区的重点用能单位签订年度节能目标责任书。”第二十一条规定：“重点用能单位应当在每年的第一季度向省节能主管部门及省节能监察机构报送上年度能源利用状况报告。省节能监察机构应当对重点用能单位报送的能源利用状况报告进行审查。对节能管理制度不健全、节能措施不落实、能源利用效率低的重点用能单位，应当开展现场调查，责令实施能源审计，并提出书面整改要求。”第二十二条规定了重点用能单位的内部管理；第二十三条规定了重点用能单位的培训；第四十九条、第五十条、第五十一条规定了重点用能单位的法律责任。

（2）省政府规章

省政府规章中对于重点用能单位有所涉及，《青海省节能监察办法》是根据《节约能源法》《青海省实施〈中华人民共和国节约能源法〉办法》等法律、法规规定制定的政府规章，于2007年8月1日起施行，第十三条规定：“省节能监察机构对年综合能源消费总量在5000吨标准煤以上的用能单位实施节能监察。”

表 3 – 13　重点用能单位监督管理制度供给一览表

序号	类别	名称
1	地方性法规	《青海省实施〈中华人民共和国节约能源法〉办法》
2	省政府规章	《青海省节能监察办法》

7. 重点用水单位监督管理制度

（1）地方性法规

地方性法规中对于重点用水单位没有做出规定。

（2）省政府规章

省政府规章《青海省节约用水管理办法》对于重点用水单位有专门规定。

表 3 – 14　重点用水单位监督管理制度供给情况一览表

序号	类别	名称
1	地方性法规	无
2	省政府规章	《青海省节约用水管理办法》

8. 统计核算制度

（1）地方性法规

地方性法规中对于统计核算制度没有做出规定。

（2）省政府规章

省政府规章中对于统计核算制度没有做出规定。

9. 生产者责任延伸制度

（1）地方性法规

地方性法规中对于生产者责任制度没有做出规定。

（2）省政府规章

省政府规章中对于生产者责任制度没有做出规定。

10. 强制回收制度

地方性法规对于标准标识制度没有做出规定。与循环经济有关的强制回收制度主要体现在以下省政府规章中。

《青海省农业环境保护办法》（省政府令〔第25号〕）第二十二条规定："农业生产单位和农户，使用难分解的农用塑料薄膜须在农作物收获后及时回收。"第二十七条规定："（四）违反本办法第二十二条第二款规定，不回收农用塑料薄膜的，责令限期回收，逾期不回收的，处以10元以上，100元以下罚款。"

表3－15　强制回收制度供给情况一览表

序号	类别	名称
1	地方性法规	无
2	省政府规章	《青海省农业环境保护办法》（省政府令〔第25号〕）

11. 标准标识制度

（1）地方性法规

地方性法规对于标准标识制度没有做出规定。

（2）省政府规章

省政府规章中对于标准标识制度没有做出规定。

（二）减量化制度

1. 节能制度

与循环经济有关的节能制度主要体现在以下地方性法规、省政府规章中。

（1）地方性法规

地方性法规对于节能制度有所规定。《青海省实施〈中华人民共和国节约能源法〉办法》是一部专门针对节约能源的地方性法规，是省内促进节约能源的根本性制度规定。该“办法”第三条规定了节约能源的基本原则，“节约能源（以下简称节能）坚持政府引导、企业为主、技术进步、政策激励、依法管理和全社会参与的原则。”第五条规定了节约能源的主要要求，“本省实行有利于节能和环境保护的产业政策，合理调整产业结构、企业结构、产品结构和能源消费结构，限制发展高耗能、高污染行业，鼓励发展节能环保型产业，提高清洁能源消费比重，推动企业降低单位产品能耗，淘汰落后生产能力，提高能源利用效率。鼓励、支持研究、开发和利用新能源、可再生能源。”第七条规定了省内节约能源工作的领导机制，明确了省经济委员会是全省节能监督管理工作的主管部门，统筹协调全省节能监督管理工作，具体负责全省工业、公共机构节能工作。另外，还明确了县级以上人民政府住房和城乡建设主管部门负责本行政区域建筑节能的监督管理工作。县级以上人民政府交通运输主管部门负责本行政区域交通运输相关领域的节能监督管理工作。从上述规定可以看出，除了工业、公共机构节能由经济委员会主管外，建筑和交通节能也是两大重要环节，分别是由住房和城乡建设主管部门和交通运输主管部门来负责的。

除了《青海省实施〈中华人民共和国节约能源法〉办法》外，《青海省科学技术进步条例》第二十六条规定："企业应当执行国家和省制定的产业政策，鼓励支持企业运用高新技术进行节能减排、清洁生产，提高产品附加值，发展循环经济，保护生态环境。"

（2）省政府规章

省政府规章中关于节能制度的规定较少，《青海省应对气候变化办法》（省政府令〔第75号〕）对于节能做出了相应的制度规定，该"办法"第五条规定："国家机关、企业事业单位和社会组织应当严格遵守节能和生态环境保护法律法规及标准，强化管理措施，落实节能减排目标责任，积极参与应对气候变化的相关活动。鼓励公众选择有利于减缓气候变化的消费模式和生活方式，自觉履行节能和生态环境保护义务。"第十七条规定："国家机关、企业事业单位和社会组织等用能单位应当提高资源综合利用能力，采用节能新技术、新工艺、新设备、新材料，降低单位产值能耗和单位产品能耗，提高资源综合利用效率。"第二十条规定："地方财政应当安排节能专项资金，支持节能技术研究开发、节能技术和产品的示范与推广、重点节能工程的实施等。"第二十二条规定："科技、文化新闻出版、广播电视、气象等部门和有关社会团体、新闻媒体应当开展形式多样的宣传教育和节能减排主题活动，普及气候变化知识，增强群众应对气候变化的意识。"第二十四条规定："县级以上人民政府及其工作部门，应当注重支持节能、节水、节地、节材、资源综合利用等项目的实施。对依法列入节能技术、节能产品推广目录的项目和可再生能源开发利用项目，依法实行税收优惠等扶持政策。”

表 3-16　节能制度供给情况一览表

序号	类别	名称
1	地方性法规	(1)《青海省实施〈中华人民共和国节约能源法〉办法》 (2)《青海省科学技术进步条例》
2	省政府规章	《青海省应对气候变化办法》(省政府令〔第75号〕)

2. 节油制度

(1) 地方性法规

地方性法规中对于节油制度有所规定，《青海省实施〈中华人民共和国节约能源法〉办法》第三十五条规定：“公共机构应当严格执行国家有关公共机构节能的法律、法规，建立健全本单位节能运行管理制度和用能系统操作规程，优先采购列入节能产品、设备政府采购名录中的产品、设备，制定节电、节油、节气等年度节能目标和实施方案，如实记录能源消费计量原始数据，建立统计台账。”

(2) 省政府规章

省政府规章中对于节油制度没有做出规定。

表 3－17　节油制度供给情况一览表

序号	类别	名称
1	地方性法规	《青海省实施〈中华人民共和国节约能源法〉办法》
2	省政府规章	无

3. 节水制度

与循环经济有关的节水制度主要体现在以下地方性法规、省政府规章中。

（1）地方性法规

地方性法规中对于节水制度规定较多，主要体现在以下法规中。

《青海省实施〈中华人民共和国水法〉办法》第十一条规定："县级以上人民政府应当采取有效措施，鼓励收集利用雨水、雪水，补充生产和生活用水。在水资源严重不足、生态恶化的地区，禁止兴建耗水量大的建设项目；原有耗水量大的用水单位，应当进行节水改造。"第三十八条规定："县级以上人民政府应当加强对节水工作的领导，根据水资源供需变化、技术进步和经济社会发展水平，确定不同时期的节水目标，完善节水制度，推广节水技术，发展节水型农牧业、工业和服务业，建设节水型社会。"第三十九条规定："新建、改建、扩建建设项目，应当建设配套的节水设施。""县级以上人民政府应当创造条件，提高污水再生利用率。"

（2）省政府规章

《青海省应对气候变化办法》（省政府令〔第 75 号〕）第八条

规定："县级以上人民政府应当制定水资源综合利用规划，合理开发和优化配置水资源，推进水土流失综合治理，严格执行国家取水许可、水资源有偿使用和节水用水管理制度，采取防治水污染的对策和措施，有效保护和利用水资源。"第二十四条规定："县级以上人民政府及其工作部门，应当注重支持节能、节水、节地、节材、资源综合利用等项目的实施。"

《青海省取水许可和水资源费征收管理办法》（省政府令〔第55号〕）第二十四条规定了：水资源费可以用于节水技术研究、示范推广，节水型社会建设项目的补助。

表 3－18　节水制度供给情况一览表

序号	类别	名称
1	地方性法规	（1）《青海省实施〈中华人民共和国水法〉办法》
2	省政府规章	（1）《青海省应对气候变化办法》（省政府令〔第75号〕） （2）《青海省取水许可和水资源费征收管理办法》（省政府令〔第55号〕）

4. 再生水利用制度

与循环经济有关的再生水利用制度主要体现在以下地方性法规。

（1）地方性法规

青海省级地方性法规中对于再生水利用没有规定。西宁市地方性法规《西宁市节约用水管理条例》第四条规定："推进再生水、雨水利用设施建设，发展节水型工业、农业和服务业，建设节水型社会。"第十五条规定："计划用水户根据行业特点，通过调整产品和产业结构、改革工艺、建设再生水设施和雨水利用设施等节水措施，提高循环用水率，”第二十四条规定：“大力推进再生水和雨水利用。”第三十条规定：“城市规划和建设，应当统筹雨水利用和使用再生水，逐步配套建设相关设施，减少使用城市供水。”

（2）省政府规章

省政府规章《青海省节约用水管理办法》对于再生水利用没有规定。

表3－19　再生水利用制度供给情况一览表

序号	类别	名称
1	地方性法规	无
2	省政府规章	《青海省节约用水管理办法》

5. 建筑节约制度

与循环经济有关的建筑节约制度主要体现在以下地方性法规、省政府规章中。

（1）地方性法规

地方性法规对于建筑节约制度有所规定，《青海省实施〈中华人民共和国节约能源法〉办法》第七条规定：“第二款　县级以上人民政府住房和城乡建设主管部门负责本行政区域建筑节能的监督管理工作。”第二十七条规定：“县级以上人民政府住房和城乡建设主管部门应当会同有关部门根据建筑节能规划，组织制定既有建筑节能改造计划，明确节能改造的目标、范围和要求，报本级人民政府批准后实施。”第二十八条：“县级以上人民政府住房和城乡建设主管部门应当对建筑工程的规划设计方案进行审查，不符合建筑节能强制性标准的，不得颁发建设工程规划许可证。”第二十九条从施工图审查机构职责、第三十条从建设单位组织竣工验收职责、第三十一条从房地产开发企业职责等方面提出了要求。第四十四条规定了县级以上人民政府应当通过财政补贴、税收优惠政策等方式，重点鼓励和支持在新建、改建、扩建建筑工程和既有建筑节能改造中，使用节能建筑材料、节能技术和产品。

（2）省政府规章

省政府规章对于建筑节能有所规定，《青海省应对气候变化办法》（省政府令〔第75号〕）第十九条规定：“县级以上人民政府应当支持企业事业单位开展太阳能、风能、生物质能等可再生能源开发利用，推动太阳能光伏建筑一体化和太阳能路灯等节能系统在城镇建筑、基础设施中的应用。鼓励和扶持在既有建筑节能改造和新建建筑中采用太阳能等可再生能源，减少建筑物采暖能耗。”

表3－20　建筑节约制度供给情况一览表

序号	类别	名称
1	地方性法规	《青海省实施〈中华人民共和国节约能源法〉办法》
2	省政府规章	《青海省应对气候变化办法》（省政府令〔第75号〕）

6. 合理开发矿产制度

与循环经济有关的合理开发矿产制度体现在以下地方性法规、省政府规章中。

（1）地方性法规

《青海省盐湖资源开发与保护条例》第十七条规定：“开采盐湖资源应当根据盐湖矿床类型和开采方案，对具有工业价值的共生和伴生矿产，在技术可行、经济合理的条件下，采用成熟工艺综合回收，提高资源利用率；对暂时不能综合回收利用的矿产，应当采取有效措施予以保护。”

《青海省矿产资源管理条例》第二十四条规定了开采矿产资源应当符合四项要求，其中要求了开采回采率、采矿贫化率和选矿回收率应当达到设计要求，或者符合地质矿产主管部门核定的标准，不得采富弃贫，擅自丢弃矿体；对具有工业价值的共生、伴生矿产，在技术可行、经济合理的条件下，必须综合回收；对暂时不能综合回收利用的矿产，应当采取有效的保护措施。禁止采取破坏性的采矿方法开采矿产资源等。

（2）省政府规章

省政府规章对于开采矿产的资源补偿费征收管理有所规定。《青海省人民政府关于修改〈青海省矿产资源补偿费征收管理实施办法〉的决定》（省政府令〔第90号〕）第七条对于征收矿产资源补偿费的矿种及费率以及计算方式做出了规定。

表 3－21　合理开发矿产制度供给情况一览表

序号	类别	名称
1	地方性法规	(1)《青海省盐湖资源开发与保护条例》 (2)《青海省矿产资源管理条例》
2	省政府规章	《青海省人民政府关于修改〈青海省矿产资源补偿费征收管理实施办法〉的决定》(省政府令〔第 90 号〕)

7. 市场准入制度

(1) 地方性法规

地方性法规中对于与循环经济有关的市场准入制度没有做出规定。

(2) 省政府规章

省政府规章中对于市场准入制度没有做出规定。

表 3－22　市场准入制度供给情况一览表

序号	类别	名称
1	地方性法规	无
2	省政府规章	无

8. 农业节约制度（农业节水、农业节能、农业节地、农业节肥、农业节药）

与发展循环经济有关的农业节约制度体现在以下地方性法规中。

(1) 地方性法规

地方性法规对于农业节约制度有所规定。《青海省科学技术进步条例》第三十二条规定："县级以上人民政府应当采取措施，支持农牧业技术开发机构、农牧业技术推广机构对农牧业技术的研究开发与应用，开展生物技术、良种培育、生态保护、农业节水、农机装备、疫病防控、防灾减灾等技术创新、推广活动。"

（2）省政府规章

省政府规章对于农业节约制度没有做出规定。

表3－23　农业节约制度供给情况一览表

序号	类别	名称
1	地方性法规	《青海省科学技术进步条例》
2	省政府规章	无

9. 机关事业单位节约制度（节约、节能、节水、节材）

（1）地方性法规

地方性法规对于机关事业单位节约制度没有做出规定。

（2）省政府规章

省政府规章对于机关事业单位节约制度没有做出规定。

表3－24　机关事业单位节约制度供给情况一览表

序号	类别	名称
1	地方性法规	无
2	省政府规章	无

10. **服务业节约制度**

与发展循环经济有关的机关事业单位节约制度在以下地方性法规中有所体现。

（1）地方性法规

《青海省实施〈中华人民共和国水法〉办法》第三十八条规定："县级以上人民政府应当加强对节水工作的领导，根据水资源供需变化、技术进步和经济社会发展水平，确定不同时期的节水目标，完善节水制度，推广节水技术，发展节水型农牧业、工业和服务业，建设节水型社会。"

《青海省实施〈中华人民共和国大气污染防治法〉办法》第十五条第二款规定："城市市区内饮食服务业经营者和一切单位的茶水炉、食堂炉灶禁止原煤散烧。"

此外，《西宁市服务行业环境保护管理条例》是一项专门针对服务业环境保护管理的地方性法规，其中对于服务业节约也有所规定。

（2）省政府规章

省政府规章中对于服务业节约制度没有做出规定。

表 3－25　服务业节约制度供给情况一览表

序号	类别	名称
1	地方性法规	（1）《青海省实施〈中华人民共和国水法〉办法》 （2）《青海省实施〈中华人民共和国大气污染防治法〉办法》
2	省政府规章	无

11. 发展散装水泥制度

地方性法规对于发展散装水泥没有做出规定，省政府规章对于发展散装水泥的规定，主要体现在《青海省促进散装水泥发展办法》（省政府令〔第93号〕）中。该“办法”已经2012年11月28日省人民政府第109次常务会议审议通过，自2013年2月1日起施行。在青海省行政区域内水泥、预拌混凝土、预拌砂浆的生产、经营、运输、贮存、使用和监督管理，均应适用该“办法”。其立法目的是促进散装水泥发展，限制袋装、鼓励散装，推广使用预拌混凝土和预拌砂浆。

表3－26　发展散装水泥制度供给情况一览表

序号	类别	名称
1	地方性法规	无
2	省政府规章	《青海省促进散装水泥发展办法》（省政府令〔第93号〕）

12. 产品包装制度

（1）地方性法规

地方性法规中对于产品包装制度没有做出规定。

（2）省政府规章

省政府规章中对于产品包装制度没有做出规定。

13. 环境友好设计制度

（1）地方性法规

地方性法规中对于环境友好设计制度没有做出规定。

（2）省政府规章

省政府规章中对于环境友好设计制度没有做出规定。

14. 延长建筑使用寿命制度

（1）地方性法规

地方性法规对于延长建筑使用寿命制度没有做出规定。

（2）省政府规章

省政府规章对于延长建筑使用寿命制度没有做出规定。

15. 限制一次性产品制度

（1）地方性法规

地方性法规对于限制一次性产品没有做出规定。

（2）省政府规章

省政府规章对于限制一次性产品没有做出规定。

16. 禁止黏土砖制度

（1）地方性法规

地方性法规中对于禁止黏土砖没有做出规定。

（2）省政府规章

省政府规章中对于禁止黏土砖没有做出规定。

17. 自愿协议制度

（1）地方性法规

地方性法规对于自愿协议制度有所规定。《青海省实施〈中华人民共和国节约能源法〉办法》第四十三条规定："鼓励用能单位与县级以上人民政府签订节能自愿协议。超额完成自愿协议节能目标的，县级以上人民政府应当按照协议给予奖励。"

（2）省政府规章

省政府规章对于自愿协议制度没有做出规定。

表3-27　自愿协议制度供给情况一览表

序号	类别	名称
1	地方性法规	《青海省实施〈中华人民共和国节约能源法〉办法》
2	省政府规章	无

（三）再利用和再循环制度

1. 园区循环制度

园区循环制度在以下地方性法规中有所体现。

（1）地方性法规

地方性法规对于园区循环有所规定。《青海省实施〈中华人民共和国节约能源法〉办法》第二十五条规定："工业园区、产业聚集区应当制定统一的节能规划和能源利用计划，鼓励园区内的用能单位采用集中供热、供电的能源供应模式。"

（2）省政府规章

省政府规章对于园区循环没有做出规定。

表 3－28　园区循环制度供给情况一览表

序号	类别	名称
1	地方性法规	《青海省实施〈中华人民共和国节约能源法〉办法》
2	省政府规章	无

2. 工业废物综合利用制度

关于工业废物综合利用制度，在一项省政府规章中有所规定。

（1）地方性法规

地方性法规对于工业废物综合利用没有做出规定。

（2）省政府规章

省政府规章对于工业废物综合利用有所规定。《青海省促进散装水泥发展办法》（省政府令〔第 93 号〕）第九条规定：“散装水泥、预拌混凝土、预拌砂浆生产企业利用粉煤灰、工业尾矿等固体废物达到国家规定要求的，经有关部门认定后，按照国家规定享受资源综合利用税收优惠政策。”

表 3－29　工业废物综合利用制度供给情况一览表

序号	类别	名称
1	地方性法规	无
2	省政府规章	《青海省促进散装水泥发展办法》（省政府令〔第 93 号〕）

3. 建筑废物综合利用制度

（1）地方性法规

地方性法规对于建筑废物综合利用没有做出规定。

（2）省政府规章

省政府规章对于建筑物废物综合利用没有做出规定。

4. 农业林业综合利用制度

关于农业林业综合利用制度，在以下地方性法规、省政府规章中有所规定。

（1）地方性法规

地方性法规对于农业、林业综合利用有所规定，主要体现在以下3项法规中。

《青海省湟水流域水污染防治条例》第二十六条规定："县级以上人民政府及有关部门应当加强湟水流域生态环境保护，组织植树造林，加强水土保持工作，指导农业生产者科学、合理施用农药、化肥，综合利用农业废弃物，发展生态农业，防止造成水污染。"

（2）省政府规章

省政府规章对于农业林业综合利用有所规定，《青海省应对气候变化办法》（省政府令〔第75号〕）第十六条规定："县级以上人民政府及其农牧等相关部门应当加强农村牧区环境综合整治，控制和减少农牧业活动中温室气体的排放量。鼓励、支持科研机构和企业开展秸秆综合利用技术开发，积极推广秸秆还田等技术的应用，帮助农民提高秸秆综合利用技能，禁止露天焚烧秸秆和其他烧荒活动。”

表 3 – 30　农业、林业综合利用制度供给情况一览表

序号	类别	名称
1	地方性法规	《青海省湟水流域水污染防治条例》
2	省政府规章	《青海省应对气候变化办法》（省政府令〔第 75 号〕）

5. 废物回收制度

关于废物回收制度，在以下地方性法规、省政府规章中有所规定。

（1）地方性法规

地方性法规对于废物回收没有规定。值得注意的是，《海西蒙古族藏族自治州城镇市容和环境卫生管理条例》第二十六条规定：“县（市）人民政府、行委应当有计划地发展液化气、天然气和其他清洁能源，改变燃料结构。鼓励和支持有关部门组织净菜进城和回收利用废旧物资，减少城镇垃圾。”

（2）省政府规章

省政府规章对于废物回收有所规定。《青海省应对气候变化办法》（省政府令〔第 75 号〕）第十五条规定：“县级以上人民政府及其环保等相关部门应当加强对辖区内废水、废气、固体废弃物排放单位的管理，推进城镇污水处理配套设施、中水回用设施及水质在线监测设施建设，开发先进的垃圾焚烧、填埋和回收技术，提高对废气、废水、废弃物的处理率，落实减排措施，削减污染排放。”

表 3－31　废物回收制度供给情况一览表

序号	类别	名称
1	地方性法规	无
2	省政府规章	《青海省应对气候变化办法》（省政府令〔第 75 号〕）

6. 废物交换制度

（1）地方性法规

地方性法规对于废物交换没有做出规定。

（2）省政府规章

省政府规章对于废物交换没有做出规定。

7. 垃圾分类制度

（1）地方性法规

地方性法规对于垃圾分类制度没有相关规定。值得关注的是，西宁市地方性法规有所规定。《西宁市爱国卫生管理条例》规定："（四）城市市容环境卫生行政部门负责环境卫生工作的监督管理，组织推广城市生活垃圾袋装化，实行垃圾分类收集、运输和无害化处理，管理城市公共厕所和粪便无害化处理工作"。

（2）省政府规章

省政府规章对于垃圾分类没有做出规定。

8. 废电器电子产品回收制度

（1）地方性法规

地方性法规对于废电器电子产品回收没有做出规定。

（2）省政府规章

省政府规章对于废电器电子产品回收没有做出规定。

9. **废车回收制度**

（1）地方性法规

地方性法规对于废车回收没有做出规定。

（2）省政府规章

省政府规章对于废车回收没有做出规定。

10. **污泥综合利用制度**

（1）地方性法规

地方性法规对于污泥综合利用没有做出规定。

（2）省政府规章

省政府规章对于污泥综合利用没有做出规定。

11. **回收产品信息披露制度**

（1）地方性法规

地方性法规对于回收产品信息披露没有做出规定。

（2）省政府规章

省政府规章对于回收产品信息披露没有做出规定。

12. **再制造或翻新产品标识制度**

（1）地方性法规

地方性法规对于再制造或翻新产品标识没有做出规定。

（2）省政府规章

省政府规章对于再制造或翻新产品标识没有做出规定。

13. 发电市场准入制度

(1) 地方性法规

地方性法规对于发电市场准入没有做出规定。

(2) 省政府规章

省政府规章对于发电市场准入没有做出规定。

(四) 激励约束制度

1. 科技支撑政策

科技支撑制度供给情况在以下地方性法规、省政府规章中有所体现。

(1) 地方性法规

地方性法规中对于科技支撑制度有所规定，主要体现在《青海省科学技术进步条例》之中。该“条例”第二十六条规定：“企业应当执行国家和省制定的产业政策，鼓励支持企业运用高新技术进行节能减排、清洁生产，提高产品附加值，发展循环经济，保护生态环境。”第三十二条规定：“县级以上人民政府应当采取措施，支持农牧业技术开发机构、农牧业技术推广机构对农牧业技术的研究开发与应用，开展生物技术、良种培育、生态保护、农业节水、农机装备、疫病防控、防灾减灾等技术创新、推广活动。”第十二条规定：“国家和省确定的开发区、实验区、示范区、试验区，应当建设具有特色的高新技术产业基地或者示范基地，为重点产业和区域优势产业集群的结构优化和技术升级提供科技支撑，发挥辐射和带动作用。”

（2）省政府规章

省政府规章中对于科技支撑有所规定，主要体现在以下 2 项规章中。

《青海省应对气候变化办法》（省政府令〔第 75 号〕）第二条规定：“本办法所称应对气候变化，是指运用法律、经济、行政和科技等手段，对自然变化或者人类活动引起的气候变动造成的影响所采取的对策，包括气候变化的适应与减缓。”从该条的规定可以看出，应对气候变化的定义是与科技手段密不可分的。第二十二条规定：“科技、文化新闻出版、广播电视、气象等部门和有关社会团体、新闻媒体应当开展形式多样的宣传教育和节能减排主题活动，普及气候变化知识，增强群众应对气候变化的意识。

《青海省人工影响天气管理办法》（省政府令〔第 56 号〕）第三条规定：“本办法所称人工影响天气，是指在适当的气象条件下通过科技手段对局部大气的物理、化学过程进行人工影响，实现增（消）雨雪、防雹、消雾、防霜、森林草原防（灭）火、消除公共污染等目的的活动。”从该条可以看出，人工影响天气的手段是科技手段。

表 3－32　科技支撑制度供给情况一览表

序号	类别	名称
1	地方性法规	《青海省科学技术进步条例》
2	省政府规章	（1）《青海省应对气候变化办法》（省政府令〔第 75 号〕） （2）《青海省人工影响天气管理办法》（省政府令〔第 56 号〕）

2. 价格政策

价格政策在以下地方性法规、省政府规章中有所体现。

（1）地方性法规

《青海省实施〈中华人民共和国水法〉办法》第三十六条规定："用水实行计量收费和超定额累进加价制度。对用水户在定额以内的用水，按照批准的标准价格收费，超定额用水实行累进加价。"

（2）省政府规章

省政府规章对于价格政策有所规定，主要体现在以下两项规章中。

《青海省取水许可和水资源费征收管理办法》（省政府令〔第55号〕）第十五条规定："水资源费征收标准由省人民政府价格主管部门会同省财政部门和省水行政主管部门制定，报省人民政府批准执行。水资源费征收标准，可以依据水资源的用途、紧缺程度和本省经济社会发展状况进行调整。"

《青海省国有土地使用权租赁办法》（省政府令〔第47号〕）第十三条规定："租赁土地的租金不得低于租赁土地的最低标准。租赁土地的最低标准由州（地、市）、县国土资源行政主管部门会同价格主管部门根据当地基准地价，结合用地性质、租赁期限、地块区位等因素制订，报同级人民政府批准。租金的最低标准经批准后，应报上一级国土资源行政主管部门和价格主管部门备案。"第二十九条规定："提前收回租赁土地使用权的，出租人应当对承租人给予补偿。提前收回租赁土地使用权的补偿金额，由租赁双方根据评估价格协商确定。补偿金额评估价格由有相应资质的房地产评估机构根据规划用途、尚未履行的租赁年限以及地上建筑物、构筑物和其他附着物的价值等因素制定。”

表 3 – 33　价格政策供给情况一览表

序号	类别	名称
1	地方性法规	《青海省实施〈中华人民共和国水法〉办法》
2	省政府规章	(1)《青海省取水许可和水资源费征收管理办法》(省政府令〔第 55 号〕) (2)《青海省国有土地使用权租赁办法》(省政府令〔第 47 号〕)

3. 税收优惠

税收优惠制度供给在以下地方性法规、省政府规章中有所反映。

(1) 地方性法规

地方性法规对于税收优惠有所规定，《青海省实施〈中华人民共和国节约能源法〉办法》第四十四条规定：“县级以上人民政府应当通过财政补贴、税收优惠政策等方式，重点鼓励和支持下列节能活动”；第四十七条规定：“县级以上人民政府节能主管部门应当会同有关部门对享受财政补贴和税收优惠政策节能活动的节能情况进行定期监督检查，对节能项目完成情况进行评估验收。”

(2) 省政府规章

省政府规章对于税收优惠有所规定，主要体现在以下 3 项规章中。

《青海省促进散装水泥发展办法》（省政府令〔第93号〕）第九条规定："散装水泥、预拌混凝土、预拌砂浆生产企业利用粉煤灰、工业尾矿等固体废物达到国家规定要求的，经有关部门认定后，按照国家规定享受资源综合利用税收优惠政策。"第十条规定："预拌混凝土、预拌砂浆生产企业当年研究开发新技术、新产品、新工艺实际发生的研究开发费用按照国家规定享受税收优惠政策。"

《青海省应对气候变化办法》（省政府令〔第75号〕）第二十四条规定："县级以上人民政府及其工作部门，应当注重支持节能、节水、节地、节材、资源综合利用等项目的实施。对依法列入节能技术、节能产品推广目录的项目和可再生能源开发利用项目，依法实行税收优惠等扶持政策。"

《青海省城镇土地使用税实施办法》（省政府令〔第59号〕）虽然是专门针对城镇土地使用税方面的规章，但是对于发展循环经济等内容没有直接的反映，是为缺憾。

表3－34　税收优惠制度供给情况

序号	类别	名称
1	地方性法规	《青海省实施〈中华人民共和国节约能源法〉办法》
2	省政府规章	（1）《青海省促进散装水泥发展办法》（省政府令〔第93号〕） （2）《青海省应对气候变化办法》（省政府令〔第75号〕） （3）《青海省城镇土地使用税实施办法》（省政府令〔第59号〕）

4. **专项资金制度**

专项资金的制度供给情况主要体现在以下地方性法规、省政府规章之中。

（1）地方性法规

地方性法规对于专项资金有所规定，主要体现在2个省级地方性法规和1个市级地方性法规中。

《青海省实施〈中华人民共和国节约能源法〉办法》第四十一条规定：“省、州级人民政府应当设立节能专项资金，县级人民政府可以根据本地区实际情况安排节能资金。”第四十七条规定：“县级以上人民政府财政、审计部门应当对节能专项资金的使用情况和节能专项资金支持项目的执行情况进行监督检查和审计。”

《青海省实施〈中华人民共和国水土保持法〉办法》第六条规定：“县级以上人民政府应当将水土保持规划确定的任务纳入国民经济和社会发展计划，安排专项资金，并组织实施。”

（2）省政府规章

省政府规章中对于专项资金有所规定，主要体现在以下4项规章中。

《青海省促进散装水泥发展办法》（省政府令〔第93号〕）对于散装水泥专项资金规定较为详细，例如：第二十八条规定：“水泥生产企业（包括水泥粉磨站）、使用单位应当按照国家和本省有关规定缴纳散装水泥专项资金。”并规定了征收程序。第二十九条规定：“水泥生产企业应当按照销售袋装水泥量缴纳专项资金，在管理费用中列支；建设单位应当按照单位建筑面积或者工程概算预计袋装水泥使用量，在办理建设工程施工许可时预缴散装水泥专项资金，并列入建安工程成本。”第三十一条规定：“散装水泥专项资金实行预算管理”，并从5个方面明确了专项资金的主要使用事项。

《青海省应对气候变化办法》（省政府令〔第75号〕）第二十条规定：“地方财政应当安排节能专项资金，支持节能技术研究开发、节能技术和产品的示范与推广、重点节能工程的实施等。”

《青海省木里焦煤资源开发利用与保护办法》（省政府令〔第73号〕）第二十八条规定：“焦煤开发企业应当按照国家规定专户存储煤矿企业安全风险抵押金，作为本企业安全事故抢险、救灾和善后处理的专项资金。”

《青海省取水许可和水资源费征收管理办法》（省政府令〔第55号〕）第二十一条规定：“水资源费是水资源管理和水利发展的专项资金，应当全额纳入财政预算。”

表3－35　专项资金制度供给情况一览表

序号	类别	名称
1	地方性法规	（1）《青海省实施〈中华人民共和国节约能源法〉办法》 （2）《青海省实施〈中华人民共和国水土保持法〉办法》
2	省政府规章	（1）《青海省促进散装水泥发展办法》（省政府令〔第93号〕） （2）《青海省应对气候变化办法》（省政府令〔第75号〕） （3）《青海省木里焦煤资源开发利用与保护办法》（省政府令〔第73号〕） （4）《青海省取水许可和水资源费征收管理办法》（省政府令〔第55号〕）

5. **行政处罚**

行政处罚的制度供给情况主要体现在以下地方性法规、省政府规章中。

（1）地方性法规

地方性法规对于行政处罚做出了较多规定。

《青海省实施〈中华人民共和国节约能源法〉办法》第八条规定："省节能主管部门所属的节能监察机构（以下简称省节能监察机构）负责全省的节能日常监察工作，行使省节能主管部门依照法律、法规、规章实施的行政处罚。"

《青海省实施〈中华人民共和国渔业法〉办法》第三十六条规定："具有下列行为之一的，由渔政监督管理机构给予行政处罚"，并列举了处罚情形。

《青海省绿化条例》第四十二条规定："违反本条例规定，有下列行为之一的，分别由县级林业、畜牧行政主管部门给予行政处罚"，并列举了处罚情形。

（2）省政府规章

省政府规章对于行政处罚有所规定。《青海省人民政府关于修改〈青海省矿产资源补偿费征收管理实施办法〉的决定》（省政府令〔第90号〕）第五章规定了"奖励与处罚"。

《青海省草原承包经营权流转办法》（省政府令〔第86号〕）第二十条规定："违反本办法规定，受让方擅自改变流转草原用途的，依据《中华人民共和国草原法》相关规定予以处罚。"第二十一条、第二十二条分别规定了相应的处罚情形。

《青海省卤虫资源保护办法》第十八条规定："违反本办法规定有下列行为之一的，由县级以上人民政府渔业行政主管部门按以下规定处罚"，并具体列举了处罚情形。

《青海省农业环境保护办法》（省政府令〔第25号〕）第四章具体规定了"罚则"。

表3－36　行政处罚制度供给情况一览表

序号	类别	名称
1	地方性法规	(1)《青海省实施〈中华人民共和国节约能源法〉办法》 (2)《青海省实施〈中华人民共和国渔业法〉办法》 (3)《青海省绿化条例》
2	省政府规章	(1)《青海省人民政府关于修改〈青海省矿产资源补偿费征收管理实施办法〉的决定》(省政府令〔第90号〕) (2)《青海省草原承包经营权流转办法》(省政府令〔第86号〕) (3)《青海省卤虫资源保护办法》 (4)《青海省农业环境保护办法》(省政府令〔第25号〕)

6. 行政处分

与行政处分有关的制度供给主要体现在以下地方性法规和省政府规章中。

(1) 地方性法规

《青海省饮用水水源保护条例》第三十八条规定："县级以上人民政府水行政、环境保护和其他有关行政主管部门，有下列行为之一的，由其上级行政机关或者监察机关责令改正；对直接负责的主管人员和其他直接责任人员依法给予行政处分”，并做了具体列举。

《青海省盐湖资源开发与保护条例》第二十四条规定：“国土资源行政主管部门和其他有关部门的工作人员徇私舞弊、滥用职权或者玩忽职守，违反本条例规定批准勘查、开采盐湖资源和颁发勘查许可证、采矿许可证，或者对违法采矿行为不依法予以制止、处罚，构成犯罪的，依法追究刑事责任；不构成犯罪的，给予行政处分。”

《青海省实施〈中华人民共和国水法〉办法》第四十八条规定：“水行政管理部门或者其他有关部门以及水工程管理单位及其工作人员，违反本办法规定，对符合法定条件的取水单位和个人，未在规定期限内办理许可审批手续的；擅自减免或者违反规定收缴水资源费的，由有关部门对直接负责的主管人员和其他直接责任人员予以行政处分。”

《青海省绿化条例》第四十一条规定：“违反本条例规定，有下列行为之一的，由县级以上林业行政主管部门责令限期完成造林任务；逾期未完成的，除责令补栽外，可以并处未完成造林任务所需费用的一至二倍的罚款；对直接负责的主管人员和其他直接责任人员，依法给予行政处分或者处罚。”

《青海省湟水流域水污染防治条例》第四十二条规定：“县级以上人民政府环境保护部门和其他有关部门及其工作人员违反本条例规定，有下列行为之一的，由其上级主管部门或者监察机关责令改正；情节严重的，对直接负责的主管人员和其他直接责任人员依法给予行政处分；构成犯罪的，依法追究刑事责任。”

《青海省实施〈中华人民共和国大气污染防治法〉办法》第二十八条规定：“造成大气环境污染危害的单位或者个人有责任排除危害，并对直接受到损害的单位或者个人赔偿损失；情节较重的，对有关责任人由其所在单位或者政府主管部门给予行政处分；造成重大污染事故，导致公私财产重大损失或者人身伤亡严重后果的，对直接责任人依法追究刑事责任。”

《青海省实施〈中华人民共和国水土保持法〉办法》第二十二条规定：“水土保持监督人员玩忽职守，滥用职权的，由其所在单位或者上级主管机关给予行政处分；构成犯罪的，依法追究刑事责任。”

《青海省实施〈中华人民共和国环境保护法〉办法》第三十二条规定：“违反本办法规定，有下列行为之一的，由环境保护行政主管部门或者其他依照法律规定行使环境监督管理权的部门给予警告或者处以罚款；对有关责任人员视其情节轻重由其所在单位或者上级主管部门、监察机关给予行政处分”。

（2）省政府规章

省政府规章对于行政处分有所规定，主要体现在以下 4 项规章中。

《青海省草原承包经营权流转办法》（省政府令〔第 86 号〕）第二十三条规定：“草原行政主管部门及其他国家机关工作人员玩忽职守、滥用职权、徇私舞弊，干涉、妨害草原承包经营权流转的，由所在单位或有关部门依法给予行政处分。”

《青海省木里焦煤资源开发利用与保护办法》（省政府令〔第 73 号〕）第三十八条规定："对木里焦煤资源负有监督管理责任的管理部门的工作人员，玩忽职守、徇私舞弊、滥用职权的，由其上级行政机关或者监察机关责令改正，对直接负责的主管人员和其他直接责任人员依法给予行政处分；构成犯罪的，依法追究刑事责任"。

《青海省国有土地使用权租赁办法》（省政府令〔第 47 号〕）第三十六条规定："国土资源行政主管部门工作人员有下列情形之一的，由国土资源行政主管部门或者监察机关对直接责任人员和直接负责的主管人员给予行政处分；构成犯罪的，依法追究刑事责任。"

《青海省农业环境保护办法》（省政府令〔第 25 号〕）第三十一条规定："农业环境监察人员玩忽职守、滥用职权、徇私舞弊的，由其所在单位或者上级主管部门给予行政处分，构成犯罪的，由司法机关依法追究刑事责任。"

表 3－37　行政处分制度供给情况一览表

序号	类别	名称
1	地方性法规	（1）《青海省饮用水水源保护条例》 （2）《青海省盐湖资源开发与保护条例》 （3）《青海省实施〈中华人民共和国水法〉办法》 （4）《青海省绿化条例》 （5）《青海省湟水流域水污染防治条例》 （6）《青海省实施〈中华人民共和国大气污染防治法〉办法》 （7）《青海省实施〈中华人民共和国水土保持法〉办法》 （8）《青海省实施〈中华人民共和国环境保护法〉办法》

续表

序号	类别	名称
2	省政府规章	(1)《青海省草原承包经营权流转办法》(省政府令〔第86号〕) (2)《青海省木里焦煤资源开发利用与保护办法》(省政府令〔第73号〕) (3)《青海省国有土地使用权租赁办法》(省政府令〔第47号〕) (4)《青海省农业环境保护办法》(省政府令〔第25号〕)

7. 信贷支持制度

(1) 地方性法规

地方性法规对于信贷支持有所规定。《青海省绿化条例》第三十四条规定："应当采取措施多渠道筹集绿化资金，引导信贷资金、社会资金投向绿化开发。"

(2) 省政府规章

省政府规章对于信贷支持没有规定。

表3-38 信贷支持制度供给情况一览表

序号	类别	名称
1	地方性法规	《青海省绿化条例》
2	省政府规章	无

8. 授信约束制度

（1）地方性法规

地方性法规对于授信约束没有做出规定。

（2）省政府规章

省政府规章对于授信约束没有做出规定。

9. 投资支持政策

投资支持政策在地方性法规、省政府规章中有所规定。

（1）地方性法规

地方性法规中对于投资支持有所规定，主要体现在以下地方性法规中。

《青海省实施〈中华人民共和国水法〉办法》第十二条规定："鼓励单位和个人投资开发、利用、保护水资源，坚持谁投资建设、谁管理和谁受益的原则，依法保护投资者的合法权益。"

《青海省盐湖资源开发与保护条例》第七条规定："鼓励国内外投资者规模开发盐湖资源。投资开发盐湖资源享受国家和省人民政府制定的优惠政策。"

（2）省政府规章

省政府规章中对于投资支持的规定不多，具有代表性的是《青海省促进散装水泥发展办法》（省政府令〔第93号〕）。该"办法"第八条规定："县级以上人民政府及有关部门应当支持散装水泥、预拌混凝土、预拌砂浆的推广应用，对散装水泥、预拌混凝土、预拌砂浆投资项目在立项、用地、贷款贴息等方面给予支持。"

表 3－39　投资支持政策供给情况一览表

序号	类别	名称
1	地方性法规	（1）《青海省实施〈中华人民共和国水法〉办法》 （2）《青海省盐湖资源开发与保护条例》
2	省政府规章	《青海省促进散装水泥发展办法》（省政府令〔第 93 号〕）

10. 政府采购制度

（1）地方性法规

地方性法规对于政府采购有所规定。《青海省实施〈中华人民共和国节约能源法〉办法》第三十五条规定："公共机构应当严格执行国家有关公共机构节能的法律、法规，建立健全本单位节能运行管理制度和用能系统操作规程，优先采购列入节能产品、设备政府采购名录中的产品、设备，制定节电、节油、节气等年度节能目标和实施方案，如实记录能源消费计量原始数据，建立统计台账。"第四十五条规定："支持企业开展节能产品认证。取得节能产品认证证书的产品、设备应当优先列入节能产品、设备政府采购名录，同等条件下优先采购。"

（2）省政府规章

省政府规章对于政府采购没有做出规定。

表 3－40　政府采购制度供给情况一览表

序号	类别	名称
1	地方性法规	《青海省实施〈中华人民共和国节约能源法〉办法》
2	省政府规章	无

11. 垃圾排放收费制度

垃圾排放收费制度在以下地方性法规中有所规定。

（1）地方性法规

地方性法规对于垃圾排放收费没有规定。值得关注的是，《西宁市餐厨垃圾管理条例》第六条规定："餐厨垃圾收集、运输和处置实行有偿服务，餐厨垃圾产生单位应当按规定交纳餐厨垃圾处理费。"

（2）省政府规章

省政府规章对于垃圾排放收费没有做出规定。

12. 奖励制度

奖励制度在以下地方性法规、省政府规章中有所规定。

（1）地方性法规

地方性法规对于奖励制度做出了较多规定，体现在以下地方性法规中。

《青海省饮用水水源保护条例》第十条规定："任何单位和个人都有义务保护饮用水水源，有权对污染和破坏饮用水水源的行为进行检举。县级以上人民政府及其有关部门对在饮用水水源保护工作中做出显著成绩的单位和个人给予表彰和奖励。"

《青海省实施〈中华人民共和国节约能源法〉办法》第四十一条规定："省、州级人民政府应当设立节能专项资金，县级人民政府可以根据本地区实际情况安排节能资金，"第四十三条规定："鼓励用能单位与县级以上人民政府签订节能自愿协议。超额完成自愿协议节能目标的，县级以上人民政府应当按照协议给予奖励。"

《青海省实施〈中华人民共和国水法〉办法》规定："任何单位和个人都有保护水资源、水工程和节约用水的义务，并有权制止、控告和检举违反水法和本办法的行为。对在开发、利用、节约、保护、管理水资源和防治水害活动中做出突出成绩的单位和个人，由县级以上人民政府给予表彰或者奖励。"

《青海省绿化条例》第八章规定了奖励与处罚办法。

《青海省水利工程管理和保护条例》第七条规定："对管理和保护水利工程有突出贡献的单位和个人，县级以上人民政府水行政主管部门应当给予表彰或者奖励。"

《青海省湟水流域水污染防治条例》第七条规定："对湟水流域水污染防治做出显著成绩的单位和个人以及举报污染损害水环境的违法行为的有功人员，由县级以上人民政府给予表彰或者奖励。"

《青海省实施〈中华人民共和国水土保持法〉办法》第七条规定："各级人民政府和水行政主管部门对在水土保持工作中成绩突出的单位和个人给予表彰奖励。

《青海省实施〈中华人民共和国环境保护法〉办法》第五条规定："对保护和改善环境有显著成绩的单位和个人，由各级人民政府给予表彰和奖励。"

（2）省政府规章

省政府规章对于奖励制度有所规定，主要体现在以下 2 项规章中。

《青海省促进散装水泥发展办法》（省政府令〔第 93 号〕）第五条规定："县级以上人民政府住房城乡建设行政主管部门对促进

散装水泥、预拌混凝土、预拌砂浆发展及在促进散装水泥发展工作中成绩显著的单位和个人给予表彰或者奖励。”

《青海省取水许可和水资源费征收管理办法》（省政府令〔第55号〕）第七条规定：“县级以上人民政府或者水行政主管部门应当对节约和保护水资源有突出贡献的单位和个人给予表彰或者奖励。”

表3－41　奖励制度供给情况一览表

序号	类别	名称
1	地方性法规	（1）《青海省饮用水水源保护条例》 （2）《青海省实施〈中华人民共和国节约能源法〉办法》 （3）《青海省实施〈中华人民共和国水法〉办法》 （4）《青海省绿化条例》 （5）《青海省水利工程管理和保护条例》 （6）《青海省湟水流域水污染防治条例》 （7）《青海省实施〈中华人民共和国水土保持法〉办法》 （8）《青海省实施〈中华人民共和国环境保护法〉办法》
2	省政府规章	（1）《青海省促进散装水泥发展办法》（省政府令〔第93号〕） （2）《青海省取水许可和水资源费征收管理办法》（省政府令〔第55号〕）

13. 押金制度

（1）地方性法规

地方性法规对于押金制度没有做出规定。

（2）省政府规章

省政府规章对于押金制度没有做出规定。

第四章　青海省循环经济制度保障体系评价

一、研究范围和评价方法

（一）研究范围

制度保障在循环经济建设中居于核心位置。循环经济主要靠政府推动，政府发挥推动循环经济发展职责的手段就是制度，通过制度设计，发挥宏观管理调控和激励约束机制，可以影响企业以及社会公众的生产生活方式。

完善青海省循环经济制度保障体系是本研究的主要目标，也是研究的核心内容。在研究中，贯彻“减量化、再利用、资源化”三原则，以《循环经济促进法》的基本制度设计为参照，将“基本管理制度、减量化制度、再利用和资源化制度、激励约束制度”作为循环经济制度保障体系的主线，进行制度供给状况评估分析。

1. 两分法

将循环经济的基本制度分为两个部分，一是贯彻 3R 原则的制度，划分为“减量化制度”和“再利用和资源化制度”；二是体现统筹规划管理以及激励的“基本管理制度”和“激励约束制度”。选择以3R原则为主要线索进行制度保障体系分析，主要优点表现为：第一，有利于体现循环经济的特点，体现发展循环经济的指导原则，反映不同经济活动阶段发展循环经济的共同要求；第二，有利于在推行实施循环经济中，突出强调节约优先原则。

2. 一条线

对“基本管理制度、减量化制度、再利用和资源化制度、激励约束制度”的考察，遵循了生命周期管理这条线索（“投入端—过程端—产出端”），也就是在对相关制度进行分析时，主要按照“资源能源—生产消费—环境保护—宏观管理”的线索，对相关制度进行了整理分析。

对省内现有制度的评估分析，是循环经济制度保障体系研究的基础。循环经济涉及国民经济建设与社会发展的各个领域，为了较为系统地完成对涉及循环经济有关现行制度的识别评价，研究采取了按照生命周期过程，汇集了有关资源能源、生产消费、环境保护、宏观管理方面的法规、规章，按照基本管理制度、减量化制度、再利用和资源化制度、激励约束制度等4个与循环经济制度保障密切相关的方面，对青海省现行的循环经济正式制度进行分析评价，识别现行地方性法规、规章对发展循环经济的支持促进作用和制约问题，为完善循环经济制度保障建设提供参考。

青海省循环经济制度保障体系评价包括了三个层次。首先，分别对“基本管理制度”“减量化制度”“再利用和资源化制度”和“激励约束制度”所包含的具体制度措施做出评价；其次，在对具体制度措施评价的基础上，对“基本管理制度”“减量化制度”“再利用和资源化制度”和“激励约束制度”四项主要制度做出评价；再其次，在对四项主要制度做出评价的基础上，对青海省循环经济制度保障体系做出总体评价。

（二）评价方法

1. 多因子分析法

在具体分析过程中，主要采用了多因子分析法进行青海省循环经济制度保障体系评价。首先，确定影响青海省循环经济制度保障体系的各个因子及其包含的二级指标；然后，利用层次分析法来确定各级因子（一级指标）、二级指标的权重；第三，用各因子分值乘以权重再加总，得出总分值；最后，根据得分状况加以分析。

2. 层次分析法

各级因子指标的权重可以采用层次分析法的思路，结合专家预测法来确定。由美国运筹学家、匹兹堡大学 A. L. Saaty 教授提出的层次分析法（AHP 法）的主要特点是定性与定量相结合，将人的主观判断用数量形式表达出来并进行科学处理，因此更适应复杂的社会科学领域的情况，较为准确地反映社会科学领域的问题。同时，这一方法有着深刻的理论基础，表现形式简单，容易被人理解、接受。其操作过程可描述为：首先，将决策的问题看做是受多种因素影响的大系统，这些相互关联、相互制约的因素可以按照它们之间的隶属关系排成从高到低的若干层次，形成所谓的递阶层次结构。然后，请专家对各因素两两比较重要性，再利用数学方法，对各因素进行排序，并对排序结果进行分析，辅助决策。最后，得出综合权重。层次分析法主要用来辅助决策，同时也可以进行权重的确定。下面主要采用层次分析法的思想，借助专家预测法来确定青海省循环经济制度保障体系评价指标体系的因子权重值。

3. 专家预测法

又称“专家调查法”或特尔斐法。运用这种方法时，由调查者向互相不见面的有关专家发出问题表，要求专家对问题表所列示的问题作明确回答，收回的答卷经协调者归纳整理和分析后，再反馈给有关专家。在此期间，专家可以根据上轮归纳的结果，修改或坚持自己的意见，并提出坚持或修改的理由。本项研究中，在对二级指标所包含的具体制度措施进行评价时，主要采用了专家预测法。二级指标所包含的具体制度措施评价主要包括两个方面，一是确定不同制度类型所占的权重，也就是地方性法规、省政府规章所占的权重；二是每一项制度措施所得到的绝对分值。

（三）评价指标体系

根据研究范围以及研究理论基础的界定，确定了青海省循环经济制度保障体系评价指标体系。一级指标用 A_i（i = 1，2，3，4）表示；二级指标用 A_{ij} 表示（i = 1，2，3，4；j = 1，2，……17）。为标识方便起见，对于 j 而言，标识有所简略（其中 10、11 分别用 00、01 表示，以此类推）。

表 4－1　青海省循环经济制度保障体系评价指标表

一级指标	二级指标
基本管理制度（A1）	规划；定额管理；目标责任；评价考核；生产者责任延伸；强制回收；重点行业监督管理；重点用能单位监督管理；重点用水单位监督管理；统计核算；标准标识
减量化制度（A2）	市场准入；环境友好设计；产品包装；工业节水；节油；合理矿产开发；建筑节约；发展散装水泥；禁止黏土砖；农业节约；机关事业单位节约；延长建筑使用寿命；服务业节约；再生水利用；限制一次性产品
再利用和资源化制度（A3）	园区循环；工业废物综合利用；发电市场准入；建筑废物综合利用；农业综合利用；林业综合利用；废物交换；废物回收；废电器电子产品回收；回收产品信息披露；废车回收；再制造或翻新产品标识；垃圾分类；污泥综合利用
激励约束制度（A4）	专项资金；科技支撑；财政税收优惠；投资支持；信贷支持；授信约束；价格政策；垃圾排放收费；押金；政府采购；奖励；行政处分；行政处罚

（四）因子权重的确定

借助专家预测法，对指标权重进行确定。针对专家提出的不尽相同的权重，采取以下 3 个原则进行取舍或平均：专家原则——充分考虑专家意见；多数原则——少数服从多数；平均原则——差异不太大的，进行算术平均。一级指标用 Bi（i＝1，2，3，4）表示；二级指标用 Bij 表示（i＝1，2，3，4；j＝1，2，……17）。

1. 一级指标权重

借助专家预测法，得出一级指标权重。

表 4－2　一级指标权重表

一级指标	权重
基本管理制度（A1）	B1（0.2）
减量化制度（A2）	B2（0.3）
再利用和资源化制度（A3）	B3（0.3）
激励约束制度（A4）	B4（0.2）

2. 二级指标权重

为了统一计算的方便，根据专家预测法的得分，按照二级指标权重得分的高低，对于二级指标进行了排序，并相应调整了序号，得出了“基本管理制度”“减量化制度”“再利用和资源化制度”“激励约束制度”二级指标的权重。

表 4－3　“基本管理制度”二级指标权重表

一级指标	二级指标	二级权重
基本管理制度（A1）	规划（A11）	B11（0.167）
	目标责任（A12）	B12（0.152）
	定额管理（A13）	B13（0.136）
	评价考核（A14）	B14（0.121）
	重点行业监督管理（A15）	B15（0.106）
	重点用能单位监督管理（A16）	B16（0.091）
	重点用水单位监督管理（A17）	B17（0.076）
	统计核算（A18）	B18（0.061）

续表

一级指标	二级指标	二级权重
基本管理制度（A1）	生产者责任延伸（A19）	B19（0.045）
	强制回收（A100）	B100（0.030）
	标准标识（A101）	B101（0.015）

表4-4　“减量化制度”二级指标权重表

一级指标	二级指标	二级权重
减量化制度（A2）	节能 A21	B21（0.111）
	节油 A22	B22（0.105）
	工业节水 A23	B23（0.098）
	再生水利用 A24	B24（0.092）
	建筑节约 A25	B25（0.085）
	合理矿产开发 A26	B26（0.078）
	市场准入 A27	B27（0.072）
	农业节约 A28	B28（0.065）
	机关事业单位节约 A29	B29（0.059）
	服务业节约 A200	B200（0.052）
	发展散装水泥 A201	B201（0.046）
	产品包装 A202	B202（0.039）
	环境友好设计 A203	B203（0.033）
	延长建筑使用寿命 A204	B204（0.026）
	限制一次性产品 A205	B205（0.020）
	禁止黏土砖 A206	B206（0.013）
	自愿协议 A207	B207（0.007）

表 4－5 “再利用和资源化制度”二级指标权重表

一级指标	二级指标	二级权重
再利用和资源化制度（A3）	园区循环 A31	B31（0.143）
	工业废物综合利用 A32	B32（0.132）
	建筑废物综合利用 A33	B33（0.121）
	农业、林业综合利用 A34	B34（0.110）
	废物回收 A35	B35（0.099）
	废物交换 A36	B36（0.088）
	垃圾分类 A37	B37（0.077）
	废电器电子产品回收 A38	B38（0.066）
	废车回收 A39	B39（0.055）
	污泥综合利用 A300	B300（0.044）
	回收产品信息披露 A301	B301（0.033）
	再制造或翻新产品标识 A302	B302（0.022）
	发电市场准入 A303	B303（0.011）

表 4－6 “激励约束制度”二级指标权重表

一级指标	二级指标	二级权重
激励约束制度（A4）	科技支撑 A41	B41（0.143）
	价格政策 A42	B42（0.132）
	税收优惠 A43	B43（0.121）
	专项资金 A44	B44（0.110）
	行政处罚 A45	B45（0.099）
	行政处分 A46	B46（0.088）

续表

一级指标	二级指标	二级权重
激励约束制度（A4）	信贷支持 A47	B47（0.077）
	授信约束 A48	B48（0.066）
	投资支持 A49	B49（0.055）
	政府采购 A400	B400（0.044）
	垃圾排放收费 A401	B401（0.033）
	奖励 A402	B402（0.022）
	押金 A403	B403（0.011）

3. 不同制度类型的权重

根据专家预测法调研的结果，将本研究中地方性法规和省政府规章的权重分别确定为：地方性法规为0.6，省政府规章为0.4。

4. 具体制度措施的得分标准

依据专家预测法和文献研究的结果，确定了针对每一项制度措施的评分标准。

表4－7　评分标准表

得分	5分	4分	3分	2分	1分
标准	覆盖比较全面，且所反映的内容与循环经济的要求比较相符	覆盖比较全面，但所反映的内容与循环经济的要求尚有差距	有涉及，且所反映的内容与循环经济的要求比较相符	有涉及，但所反映的内容与循环经济的要求尚有差距	几乎没有表达

（五）计算得分

1. 一级指标得分

根据二级指标的权重，结合各个指标的得分，可以求出一级指标的得分，计算公式为：$A_i = \sum AijBij$。其中，各个指标（具体制度措施）的得分计算程序为：第一，按照评分标准，对每一项具体制度措施进行打分（5 分制），以 C 来标识；第二，根据制度类型的不同权重，分别乘以各个指标的得分，进行汇总，得出每一个具体指标的得分，即为二级指标的得分，计算公式为 $A_{ij} = 0.6 \times C_{ij1} + 0.4 \times C_{ij2}$。

2. 制度保障体系总得分

根据一级指标的得分，结合一级指标的权重，可以求出总得分，计算公式为：$A = \sum AiBi$。

（六）等级评价

在得出定量的得分结果后，为了对于各项制度的优劣有一个更为直观的认识，有必要对其做出定性评价。根据专家预测法调研的结果，按照得分的高低，依次划分为五个等级，分别是：好；较好；一般；较差；差。具体的划定标准见下表。在征求专家意见的时候，有些专家认为由于青海省缺乏促进循环经济发展的基本立法，而且这个因素对于权重和评分影响较大，所以建议适当降低等级评价中“一般”的评分标准。我们采纳了该项建议。

表 4-8　等级对应表

分数	80 分以上	70—80 分	50—70 分	30—50 分	30 分以下
等级	好	较好	一般	较差	差

二、基本管理制度评价

（一）规划

1. 得分

$A_{11} = 0.6 \times C_{111} + 0.4 \times C_{112} = 0.6 \times 4 + 0.4 \times 2 = 3.2$

根据以上的计算，规划制度得分为 3.2 分，以百分制计算为 64 分。

2. 评价

规划制度等级评定为“一般”。从关于规划制度的制度供给情况来看，地方性法规对于规划制度的规定覆盖较为全面，在有关饮用水源、盐湖资源、节约能源、水资源、野生动植物资源、土地管理等方面的地方性立法中，对于规划制度均有规定，但是上述关于规划的规定所反映的主要是所调整领域的整体规划编制、规划实施、规划衔接等方面的内容，对于所涉及领域发展循环经济的规划内容反映不足，与循环经济的要求尚有差距。

从省政府规章来看，虽然在《青海省木里焦煤资源开发利用与保护办法》和《青海省实施〈中华人民共和国水文条例〉办法》中对于循环经济规划有所涉及，但是所反映的内容与循环经济的要求尚有差距。

（二）目标责任制

1. 得分

$A_{12} = 0.6 \times C_{121} + 0.4 \times C_{122} = 0.6 \times 4 + 0.4 \times 2 = 3.2$

根据以上计算，目标责任制度得分为 3.2 分，以百分制计算为 64 分。

2. 评价

目标责任制度等级评定为“一般”。从关于目标责任的制度供给情况来看，地方性法规对于目标责任制度较为重视，在有关节约能源、森林保护、水土保持等方面的地方性立法中，对于目标责任制度均有规定，但是上述关于目标责任的规定，对于所涉及领域发展循环经济的相关内容反映不足，与循环经济的要求尚有差距。从省政府规章来看，对于目标责任制度有所涉及，但覆盖面太窄，仅有《青海省应对气候变化办法》（省政府令〔第 75 号〕）中对于目标责任制度有所规定，所反映的内容与循环经济的要求也还有差距。对于目标责任制度的规定，需要考虑反映节能减排、森林采伐、国土资源、林业发展、建筑节能改造等方面，才能够反映对于循环经济发展的要求。

（三）定额管理

1. 得分

$A_{13} = 0.6 \times C_{131} + 0.4 \times C_{132} = 0.6 \times 3 + 0.4 \times 3 = 3.0$

根据以上计算，定额制度得分为3.0分，以百分制计算为60分。

2. 评价

定额管理制度等级评定为"一般"。从关于定额的制度供给情况来看，地方性法规对于定额制度的规定相对集中，主要涉及水和节能两个方面，在有关饮用水水源保护、节约能源、水资源管理、节约用水等方面的地方性立法中，对于定额制度均有规定，但是上述关于定额责任的规定，对于所涉及领域发展循环经济的相关内容反映不足，与循环经济的要求存在一定的差距。从省政府规章来看，对于定额制度有所涉及，在《青海省木里焦煤资源开发利用与保护办法》和《青海省取水许可和水资源费征收管理办法》中对于定额制度做出了规定，但是并没有体现再利用和资源化的相关内容，所反映的内容与循环经济的要求存在一定差距。定额制度的规定需要涵盖节能减排、水资源管理、建筑节能等方面，才能反映对于循环经济发展的要求。

（四）评价考核

1. 得分

$$A_{14} = 0.6 \times C_{141} + 0.4 \times C_{142} = 0.6 \times 2 + 0.4 \times 0 = 1.2$$

根据以上计算，评价考核制度得分为1.2分，以百分制计算为24分，得分较低。

2. 评价

评价考核制度等级评定为"差"。从关于评价考核的制度供给情况来看，地方性法规对于评价考核制度的规定主要体现在《青海省饮用水水源保护条例》《青海省实施〈中华人民共和国节约能源法〉办法》，涉及饮用水水源保护和节约能源两个方面，覆盖面较窄，所反映的内容与循环经济的要求尚有差距。从省政府规章来看，对于评价考核制度没有规定。评价考核制度需要从节能减排和水资源管理两个领域，来反映对于循环经济发展的要求。

（五）重点行业监督管理

1. 得分

$A_{15}=0.6\times C_{151}+0.4\times C_{152}=0.6\times 0+0.4\times 0=0$

根据以上计算，重点行业监督管理制度得分为 0 分。

2. 评价

重点行业监督管理制度等级评定为“差”。从关于重点行业监督管理的制度供给情况来看，地方性法规、省政府规章没有做出明文规定。重点行业监督管理制度主要从节能减排领域，来反映对于循环经济发展的要求。

（六）重点用能单位监督管理

1. 得分

$A_{16}=0.6\times C_{161}+0.4\times C_{162}=0.6\times 3+0.4\times 2=2.6$

根据以上计算，重点行业监督管理制度得分为 2.6 分，以百分制计为 52 分。

2. 评价

重点行业监督管理制度等级评定为“一般”。从关于重点用能单位监督管理的制度供给情况来看，地方性法规《青海省实施〈中华人民共和国节约能源法〉办法》做出了有针对性的规定，所反映内容与循环经济的要求基本相符。省政府规章《青海省节能监察办法》虽然对于重点用能单位有所涉及，但相关规定过于简单、可操作性不强，不能适应现阶段循环经济发展的要求。

（七）重点用水单位监督管理

1. 得分

$A_{17}=0.6\times C_{171}+0.4\times C_{172}=0.6\times 0+0.4\times 5=2.0$

重点用水单位监督管理制度得分为 2.0 分，以百分制计为 40 分。

2. 评价

重点用水单位监督管理制度等级评价为“较差”。地方性法规没有对重点用水单位的监督管理做出相应的规定，省政府规章有相关规定。

（八）统计核算

1. 得分

$A_{18}=0.6\times C_{181}+0.4\times C_{182}=0.6\times 0+0.4\times 0=0$

根据以上计算，统计核算制度得分为 0 分。

2. 评价

循环经济统计核算制度等级评定为“差”。地方性法规、省政府规章都没有对循环经济统计核算制度做出相应的规定。

（九）生产者责任延伸

1. 得分

$A_{19}=0.6\times C_{191}+0.4\times C_{192}=0.6\times 0+0.4\times 0=0$

根据以上计算，统计核算制度得分为0分。

2. 评价

生产者责任延伸制度的等级评价为“差”。地方性法规、省政府规章对于生产者责任延伸制度都没有做出相应的规定。

（十）强制回收

1. 得分

$A_{100}=0.6\times C_{1001}+0.4\times C_{1002}=0.6\times 0+0.4\times 3=1.2$

根据以上计算，强制回收制度得分为1.2分，以百分制计算为24分。

2. 评价

强制回收制度的等级评价为“差”。强制回收制度在地方性法规中没有规定；在省政府规章《青海省农业环境保护办法》中有所规定，但覆盖面窄，仅规定了农用塑料薄膜一种情形，与发展循环经济的要求有一定差距。

（十一）标准标识

1. 得分

$A_{101}=0.6\times C_{1011}+0.4\times C_{1012}=0.6\times 0+0.4\times 0=0$

根据以上计算，标准标识制度得分为0分。

2. **评价**

标准标识制度的等级评价为“差”。地方性法规、省政府规章中对于标准标识制度都没有做出直接规定，不能够反映发展循环经济的要求。

（十二）基本管理制度评价

1. 得分

经过计算，基本管理制度得分为1.85分，以百分计为37.0分，得分较低。

表4-9 “基本管理制度”得分一览表

一级指标	二级指标	二级权重	二级指标得分	百分制得分
基本管理制度（A1）	规划（A11）	B11（0.167）	3.2	64
	目标责任（A12）	B12（0.152）	3.2	64
	定额管理（A13）	B13（0.136）	3.0	60
	评价考核（A14）	B14（0.121）	1.2	24
	重点行业监督管理（A15）	B15（0.106）	0.0	0
	重点用能单位监督管理（A16）	B16（0.091）	2.6	52
	重点用水单位监督管理（A17）	B17（0.076）	2.0	40
	统计核算（A18）	B18（0.061）	0.0	0
	生产者责任延伸（A19）	B19（0.045）	0.0	0
	强制回收（A100）	B100（0.030）	1.2	24
	标准标识（A101）	B101（0.015）	0.0	0
得分			1.85	37.0

2. 评价

就“基本管理制度”包括的制度措施来看，得分差异较大，等级分化较为明显。在所涉及的11项制度措施中，有4项评价为“一般”，分别是：目标责任、定额管理、规划、重点用能单位监督管理；有1项评价为“较差”，是重点用水单位监督管理；6项评价为差，分别是：评价考核、强制回收、重点行业监督管理、统计核算、标准标识、生产者责任延伸。没有制度措施被评价为“好”以及“较好”。

综合来看，“基本管理制度”处于“较差”的等级，其中被评价为“一般”的制度措施有待进一步优化，被评价为“较差”和“差”的制度建设工作亟须加强。

表4－10　“基本管理制度”具体制度措施等级一览表

制度措施	得分	等级
目标责任（A12）	64	一般
定额管理（A13）	60	一般
规划（A11）	64	一般
重点用能单位监督管理（A16）	52	一般
重点用水单位监督管理（A17）	40	较差
评价考核（A14）	24	差
强制回收（A100）	24	差
重点行业监督管理（A15）	0	差
统计核算（A18）	0	差
标准标识（A101）	0	差
生产者责任延伸（A19）	0	差

三、减量化制度评价

（一）节能

1. **得分**

$A_{21} = 0.6 \times C_{211} + 0.4 \times C_{212} = 0.6 \times 5 + 0.4 \times 2 = 3.8$

根据计算，节能制度得分为3.8分，以百分制计算为76分。

2. **评价**

节能制度的等级评价为“较好”。地方性法规、省政府规章对于节能制度都做出了相应的规定，覆盖面较为全面，而且能够适应发展循环的要求。

（二）节油

1. **得分**

$A_{22} = 0.6 \times C_{221} + 0.4 \times C_{222} = 0.6 \times 2 + 0.4 \times 0 = 1.2$

根据计算，节油制度得分为1.2分，以百分制计算为24分。

2. **评价**

节油制度的等级评价为“差”。地方性法规对于节油有所规定，但是从整体上看覆盖面比较狭窄，省政府规章对于节油制度没有做出规定。

（三）节水

1. 得分

$A_{23}=0.6\times C_{231}+0.4\times C_{232}=0.6\times 4+0.4\times 2=3.2$

根据计算，节水制度得分为3.2分，以百分制计算为64分。

2. 评价

节水制度的等级评价为“一般”。地方性法规对于节水制度的规定较为全面。省政府规章中对于节水制度有所涉及。

（四）再生水利用

1. 得分

$A_{24}=0.6\times C_{241}+0.4\times C_{242}=0.6\times 2+0.4\times 0=1.2$

根据计算，再生水利用制度得分为1.2分，以百分制计算为24分。

2. 评价

再生水利用制度的等级评价为“差”。地方性法规中对于再生水利用制度有所涉及。省政府规章对于再生水利用没有规定，覆盖面狭窄。

（五）建筑节约

1. 得分

$A_{25}=0.6\times C_{251}+0.4\times C_{252}=0.6\times 3+0.4\times 2=2.6$

根据计算，建筑节约制度得分为2.6分，以百分制计算为

52 分。

2. **评价**

建筑节约制度等级评价为“一般”。地方性法规、省政府规章中对于建筑节约制度有所涉及，但从整体上看覆盖面狭窄。

（六）合理开发矿产

1. **得分**

$A_{26}=0.6\times C_{261}+0.4\times C_{262}=0.6\times 4+0.4\times 2=3.2$

根据计算，合理矿产开发制度得分为 3.2 分，以百分制计算为 64 分。

2. **评价**

合理开发矿产资源制度等级评价为“一般”。地方性法规中对于合理开发矿产制度有所规定，重点较为突出，相关规定与现阶段发展循环经济的要求较为符合。省政府规章对于合理矿产开发制度有所涉及。

（七）市场准入

1. **得分**

$A_{27}=0.6\times C_{271}+0.4\times C_{272}=0.6\times 0+0.4\times 0=0$

根据计算，市场准入制度的得分为 0 分。

2. **评价**

市场准入制度的等级评价为“差”。地方性法规、省政府规章中对于市场准入制度都没有做出明文规定，与发展循环经济的要求有较大差距。

（八）农业节约

1. 得分

$A_{28} = 0.6 \times C_{281} + 0.4 \times C_{282} = 0.6 \times 2 + 0.4 \times 0 = 1.2$

根据计算，农业节约制度的得分为1.2分，以百分制计算为24分。

2. 评价

农业节约制度的等级评价为“差”。地方性法规中对于农业节约制度有所规定，但是覆盖面窄。省政府规章对于农业节约制度没有做出明文规定。

（九）机关事业单位节约[①]

1. 得分

$A_{29} = 0.6 \times C_{291} + 0.4 \times C_{292} = 0.6 \times 0 + 0.4 \times 0 = 0$

根据计算，机关事业单位节约制度的得分为0分。

2. 评价

机关事业单位节约制度等级评价为“差”。地方性法规、规章中对于机关事业单位节约制度都没有规定。

---

① 机关事业单位节约包括了节能、节水、节材等。

（十）服务业节约

1. 得分

$$A_{200}=0.6\times C_{2001}+0.4\times C_{2002}=0.6\times 2+0.4\times 0=1.2$$

根据以上计算，服务业节约制度的得分为1.2分，以百分制计算为24分。

2. 评价

服务业节约制度的等级评价为“差”。地方性法规对于服务业节约有所规定，相关规定分布在有关水资源、大气污染防治、服务业环境保护等地方性法规中，但是覆盖面相对狭窄，相关内容与发展循环经济的要求尚有差距。省政府规章中对于服务节约制度都没有规定，与发展循环经济的要求有差距。

（十一）发展散装水泥

1. 得分

$$A_{201}=0.6\times C_{2011}+0.4\times C_{2012}=0.6\times 0+0.4\times 5=2.0$$

根据以上计算，发展散装水泥制度的得分为2.0分，以百分制计算为40分。

2. 评价

发展散装水泥制度的等级评价为“较差”。从制度供给来看，地方性法规对于发展散装水泥没有规定。省政府规章《青海省促进散装水泥发展办法》是一部专门针对发展散装水泥的政府规章，覆盖面比较全面，相关规定与发展循环经济的要求相符。

（十二）产品包装

1. 得分

$A_{202} = 0.6 \times C_{2021} + 0.4 \times C_{2022} = 0.6 \times 0 + 0.4 \times 0 = 0$

2. 评价

产品包装制度的等级评价为“差”。地方性法规、省政府规章、省政府规范性文件都没有对产品包装做出明文规定。

（十三）环境友好设计

1. 得分

$A_{203} = 0.6 \times C_{2031} + 0.4 \times C_{2032} = 0.6 \times 0 + 0.4 \times 0 = 0$

根据以上计算，环境友好设计制度的得分为 0 分。

2. 评价

环境友好设计制度的等级评价为“差”。从制度供给来看，地方性法规、省政府规章对于环境友好设计制度都没有做出明文规定。

（十四）延长建筑使用寿命

1. 得分

$A_{204} = 0.6 \times C_{2041} + 0.4 \times C_{2042} = 0.6 \times 0 + 0.4 \times 0 = 0$

根据计算，延长建筑使用寿命制度的得分为 0 分。

2. 评价

延长建筑使用寿命制度的等级评价为“差”。从制度供给来看，地方性法规、省政府规章对于延长建筑使用寿命制度都没有做出明文规定，与发展循环经济的要求有差距。

（十五）限制一次性产品

1. 得分

$$A_{205}=0.6\times C_{2051}+0.4\times C_{2052}=0.6\times 0+0.4\times 0=0$$

根据以上计算，限制一次性产品制度的得分为0分。

2. 评价

限制一次性产品制度的等级评价为“差”。从制度供给来看，地方性法规、省政府规章、对于限制一次性产品都没有做出明文规定。

（十六）禁止黏土砖

1. 得分

$$A_{206}=0.6\times C_{2061}+0.4\times C_{2062}=0.6\times 0+0.4\times 0=0$$

根据以上计算，禁止黏土砖制度的得分为0分。

2. 评价

禁止黏土砖制度的等级评价为“差”。从制度供给来看，地方性法规、省政府规章对于禁止黏土砖制度都没有做出明文规定。

（十七）自愿协议

1. 得分

$$A_{207}=0.6\times C_{2071}+0.4\times C_{2072}=0.6\times 3+0.4\times 0=1.8$$

经过以上计算，自愿协议制度的得分为 1.8 分，百分计为 36 分。

2. **评价**

自愿协议制度的等级评价为“较差”。地方性法规做出了倡导性要求。省政府规章对于自愿协议没有做出明确规定。

（十八）减量化制度评价

1. **得分**

减量化制度得分为 1.69 分，以百分计为 33.8 分，得分较低。

表 4－11 “减量化制度”得分一览表

一级指标	二级指标	二级权重	二级指标得分	百分制得分
减量化制度（A2）权重 0.3（B2）	节能 A21	B21（0.111）	3.8	76
	节油 A22	B22（0.105）	1.2	24
	节水 A23	B23（0.098）	3.2	64
	再生水利用 A24	B24（0.092）	1.2	24
	建筑节约 A25	B25（0.085）	2.6	52
	合理矿产开发 A26	B26（0.078）	3.2	64
	市场准入 A27	B27（0.072）	0.0	0
	农业节约 A28	B28（0.065）	1.2	24
	机关事业单位节约 A29	B29（0.059）	0.0	0
	服务业节约 A200	B200（0.052）	1.2	24

续表

一级指标	二级指标	二级权重	二级指标得分	百分制得分
减量化制度（A2）权重 0.3（B2）	发展散装水泥 A201	B201（0.046）	2.0	40
	产品包装 A202	B202（0.039）	0.0	0
	环境友好设计 A203	B203（0.033）	0.0	0
	延长建筑使用寿命 A204	B204（0.026）	0.0	0
	限制一次性产品 A205	B205（0.020）	0.0	0
	禁止黏土砖 A206	B206（0.013）	0.0	0
	自愿协议 A207	B207（0.007）	1.8	36
得分			1.69	33.8

2. **评价**

就“减量化制度”包括的制度措施来看，得分差异大，等级分化较为明显。在所涉及的 17 项制度措施中，有 1 项被评价为“较好”，是节能领域；有 3 项被评价为“一般”，是节水、合理矿产开发、建筑节约制度；有 2 项被评价为“较差”，分别是：发展散装水泥、自愿协议；有 11 项评价为“差”，分别是：节油、再生水利用、农业节约、服务业节约、市场准入、产品包装、环境友好设计、延长建筑使用寿命、禁止黏土砖、机关事业单位节约、限制一次性产品。

综合来看，“减量化制度”处于“较差”的等级，这表明青海省发展循环经济的减量化制度建设工作亟须加强。就具体制度措施来看，节能制度评价得分较高，表明青海省节能方面的制度建设贯彻了发展循环经济的要求。节水、合理矿产开发、建筑节约制度措施在贯彻发展循环经济要求方面表现较好。发展散装水泥、自愿协议工作有待进一步优化。节油、再生水利用、农业节约、服务业节约等制度建设工作亟须加强。

表 4－12 “减量化制度”具体制度措施等级一览表

制度措施	得分	等级
节能 A21	76	较好
节水 A23	64	一般
合理矿产开发 A26	64	一般
建筑节约 A25	52	一般
发展散装水泥 A201	40	较差
自愿协议 A207	36	较差
节油 A22	24	差
再生水利用 A24	24	差
农业节约 A28	24	差
服务业节约 A200	24	差
市场准入 A27	0	差
产品包装 A202	0	差
环境友好设计 A203	0	差
延长建筑使用寿命 A204	0	差
禁止黏土砖 A206	0	差
机关事业单位节约 A29	0	差
限制一次性产品 A205	0	差

四、再利用和资源化制度评价

（一）园区循环

1. 得分

$A_{31} = 0.6 \times C_{311} + 0.4 \times C_{312} = 0.6 \times 2 + 0.4 \times 0 = 1.2$

经过以上计算，园区循环制度的得分为 1.2 分，以百分计为 24 分。

2. 评价

园区循环制度的等级评价为“较差”。从制度供给来看，地方性法规对于园区循环制度有所规定，省政府规章对于园区循环制度没有做出明文规定，与发展循环经济的要求不相符合。

（二）工业废物综合利用

1. 得分

$A_{32} = 0.6 \times C_{321} + 0.4 \times C_{322} = 0.6 \times 0 + 0.4 \times 2 = 0.8$

经过以上计算，工业废物综合利用制度的得分为 0.8 分，以百分计为 16 分。

2. 评价

工业废物综合利用制度的等级评价为“差”。从制度供给来看，地方性法规对于工业废物综合利用制度没有做出明文规定。省政府规章对于工业废物综合利用制度有所涉及，但仅是针对散装水泥做出的规定，覆盖面窄，而且所反映的内容与发展循环经济的要求有差距。

（三）建筑废物综合利用

1. 得分

$$A_{33}=0.6\times C_{331}+0.4\times C_{332}=0.6\times 0+0.4\times 0=0$$

经过以上计算，建筑废物综合利用制度的得分为0分。

2. 评价

建筑废物综合利用制度的等级评价为“差”。从制度供给来看，地方性法规、省政府规章对于建筑废物综合利用制度没有明文规定，与发展循环经济的要求有差距。

（四）农业林业综合利用

1. 得分

$$A_{34}=0.6\times C_{341}+0.4\times C_{342}=0.6\times 3+0.4\times 2=2.6$$

经过以上计算，农业林业综合利用制度的得分为2.6分，以百分计为52分。

2. 评价

农业林业综合利用制度的等级评价为“一般”。从制度供给来看，地方性法规、省政府规章对于农业林业综合利用均有所涉及。

（五）废物回收

1. 得分

$$A_{35}=0.6\times C_{351}+0.4\times C_{352}=0.6\times 2+0.4\times 2=2.0$$

经过以上计算，废物回收制度的得分为 2.0 分，以百分计为 40 分。

2. **评价**

废物回收制度的等级评价为“一般”。从制度供给来看，地方性法规、省政府规章对于废物回收制度有所涉及，但是覆盖面窄，所规定的内容与循环经济的要求有差距。

（六）废物交换

1. **得分**

$A_{36} = 0.6 \times C_{361} + 0.4 \times C_{362} = 0.6 \times 0 + 0.4 \times 0 = 0$

废物回收制度的得分为 0 分。

2. **评价**

废物回收制度的等级评价为“差”。地方性法规、省政府规章对于废物回收都没有做出相应规定。

（七）垃圾分类

1. **得分**

$A_{37} = 0.6 \times C_{371} + 0.4 \times C_{372} = 0.6 \times 2 + 0.4 \times 0 = 1.2$

经过以上计算，垃圾分类制度的得分为 1.2 分，以百分计为 24 分。

2. **评价**

垃圾分类制度的等级评价为“差”。从制度供给来看，地方性法规对于垃圾分类制度有所涉及，省政府规章对于垃圾分类制度没有规定。

（八）废电器电子产品回收

1. 得分

$A_{38}=0.6\times C_{381}+0.4\times C_{382}=0.6\times0+0.4\times0=0$

经过以上计算，废电器电子产品回收制度的得分为0分。

2. 评价

废电器电子产品回收制度的等级评价为“差”。从制度供给来看，地方性法规、省政府规章对于废电气电子产品回收制度都没有明文规定。

（九）废车回收

1. 得分

$A_{39}=0.6\times C_{391}+0.4\times C_{392}=0.6\times0+0.4\times0=0$

经过以上计算，废车回收制度的得分为0分。

2. 评价

废车回收制度的等级评价为“差”。从制度供给来看，地方性法规、省政府规章对于废车回收制度都没有明文规定。

（十）污泥综合利用

1. 得分

$A_{300}=0.6\times C_{3001}+0.4\times C_{3002}=0.6\times0+0.4\times0=0$

经过以上计算，污泥回收利用制度的得分为0分。

2. 评价

污泥回收利用制度的等级评价为“差”。从制度供给来看，地方性法规、省政府规章对于污泥回收制度都没有明文规定。

（十一）回收产品信息披露

1. 得分

$A_{301}=0.6\times C_{3011}+0.4\times C_{3012}=0.6\times 0+0.4\times 0=0$

回收产品信息披露制度的得分为0分。

2. 评价

回收产品信息披露制度的等级评价为“差”。地方性法规、省政府规章和对于回收产品信息披露都没有做出规定。

（十二）再制造或翻新产品标识

1. 得分

$A_{302}=0.6\times C_{3021}+0.4\times C_{3022}=0.6\times 0+0.4\times 0=0$

再制造或翻新产品标识制度的得分为0分。

2. 评价

再制造或翻新产品标识制度的等级评价为“差”。地方性法规、省政府规章对于再制造或翻新产品标识都没有做出规定。

（十三）发电市场准入

1. 得分

$A_{303}=0.6\times C_{3031}+0.4\times C_{3032}=0.6\times 0+0.4\times 0=0$

经过以上计算，发电市场准入制度的得分为 0。

2. **评价**

发电市场准入制度的等级评价为“差”。从制度供给来看，地方性法规、省政府规章对于发电市场准入制度都没有明文规定。

（十四）再利用和资源化制度评价

1. **得分**

再利用和资源化制度得分为 0.85 分，以百分计为 17.0 分。

表 4 – 13 “再利用和资源化制度”得分一览表

一级指标	二级指标	二级权重	二级指标得分	百分制得分
再利用和资源化制度（A3）权重 0.3（B3）	园区循环 A31	B31（0.143）	1.2	24
	工业废物综合利用 A32	B32（0.132）	0.8	16
	建筑废物综合利用 A33	B33（0.121）	0.0	0
	农业林业综合利用 A34	B34（0.110）	2.6	52
	废物回收 A35	B35（0.099）	2.0	40
	废物交换 A36	B36（0.088）	0.0	0
	垃圾分类 A37	B37（0.077）	1.2	24
	废电器电子产品回收 A38	B38（0.066）	0.0	0
	废车回收 A39	B39（0.055）	0.0	0
	污泥综合利用 A300	B300（0.044）	0.0	0
	回收产品信息披露 A301	B301（0.033）	0.0	0
	再制造或翻新产品标识 A302	B302（0.022）	0.0	0
	发电市场准入 A303	B303（0.011）	0.0	0
得分			0.85	17.0

2. 评价

就“再利用和资源化制度”包括的制度措施来看，得分有一定的差异，评价等级较低。在所涉及的13项制度措施中，有1项被评价为“一般”，是农业林业综合利用领域；1项被评为“较差”，是废物回收领域；有11项评价为差，分别是：园区循环、垃圾分类、工业废物综合利用、废电器电子产品回收、发电市场准入、废车回收、污泥综合利用、建筑废物综合利用、废物交换、回收产品信息披露、再制造或翻新产品标识。没有制度措施被评价为“好”和“较好”。

综合来看，“再利用和资源化制度”整体处于“差”的等级，这表明青海省发展循环经济的再利用和资源化制度建设工作迫切需要得到加强。就具体制度措施来看，废物回收、农业林业综合利用的制度建设工作需要加强；园区循环、垃圾分类等制度措施需要在贯彻再利用和资源化方面补充规定；废物交换、回收产品信息披露、再制造或翻新产品标识方面的制度空白需要补充。

表4-14　“再利用和资源化制度”具体制度措施等级一览表

制度措施	得分	等级
农业林业综合利用 A34	52	一般
废物回收 A35	40	较差
园区循环 A31	24	差
垃圾分类 A37	24	差
工业废物综合利用 A32	16	差

续表

制度措施	得分	等级
废电器电子产品回收 A38	0	差
发电市场准入 A303	0	差
废车回收 A39	0	差
污泥综合利用 A300	0	差
建筑废物综合利用 A33	0	差
废物交换 A36	0	差
回收产品信息披露 A301	0	差
再制造或翻新产品标识 A302	0	差

五、激励约束制度评价

（一）科技支撑

1. 得分

$A_{41}=0.6\times C_{411}+0.4\times C_{412}=0.6\times 2+0.4\times 2=2.0$

通过以上计算，科技支撑制度的得分为 2.0 分，以百分计为 40 分。

2. 评价

科技支撑制度的等级评价为“一般”。从制度供给来看，地方性法规对于科技支撑制度有所规定，主要体现在《青海省科学技术进步条例》中，但覆盖不够全面，而且所反映的内容与循环经济的要求尚有差距。省政府规章对于科技支撑制度有所涉及，主要体现在《青海省应对气候变化办法》和《青海省人工影响天气管理办法》中，覆盖面窄，而且所反映的内容与发展循环经济要求相比，还有一定的差距。

（二）价格政策

1. 得分

$$A_{42}=0.6\times C_{421}+0.4\times C_{422}=0.6\times 2+0.4\times 2=2.0$$

通过以上计算，价格制度的得分为2.0分，以百分计为40分。

2. 评价

价格制度的等级评价为“较差”。从制度供给来看，地方性法规对于价格制度有所规定，但是覆盖面较窄，而且所反映的内容与循环经济的要求尚有差距。省政府规章对于价格制度有所涉及，主要是针对水资源、土地资源利用领域，覆盖不够全面，而且所反映的内容与发展循环经济的要求相比，还有一定的差距。

（三）财政税收优惠

1. 得分

$$A_{43}=0.6\times C_{431}+0.4\times C_{432}=0.6\times 2+0.4\times 2=2.0$$

通过以上计算，财政税收优惠制度的得分为2.0分，以百分计为40分。

2. 评价

财政税收优惠制度的等级评价为“较差”。从制度供给来看，地方性法规对于税收制度有所规定，但是覆盖面较窄，而且所反映的内容与循环经济的要求尚有差距。省政府规章对于税收优惠制度有所涉及，但是相对于发展循环经济的要求，还有一定的差距。

（四）专项资金

1. 得分

$A_{44} = 0.6 \times C_{441} + 0.4 \times C_{442} = 0.6 \times 3 + 0.4 \times 4 = 3.4$

经过以上计算，专项资金制度的得分为 3.4 分，以百分计为 68 分。

2. 评价

专项资金制度的等级评价为“较好”。从制度供给来看，地方性法规中对于专项资金制度做出了规定，省政府规章对于专项资金制度的规定针对性强，所规定的内容基本能够反映循环经济发展的要求。

（五）行政处罚

1. 得分

$A_{45} = 0.6 \times C_{451} + 0.4 \times C_{452} = 0.6 \times 2 + 0.4 \times 2 = 2.0$

经过以上计算，行政处罚制度的得分为 2.0 分，以百分计为 40 分。

2. 评价

行政处罚制度的等级评价为“较差”。从制度供给来看，地方性法规、省政府规章对于行政处罚均做出了相应的规定。

（六）行政处分

1. 得分

$$A_{46}=0.6\times C_{461}+0.4\times C_{462}=0.6\times4+0.4\times2=3.2$$

经过以上计算，行政处分制度的得分为 3.2 分，以百分计为 64 分。

2. 评价

行政处分制度的等级评价为“一般”。从制度供给来看，地方性法规、省政府规章对于行政处分均做出了相应的规定，特别是在地方性法规中规定得较为全面，覆盖面广。

（七）信贷支持

1. 得分

$$A_{47}=0.6\times C_{471}+0.4\times C_{472}=0.6\times1+0.4\times0=0.6$$

经过以上计算，信贷支持制度的得分为 0.6 分，以百分计为 12 分。

2. 评价

信贷支持制度的等级评价为“差”。从制度供给来看，地方性法规对于信贷支持制度有所规定。省政府规章中对于信贷支持制度没有做出明文规定。

（八）授信约束

1. 得分

$$A_{48}=0.6\times C_{481}+0.4\times C_{4823}=0.6\times0+0.4\times0=0.0$$

经过以上计算，授信约束制度的得分为 0.6 分，以百分计为 12 分。

2. **评价**

授信约束制度的等级评价为“差”。从制度供给来看，地方性法规、省政府规章都没有对授信约束制度做出明文规定。

（九）投资支持

1. **得分**

$$A_{49} = 0.6 \times C_{491} + 0.4 \times C_{492} = 0.6 \times 2 + 0.4 \times 1 = 1.6$$

经过以上计算，投资支持制度的得分为 1.6 分，以百分计为 32 分。

2. **评价**

投资支持制度的等级评价为“较差”。从制度供给来看，地方性法规、省政府规章对于投资支持制度均有所规定。

（十）政府采购

1. **得分**

$$A_{400} = 0.6 \times C_{4001} + 0.4 \times C_{4002} = 0.6 \times 3 + 0.4 \times 0 = 1.8$$

经过以上计算，政府采购制度的得分为 1.8 分，以百分计为 36 分。

2. **评价**

政府采购制度的等级评价为“较差”。从制度供给来看，地方性法规对于政府采购制度有所规定。省政府规章对于政府采购制度没有做出明文规定。

（十一）垃圾排放收费

1. 得分

$A_{401}=0.6\times C_{4011}+0.4\times C_{4012}=0.6\times 3+0.4\times 0=1.8$

经过以上计算，垃圾收费制度的得分为1.8分，以百分计为36分。

2. 评价

垃圾收费制度的等级评价为“较差”。从制度供给来看，地方性法规对于垃圾排放收费制度有所规定。省政府规章中对于垃圾排放收费制度没有做出明文规定。

（十二）奖励

1. 得分

$A_{402}=0.6\times C_{4021}+0.4\times C_{4022}=0.6\times 4+0.4\times 3=3.6$

经过以上计算，奖励制度的得分为3.6分，以百分计为72分。

2. 评价

奖励制度的等级评价为“较好”。从制度供给来看，地方性法规对于奖励制度的覆盖较为全面，而且所规定的内容与循环经济的发展要求基本相符。省政府规章对于奖励制度有所规定，覆盖较为全面。

（十三）押金

1. 得分

$A_{403}=0.6\times C_{4031}+0.4\times C_{4032}=0.6\times 0+0.4\times 0=0$

经过以上计算，押金制度的得分为 0 分。

2. 评价

押金制度的等级评价为“差”。从制度供给来看，地方性法规、省政府规章对于押金制度都没有做出规定。

（十四）激励约束制度评价

1. 得分

经过计算，激励约束制度得分为 2.06 分，以百分制计为 41.2 分。

表 4－15　“激励约束制度”得分一览表

一级指标	二级指标	二级权重	二级指标得分	百分制得分
激励约束制度（A4）	科技支撑 A41	B41（0.143）	2.0	40
	价格政策 A42	B42（0.132）	2.0	40
	税收优惠 A43	B43（0.121）	2.0	40
	专项资金 A44	B44（0.110）	3.4	68
	行政处罚 A45	B45（0.099）	2.0	40
	行政处分 A46	B46（0.088）	3.2	64
	信贷支持 A47	B47（0.077）	0.6	12

续表

一级指标	二级指标	二级权重	二级指标得分	百分制得分
激励约束制度（A4）	授信约束 A48	B48（0.066）	0.0	0
	投资支持 A49	B49（0.055）	1.6	32
	政府采购 A400	B400（0.044）	1.8	36
	垃圾排放收费 A401	B401（0.033）	1.8	36
	奖励 A402	B402（0.022）	3.6	72
	押金 A403	B403（0.011）	0.0	0
得分			2.06	41.2

2. 评价

就“激励约束制度”包括的制度措施来看，得分存在较大差异，等级分化较为明显。在所涉及的 13 项制度措施中，有 1 项制度被评价为“较好”，是奖励制度；有 2 项被评价为“一般”，分别是：专项资金和行政处分；有 7 项被评价为“较差”，分别是：投资支持、科技支撑、价格政策、税收优惠、垃圾排放收费、行政处罚、政府采购；有 3 项被评价为“差”，分别是：信贷支持、授信约束和押金。没有制度措施被评价为“好”。

综合来看，“激励约束制度”整体处于“较差”的等级，这表明青海省发展循环经济的激励约束制度建设工作需要得到加强。就具体制度措施来看，奖励制度措施能够较好地贯彻发展循环经济的要求；专项资金和行政处分制度建设工作还需要进一步完善和优化；价格政策、税收优惠等方面的制度建设工作需要加强；信贷支持和授信约束方面的制度建设亟须加强，重点是要能够体现发展循环经济的要求。

表 4－16 “激励约束制度”具体制度措施等级一览表

制度措施	得分	等级
奖励 A402	72	较好
专项资金 A44	68	一般
行政处分 A46	64	一般
投资支持 A49	44	较差
科技支撑 A41	40	较差
价格政策 A42	40	较差
税收优惠 A43	40	较差
行政处罚 A45	40	较差
垃圾排放收费 A401	36	较差
政府采购 A400	32	较差
信贷支持 A47	12	差
授信约束 A48	12	差
押金 A403	0	差

六、制度保障体系整体评价

（一）得分

青海省循环经济制度保障体系得分如下：

$A = A1 \times B1 + A2 \times B2 + A3 \times B3 + A4 \times B4 = 1.85 \times 0.2 + 1.69 \times 0.3 + 0.85 \times 0.3 + 2.02 \times 0.2 = 30.7$

经过以上计算，以百分制计为30.7分。

表4－17　青海省循环经济制度保障体系得分一览表

一级指标	二级指标	二级权重	二级指标得分	百分制得分
循环经济制度保障体系	基本管理制度 A1	B1（0.2）	1.85	37.0
	减量化制度 A2	B2（0.3）	1.69	33.8
	再利用和资源化制度 A3	B3（0.3）	0.85	17.0
	激励约束制度 A4	B4（0.2）	2.02	40.4
得分				30.7

（二）评价

从总体来看，青海省循环经济制度保障体系的得分较低，等级评价为“较差”。从构成青海省循环经济制度保障体系的各项主要内容来看，得分都没有超过50分，按照从高到低的排序依次为：激励约束制度、基本管理制度、减量化制度、再利用和资源化制度，其中：激励约束制度、基本管理制度、减量化制度被评价为“较差”，再利用和资源化制度被评价为“差”，得分最低。以上表明，青海省循环经济的制度保障体系还不够健全，相关制度的有效供给存在不足，制度保障体系建设工作亟须得到加强。值得注意的是，从反映循环经济发展要求的“3R”原则来看，再利用和资源化制度、减量化制度得分相对更低，这表明相关制度措施在贯彻发展循环经济要求方面还存在较大缺失，相关制度建设工作迫切需要得到加强。

表 4－18 青海省循环经济制度保障体系等级一览表

制度措施	得分	等级
基本管理制度 A1	37.0	较差
减量化制度 A2	33.8	较差
再利用和资源化制度 A3	17.0	差
激励约束制度 A4	40.4	较差
制度保障体系 A	30.7	较差

第五章　青海省循环经济制度保障体系存在的问题

一、基本管理制度

（一）规划制度

一是缺乏区域层面的循环经济发展规划。《循环经济促进法》第十二条规定：“设区的市级以上地方人民政府循环经济发展综合管理部门会同本级人民政府环境保护等有关主管部门编制本行政区域循环经济发展规划，报本级人民政府批准后公布施行。”目前，除了 2010 年 3 月 15 日国务院批准实施的《青海省柴达木循环经济试验区总体规划》外，青海省设区的市级以上地方人民政府尚没有编制本行政区域循环经济发展规划。关于循环经济的发展规划内容，主要体现在各地所编制的“十二五”国民经济和社会发展规划之中。缺乏区域层面的循环经济发展规划，是青海省循环经济规划制度供给的缺陷，也是不符合国家相关法律要求的。二是现有关于规划的制度安排所反映的内容与循环经济的要求尚有差距，关于规划的规定多是反映规划编制、规划实施、规划衔接等方面的内容，缺乏针对循环经济规划的内容。对于所涉及领域发展循环经济的规划内容反映不足，与循环经济的要求尚有差距。

（二）目标责任制度

主要是地方性法规、省政府规章等效力较高层面的制度，对于与循环经济有关的目标责任覆盖面较窄。虽然通过规范性文件的形式对于目标责任做出规定，更能体现可操作性，但是规范性文件所涉及的领域较为单一，部门特征明显，效力相对较低。

（三）定额制度

一是对于与循环经济有关的内容规定较为狭窄。相关定额规定主要是围绕水资源、能源的使用数量做出的，缺乏对于污染物排放的定额管理规定。相关制度设计较为简单、僵化。资源定额管理制度是在计划经济情况下形成的管理体系，随着市场经济导向的改革逐步深入，原来行之有效的一套定额管理办法，有的已经不再合适，而体现市场经济要求、发挥利用市场机制方面的办法还不多。目前所采取的节奖超罚、晋等升级、评比表彰等方法，明显不适应市场经济的要求，导致各级政府减量化管理的能力有所削弱。二是定额管理标准的差别性体现不足。以用水定额管理制度为例，确定水的定额存在难度。不同行业的产品用水定额不同，而生活用水对于定额考核的干扰很大，如果将生活用水与产品用水分开进行考核有很大的不确定性。三是存在信息不对称。由于统计体系不完善，提供的数据信息不够全面和准确，在考核用水量时容易出现偏差，部分用水单位往往会根据自己的用水量虚报、假报报表，以便使考核指标与自己的实际用水量相吻合或略大于实际用水量。另外，定额属于滞后考核，执行上存在一定难度。

（四）评价考核制度

一是考核评价的内容覆盖面较窄，只涉及水资源和节能减排两个方面，缺乏对节地、节材、再利用和资源化等方面的考核要求，还不足以反映循环经济发展的要求。二是考核评价的效力不高，以节能减排为例，与节能有关的内容在地方性法规中尚有所体现，但有关减排的内容只在规范性文件中有所体现，缺乏相应的法规规章作为保障。三是考核指标体系不明确，定量指标与定性指标缺乏结合，这会导致政绩认定不准确，难以对取得政绩的过程和环境进行客观的分析。

（五）重点行业监督管理制度

一是重点行业监督管理覆盖面窄，只涉及节能减排领域，对于循环经济发展的其他领域和环节缺乏规定，所规定内容不足以反映循环经济发展的整体要求。二是相关制度效力不高，约束机制缺乏。目前该方面的规定采取的是省级规范性文件的形式，明显层次不高、效力较低，与发展循环经济的整体要求有着很大差距。由于缺乏相应的法规规章作为保障，也缺乏约束性条款，导致对重点行业监督管理的稳定性、权威性等受到影响。

（六）重点用能单位监督管理

对重点用能单位监督管理的制定已难以满足循环经济发展的需要。以《青海省节能监察办法》为例，该文已落后于2008年4月1日全国人大颁布的新修订的《中华人民共和国节约能源法》以及2011年9月1日施行的《青海省实施〈中华人民共和国节约能源法〉办法》。目前存在着与现行上位法不衔接的问题，已不能适应节能工作的实际需要和节能行政执法工作的开展。

（七）重点用水单位监督管理制度

青海省生产生活可利用水资源短缺，工矿区、城镇等人口聚居区水资源供需矛盾日益凸显，亟须重视节水任务。强化节水监管，降低生产生活水耗，是发展循环经济的一个重要环节。加强对重点用水单位的监督管理是不容忽视的一项重要工作。就制度建设而言，虽然有关于节水方面的地方性法规和规范性文件，但是相关制度中没有对重点用水单位的监督管理做出规定，是制度供给的缺憾。《循环经济促进法》第十六条第三款规定："重点用水单位的监督管理办法，由国务院循环经济发展综合管理部门会同国务院有关部门规定。"国家层面制度建设的滞后，也影响了地方层面制度的供给。因此，在有关节水、饮用水资源管理以及水资源保护等方面的地方性法规、规章和规范性文件的制定或修改过程中，应该将重点用水单位监督管理制度列入其中。

（八）统计核算制度

循环经济统计核算制度供给存在缺失。这与国家层面循环经济统计核算制度建设滞后直接相关。考虑到统计核算制度的科学性、严肃性和一致性，地方的统计核算制度应该与国家的相关制度保持一致。循环经济评价指标是建立循环经济统计制度的基础，也是政府、园区、企业制定循环经济发展规划和加强管理的依据。为了科学地评价循环经济的发展状况，建立一套设计合理、操作性较强的循环经济评价指标体系是十分必要的。在循环经济指标体系建立起来后，关键问题就是设定循环经济的指标统计制度。国家相关法律对此也提出了明确要求，《循环经济促进法》第十七条第一款规定："国家建立健全循环经济统计制度，加强资源消耗、综合利用和废物产生的统计管理，并将主要统计指标定期向社会公布。"近些年来，青海省先后多次组织企业进行能耗统计专题培训，但是由于受到人员素质、重视程度等因素制约，统计源头数据存在失真，不乏错报、漏报、误报等现象。部分企业能耗统计监测系统不完备，对用能设备运行效率、产品综合能耗、能源消费的管理不到位，节能统计工作面临着较大的难度。在健全循环经济统计核算制度的基础之上，为了将发展循环经济落到实处，地方政府应制定循环经济的年度计划和目标，并将其纳入绩效考核体系，考核指标应与评价指标相对应，从而将统计核算制度真正落到实处。

（九）生产者责任延伸制度

生产者责任延伸制度供给存在缺失。这既与国家相关制度建设滞后有关，又与现行经济发展状况有关。生产者责任延伸制度是指生产商应对产品整个生命周期内的环境影响承担责任。也就是说，产品的制造商和进口商应承担其产品在整个产品生命周期中环境影响责任的主要部分，包括材料选择、生产工艺以及使用和弃置过程造成的影响。一般认为，生产者责任延伸所涉及的生产者责任包括法律责任、经济责任、实体性责任和信息责任等。生产者责任目前主要限于电子和电器产品的生产商对产品废弃后的回收和利用负责，比如电视机、空调器、冰箱、洗衣机等，也包括手机等产品。我国现行法律中还没有一部法律对生产者责任延伸进行了全面和准确的规范。《清洁生产促进法》和《固体废物污染环境防治法》等法律法规对此有所涉及，但是还没有形成一个完整统一的规范。目前的立法思路还主要局限于传统的“污染者治理”原则，对于生产者责任的延伸考虑，以及对消费活动的规范，都还不够。强制回收只是有关生产者责任延伸方面的一种方式。

（十）强制回收制度

强制回收制度在地方性法规中没有规定；在省政府规章《青海省农业环境保护办法》中有所规定，但覆盖面窄，仅规定了农用塑料薄膜一种情形；在省政府规范性文件中有所规定，但可操作性不强，所反映的内容与发展循环经济的要求有一定差距。强制回收制度的缺失与生产者责任延伸制度的滞后有关。强制回收是有关生产者责任延伸方面的一种方式。例如，《清洁生产促进法》和《固体废物污染环境防治法》中规定了作为有关生产者责任延伸责任的强制回收方式，但是没有考虑回收过程中经销商和消费者的相应责任，缺乏配套的有关预付费等经济手段，规定不全面，可操作性差。

（十一）标准标识制度

地方性法规、省政府规章中对于标准标识制度都没有做出直接规定，省政府规范性文件中有所规定，但是覆盖面窄，所规定内容不能够完全反映发展循环经济的要求。由于循环经济发展尚处于起步阶段，因而有关于循环经济标识标志制度建设尚处于发展期。

二、减量化制度

（一）节能制度

地方性法规《青海省实施〈中华人民共和国节约能源法〉办法》是专门针对节能的立法，覆盖比较全面，而且所反映的内容与现阶段发展循环经济的要求比较相符。《青海省科学技术进步条例》中相关内容强调了发挥科技在节约能源方面的作用，是符合青海省循环经济发展现状和要求的。省政府规章中仅有《青海省应对气候变化办法》对于节能有所规定，但从整体上看覆盖面较为狭窄，而且与发展循环经济的要求有一定差距。省政府规范性文件对于节能制度的覆盖面比较全面，所规定的内容能够反映循环经济的要求。节能制度得分相对较高，这表明青海省对于节能工作十分重视，相关政策措施符合发展循环经济要求。

（二）节油制度

地方性法规中对于节油有所规定，主要体现在《青海省实施〈中华人民共和国节约能源法〉办法》中，但是从整体上看覆盖面比较狭窄，而且所反映的内容与现阶段发展循环经济的要求尚有差距。省政府规范性文件对于节油制度有所规定，但是覆盖面较为狭窄，而且所反映的内容与发展循环经济的要求有一定的差距。与节能制度建设相比，节油制度建设相对薄弱，其中一个重要的原因是将有关节油的要求包含在节能工作之中，但是这样也容易造成对节油工作的忽视。

（三）节水制度

地方性法规对于节水制度的规定较为全面，但是所反映的内容与循环经济的要求尚有差距。省政府规章中对于节水制度有所涉及，主要是从水资源的使用和收费角度做出的规定，体现减量化原则有余，但是对于再利用和资源化的反映还有所不足。省政府规范性文件对于节水制度的规定覆盖面比较全面，而且所反映的内容与发展循环经济的要求比较相符。

（四）再生水利用制度

现有制度供给对于再生水利用的重视程度明显有所不足。地方性法规中对于再生水利用制度有所涉及，例如《西宁市节约用水管理条例》对于再生水利用做出了规定，但从整体上看覆盖面狭窄，与发展循环经济的要求有一定差距。省政府规章对于再生水利用没有规定。省政府规范性文件对于再生水利用有所规定，但覆盖面较为狭窄，而且与发展循环经济的要求有一定的差距。

（五）建筑节约制度

地方性法规中对于建筑节约制度有所涉及，在《青海省实施〈中华人民共和国节约能源法〉办法》对于建筑节约做出了规定，但从整体上看覆盖面狭窄，与发展循环经济的要求有一定差距。省政府规章对于建筑节约制度有所涉及，但覆盖面狭窄，仅在《青海省应对气候变化办法》中有所体现，与发展循环经济的要求有一定差距。省政府规范性文件对于建筑节约制度的规定相对全面，而且基本能够反映发展循环经济的要求。

（六）合理开发矿产制度

现有矿产开发制度对于利用价格手段来调整资源开发已经有了充分的重视和运用，相关收费制度的设计主要是与矿产资源收益分配有关，对于从矿产资源开发中合理提取收益（特别是地方层面收益）反映较为充分，但是在贯彻资源开发的减量化原则，特别是贯彻再利用和资源化方面反映不足。

（七）市场准入制度

市场准入制度存在的问题主要是制度供给不足。加快政府职能转变是当前和今后一项重要的改革任务，政府不能错位，也不能缺位。政府要放手不该管的，也要把该管的管好。市场准入就是发挥政府职能，调节经济运行的一项重要手段，也是推动循环经济发展的重要举措。市场准入制度的制定和有效实施，还依赖于国家层面的相关规定。

（八）农业节约制度

地方性法规中对于农业节约制度有所规定，主要体现在《青海省科学技术进步条例》中，从整体上看，覆盖面窄，而且所反映的内容与发展循环经济尚有一定的距离。省政府规章对于农业节约制度没有做出明文规定。省政府规范性文件中对于农业节约制度有所规定，但覆盖面较窄，而且所反映的内容与发展循环经济尚有一定的差距。

（九）机关事业单位节约

机关事业单位节约制度存在的主要问题是制度供给不足，制度供给的层次较低，而且所反映的内容与发展循环经济的要求有着较大的差距。政府在发展循环经济过程中起着重要的引导作用。机关事业单位率先示范，践行节约行为，将会发挥良好的引导作用，引导社会各界开展节约的实践。如果机关事业单位都没有做到节约，那么也很难在社会上形成厉行节约的风气。

（十）服务业节约

服务业节约制度存在的主要问题是制度供给不足，对服务业节约重视程度不够，而且所反映的内容与发展循环经济的要求有着较大的差距。目前，各界对于发展服务业已经是十分重视，但是对于发展服务业的方式方法还停留在传统的模式之中，绿色发展、循环发展的理念贯彻不够，缺乏服务业节约的有效措施。例如，在青海省颁布实施的“十二五”服务业发展规划中，没有对于发展循环型服务业、如何开展服务业节约等内容做出明文规定。

（十一）发展散装水泥制度

发展散装水泥制度存在的问题是制度体系不够健全，地方性法规没有做出明文规定，规范性文件规定相对简单。

（十二）产品包装制度

地方性法规、省政府规章、省政府规范性文件都没有对产品包装做出明文规定，产品包装制度存在制度供给的缺失。

（十三）环境友好设计制度

环境友好设计制度存在的主要问题是制度供给不足。环境友好设计制度是一项贯彻减量化原则的有效举措，对于发展循环经济具有积极意义。

（十四）延长建筑使用寿命

延长建筑使用寿命存在的主要问题是制度供给不足。现有建筑的使用寿命明显过低。这与经济社会快速发展的现实有关。随着城市建设改造、城镇化、房地产业发展的增速等，许多建筑在还没有达到使用寿命的时候，就面临着拆迁或拆除。

（十五）限制一次性产品

限制一次性产品制度存在的主要问题是制度供给不足。从制度供给来看，地方性法规、省政府规章、省政府规范性文件对于限制一次性产品制度都没有做出明文规定。这与国家层面制度建设的滞后，特别是缺乏相关产品名录有关。

（十六）禁止黏土砖

禁止黏土砖制度存在的主要问题是制度供给不足。相关的地方性法规、政府规章都没有做出明文规定。

（十七）自愿协议

自愿协议制度存在的问题主要是制度体系不完整，可操作性不强。目前，仅有地方性法规做出了倡导性要求，但是缺乏可操作性的配套措施。

三、再利用和资源化制度

（一）园区循环

一是缺乏对重点园区的专门立法。例如，目前还没有针对柴达木国家级循环经济试验区的专门立法。二是相关规定与发展循环经济的要求还有一定的差距。三是相关规定的效力层次不高，权威性有待提高。

（二）工业废物综合利用

一是地方性法规、规章的覆盖面较窄，缺乏较为全面的对于工业废物综合利用方面的规定。二是相关规范性文件更多侧重于减量化方面的要求，对再利用和资源化原则体现不足。

（三）建筑废物综合利用

主要是制度供给滞后，地方性法规、省政府规章在该方面存在制度缺失，规范性文件的覆盖面及所涉及的内容不能适应循环经济发展的需要。

（四）农业、林业综合利用

主要是相关制度针对性差，可操作性不强。地方性法规、规章和规范性文件虽然对于农业林业综合利用有所涉及，但是缺乏开展农业林业综合利用的有针对性的专门规定，也没有相应的激励约束安排。

（五）废物回收

主要是废物回收制度的立法层次低，地方性法规、规章在废物回收制度规定方面存在缺失。目前的废物管理体系主要由《固体废物污染环境防治法》进行规定，对生活垃圾的分类没有强制性要求，而且也没有对分类收集的有价物资做出规定。由于国家对废旧物资回收取消了特许经营权，又没有制定新的市场准入和行业管理法规，给废旧物资回收的行业管理带来的困难较多，加之国家层面的政策较为凌乱，执行情况不一，造成部分地区再生资源回收行业享受不到优惠政策。

（六）废物交换

主要是有关废物回收的制度供给缺失。地方性法规、规章和省政府规范性文件都没有对废物回收制度做出明文规定。

（七）垃圾分类制度

主要是垃圾分类制度的规定覆盖面窄，制度层级效力不高。省级层面的地方性法规、规章都没有对垃圾分类制度做出明文规定。规范性文件也缺乏针对性的规定，可操作性不强，制度建设已不能够适应垃圾分类回收实践的需要。

（八）废电器电子产品回收

主要是废电器电子产品回收制度供给存在缺失。在相关地方性法规、政府规章中对于废电器电子产品回收没有做出制度性规定。

（九）废车回收

主要是废车回收制度供给存在缺失。相关地方性法规、政府规章对于废车回收没有做出制度性规定。

（十）污泥综合利用制度

主要是污泥回收制度供给存在缺失，在相关地方性法规、政府规章中对于污泥综合利用没有做出制度性规定。

（十一）回收产品信息披露

主要是制度供给缺失。缺乏科学和系统的回收产品信息公开制度导致目前向公众公开的环境信息量少，回收产品的质量直接影响消费者的切身利益，也会对生态环境产生不可忽视的影响。

（十二）再制造或翻新产品标识

主要是制度供给缺失。该项制度的缺失将会直接影响消费者的切身利益，也会扰乱市场的正常竞争秩序。

（十三）发电市场准入

主要是发电市场准入制度供给存在缺失。相关的地方性法规、规章中对于资源综合利用领域的发电市场准入缺乏制度性规定。

四、激励约束制度

（一）科技支撑

一是科技支撑制度的层级效力较低，现有的制度规定主要是以规范性文件形式反映出来的，地方性法规、省政府规章缺乏专门针对发展循环经济科技支撑制度的明文规定，这导致了科技支撑制度的权威性不高、影响力不大，缺乏约束机制。二是相关内容与发展循环经济的要求尚有差距。就现行有关发展循环经济的科技支撑制度来看，更多的是强调减量化原则，但是对于再利用和资源化原则体现不足。现代经济增长最主要的推动因素就是技术进步。科技也正在成为发展循环经济和促进可持续发展越来越重要的驱动力。然而，尚未形成适合省情的生态与环境科技体系，缺乏系统的、基于重大生态、环境问题的研究和关键技术开发，生态与环境科研不能有效地渗透到社会经济的各个环节，使生态与环境保护战略缺少强有力的科学指导，对环境与发展的决策支撑力度明显不足。

（二）价格政策

一是价格制度的覆盖面较窄。现有的制度规范主要是针对水资源、土地资源，调整的对象还有待拓宽。二是价格机制的作用发挥不全面。现行制度规范的着力点在于收费制度，还没有充分发挥价格在调节资源配置中的作用。从原因上来看，这与相关资源的价格形成机制有关。水、土地、矿产等资源的价格形成机制还没有完全体现市场经济的要求，因此，价格调节机制作用的发挥也受到了影响。

（三）财政和税收优惠

财政和税收优惠政策，主要是指一国或一个地方政府在财政预算支出中给予某些经济活动的财政支持或税收减免。财政支持的途径包括建立专项基金、投资等；税收优惠则通过对某些经济活动收入给予税收减免。财税政策会对政策目标对象产生激励或约束作用，可以通过财政补助（如贴息、直接拨款等）降低节约资源的投资成本；可以通过税收或收费以增加能源资源的使用成本。国家层面用以推动与循环经济有关的专项资金，主要有环境保护专项资金、清洁生产专项资金、中小企业创业基金等。青海省也有推动循环经济发展的专项资金。

在支持循环经济上，现有财税政策存在的问题的主要表现有：一是增值税设置不合理。目前的税收设计是以生产环节税为主，特别是增值税的政策设计实际上不是鼓励企业节约资源。企业越是节约，增加值的比例就越高，支付的增值税也就越多。二是缺乏惩罚性的税收政策。目前收取资源补偿费的范围狭小，就收取的额度而言，远远低于自然资源本身的价值，无法通过市场供求关系反映资源的稀缺性。资源税征收仅针对原油、天然气、煤炭、金属矿产、固体盐等资源，属于矿产资源占用税性质，一方面税率过低，起不到促进合理利用资源的作用；另一方面范围狭窄，如土地、淡水、森林、草原等自然资源没有列入其中。由于资源税收入大部分归地方，往往起到了鼓励地方对资源过度开发的作用。三是缺乏专门的环境保护税种，税收优惠措施不够。现有税收体系中，例如资源税、消费税、车船使用税、城市建设维护税、固定资产投资方向调节税、城镇土地使用税和耕地占用税等，对于资源节约利用和环境保护的功能不突出。

（四）专项资金制度

主要是层级效力高的制度对于专项资金规定的覆盖面较窄，而且对于循环经济发展的推动作用不足。

（五）行政处罚

地方性法规、省政府规章和省政府规范性文件对于行政处罚均做出了相应的规定，但是相关规定与循环经济的联系不够紧密，这其实与循环经济制度供给的相对滞后有关。正是因为与循环经济有关的相关地方性法规、规章制度建设的滞后，特别是贯彻再利用和资源化方面的制度建设滞后，相关处罚也只是与发展循环经济所涉及的领域有关，而距离发展循环经济的要求还有一定的差距。行政处罚的制度结构还是完整的，行政处罚制度的进一步完善尚有待于贯彻减量化、再利用和资源化以及宏观管理方面其他制度的完善。

（六）行政处分

除了前述实体制度建设方面的缺失外，规范性文件中对于行政责任特别是行政处分没有明文规定。这种情况其实与我国规范性文件的性质有关，行政处分涉及公务机关以及公务人员的法律责任和切身利益，现实中是通过地方性法规和政府规章的形式来落实的，作为针对性强的规范性文件，一般的结构是以落实任务、安排工作为主，较少涉及相关法律责任。这种情况其实也影响了规范性文件的严肃性和实施效果。相关规定与循环经济的联系不够紧密，这其实与循环经济制度供给的相对滞后有关。正是因为与循环经济有关的相关地方性法规、规章制度建设的滞后，特别是贯彻再利用和资源化方面的制度建设滞后，相关处罚也只是与发展循环经济所涉及的领域有关，而距离发展循环经济的要求还有一定的差距。行政处罚的制度结构还是完整的，行政处罚制度的进一步完善尚有待于贯彻减量化、再利用和资源化以及宏观管理方面其他制度的完善。

（七）信贷支持

地方性法规对于信贷支持制度有所规定，但是覆盖面窄，相关内容与发展循环经济的要求尚有差距。省政府规章中对于信贷支持制度没有做出明文规定。省政府规范性文件中对于信贷支持制度有所涉及，覆盖面相对较广，但是可操作性不是很强，与发展循环经济的要求还有一定的差距。

（八）授信约束

主要是制度供给缺失。在相关地方性法规、规章中缺乏对于授信约束的制度规定，规范性文件中有所提及，但没有结合市场准入、产业政策以及产品目录做出相应规定，可操作性不强。

（九）投资支持

主要是投资制度的层级效力低。虽然地方性法规关于投资制度有所规定，但是所规定的内容与发展循环经济的要求尚有差距，缺乏贯彻减量化、再利用和资源化原则的相关内容。省政府规章《青海省促进散装水泥发展办法》是专门针对发展散装水泥的立法，针对性强，但显然不足以覆盖循环经济发展的诸多领域。

（十）政府采购

主要是相关制度不健全，覆盖面窄，现有制度规定主要涉及节约能源、环境保护方面，所规定的内容对于减量化原则有所体现，但是没有能够反映再利用和资源化的原则要求。特别是《青海省人民政府关于进一步加强政府采购管理工作的意见》这一专门针对政府采购而定的政府规章，主要是对政府采购程序方面的规定，没有针对政府绿色采购义务做出明确规定，难以发挥政府采购调控经济的作用。

（十一）垃圾排放收费

主要是制度供给覆盖面窄，制度层级效力较低，目前仅有西宁市地方性法规针对餐厨垃圾做出了相关规定。

（十二）奖励

主要是围绕循环经济的针对性不强，相关制度规定在贯彻减量化原则方面做出了较为有效的规定，主要体现在与节能减排以及节水有关的制度中，但是对于再利用和资源化原则贯彻不足。

（十三）押金制度

主要是制度供给缺失。相关地方性法规、规章中对于押金制度没有做出规定，相关规范性文件有所提及，但是缺乏可操作性。

五、小结

（一）问题总结

1. 存在制度供给不足

就基本管理制度而言，主要表现在：规划、重点用水单位监督管理、统计核算、生产者责任延伸等制度措施方面。就减量化制度而言，主要表现在：市场准入、机关事业单位节约、服务业节约、产品包装、环境友好设计、延长建筑使用寿命、限制一次性产品、禁止黏土砖等制度措施方面。就再利用和资源化制度而言，主要表现在：园区循环、建筑废物综合利用、废物回收、废物交换、废电器电子产品回收、废车回收、污泥综合利用制度、回收产品信息披露、再制造或翻新产品标识、发电市场准入等制度措施方面。就激励约束制度而言，主要表现在：科技支撑、税收优惠、行政处分、授信约束、押金等制度措施方面。

2. 相关制度的层次效力低

就基本管理制度而言，主要表现在：目标责任、考核评价、重点行业监督管理等制度措施方面。就再利用和资源化制度而言，主要表现在：园区循环、废物回收、垃圾分类等制度措施方面。就激励约束制度而言，主要表现在：专项资金、投资支持等制度措施方面。

3. 相关制度规定覆盖面狭窄

就基本管理制度而言，主要表现在：考核评价、重点行业监督管理、强制回收等制度措施方面。就减量化制度而言，主要表现在：节油、再生水利用、建筑节约、农业节约等制度措施方面。就再利用和资源化制度而言，主要表现在：工业废物综合利用等制度措施方面。就激励约束制度而言，主要表现在：价格、专项资金、政府采购、垃圾排放收费等制度措施方面。

4. 相关制度规定对于循环经济反映不足

就基本管理制度而言，主要表现在：规划、定额、重点用能单位监督管理、强制回收、标准标识等制度措施方面。就减量化制度而言，主要表现在：节水、建筑节约、合理开发矿产、农业节约、服务业节约、自愿协议等制度措施方面。就再利用和资源化制度而言，主要表现在：园区循环、工业废物综合利用、建筑废物综合利用、农业林业综合利用、垃圾分类等制度措施方面。就激励约束制度而言，主要表现在：科技支撑、价格、行政处罚、行政处分、信贷支持、政府采购、垃圾排放收费、奖励等制度措施方面。

5. 行政执法力度尚不能适应青海建设循环经济发展先行区的需要

一是执法体制不顺。由于环保、发改、监察、司法、工商、安监等部门均在循环经济执法方面拥有一定权力，但又未能明晰各自的权力边界，从而导致执法主体林立、职权职责不明、执法交叉冲突等问题交织，有时甚至出现执法空当。二是执法方法简单。一些执法部门在调查取证、证据运用以及行政检查、行政处罚、行政强制等方面存在一些客观性的障碍，于是对违法行为简单处理，没有全面准确地执行法律的惩处性规定。三是执法责任不明。循环经济发展还没有形成规范的制度体系，加之现有的执法体制中行政执法主体执法效能目标考核、行政管理不良后果责任追究等制度尚不健全，管理部门难免会出现消极的不作为情形，从而影响相应法规的执行。四是地方保护主义干扰。少数基层执法部门对当地一些“纳税大户”“支柱产业”的违法行为采取放任态度，存在因人、因企施法现象。五是执法依据不足。由于立法的不完善，使得循环经济执法在实践层面上形同虚设。尤其是在现实中，循环经济执法往往需要与违法企业或违法企业的上级机关商量、沟通如何处理，凸显执法无奈。

6. 公众的循环经济法律意识仍显淡薄

目前，由于公众获取循环经济信息的渠道有限，而获得的有限信息又不完全、不充分，使得绝大多数公众对青海建设循环经济发展先行区的必要性、紧迫性和具体实施措施认识不到位，特别是对循环经济法律的概念、内涵及其特征、内容等缺乏了解，参与循环经济的意识薄弱，更没有形成自觉遵守循环经济法律的习惯。

（二）原因分析

青海省的循环经济实践总体上还处于起步阶段。就制度保障体系建设而言，还存在不少问题。就其原因来看，是多方面和多层面的，尤其是以下几点值得引起注意。

1. 国家层面制度供给的相对滞后

循环经济制度创新的目的就是要消除节约资源的制度性障碍，建立和完善发展循环经济的制度安排。主要包括两个方面，一是要改革和消除不利于发展循环经济的制度安排和相关政策。二是根据循环经济和资源节约型社会的具体要求，系统设计鼓励发展循环经济的相应制度安排。循环经济覆盖面广，涉及的层面多，制度供给涉及多方的博弈，难度较大。自 2009 年《循环经济促进法》实施以来，国家层面加快了与循环经济有关的制度供给工作，分别在开展节约使用资源能源、提高资源使用效率、开展清洁生产、废物综合利用，促进循环经济发展等方面出台了一些宏观管理规定，推动了各地的循环经济实践。但是，有关循环经济多是国务院的通知、决定、意见和国务院各部委的规章，属较宏观的指导，若地方上执行时无具体方案，则会稳定性和可执行性不够强，而且其中涉及推动循环经济发展的政策，涉及财政、税收、投资、价格、贷款等方面的措施不够具体、明确，政出多门，没有形成十分系统、全面的规定，缺乏可操作性的制度规范，内容存在重叠和交叉。仅仅停留在以政策性的规定方式来推动循环经济发展，是有很大局限性的。相关制度规定层次低，缺乏权威性。现有促进循环经济发展的法规政策体系还不健全，已有的法规政策之间存在一些冲突和不协调之处，还存在着促进循环经济发展的真空地带。

制度供给的滞后与我国现行的经济管理体制改革滞后有关。现有经济管理体制的“条块分割”形势依然较为严重，一些重要行业存在垄断与封锁现象，极大地限制了资源跨产业跨行业跨部门之间的循环利用。经济发展的传统增长模式尚在延续，个别企业的循环发展还没有成为带动区域经济发展的重要力量，区域循环产业共生体系还没有形成。制度供给的滞后还与市场条件有关。目前，原材料市场和再生资源市场存在割裂现象，价格形成机制和价格核算机制存在不相适应的问题，导致循环经济的发展呈现鱼龙混杂的现象，甚至出现“劣币驱逐良币”的状况。例如，以循环经济发展中重要的资源综合利用问题为例，由于缺乏来自国家层面的资源循环利用的相关法律法规，缺乏废旧物资分类标准和各类再生资源企业生产技术标准，资源综合利用这一重要的领域还处于无序发展的状态。特别是在资源二次综合利用方面，由于涉及如何在促进固体废物综合利用的同时，减少环境污染和环境风险，牵扯多个行业、部门及众多的主体，国家对综合利用产品的认定和政策缺乏上下一致性和长期稳定性，缺乏对废物资源化利用过程中的环境保护控制，废物大多是没有充分考虑环境保护和人体健康的条件下被综合利用的，与发展循环经济的要求尚有差距，例如在废纸的加工标准上，由于没有统一的分类和再生质量标准，再生纸的质量无法得到保证等。再如，在税收优惠政策方面，国家大部分的财税政策主要是针对生产领域，而很少制定消费领域的激励政策，缺乏针对需求管理的财税政策，往往产生事倍功半的效果。而对于一些特殊类别的固体废物，例如来源于餐厅和厨房的餐厨垃圾液体等，国家也还没有专门的法规来进行规范。

以资源补偿费制度为例，《矿产资源法》《森林法》《土地管理法》《水法》等均有相关规定。但是，目前收取资源补偿费的范围狭小，许多资源仍处于任意无偿使用的状态。就收取的额度而言，远远低于自然资源本身的价值，无法通过市场供求关系反映资源的稀缺性。这些制度缺陷不利于引导企业主动开展循环经济实践。资源补偿费制度适用范围狭窄，土地、淡水、森林、草原等自然资源未被列入。此外，由于资源税收入大部分归地方，又是对使用自然资源所获得的收益征税，往往起到了鼓励地方对资源过度开发的反作用，反而加剧了生态环境的恶化。我国是一个法制统一的国家，正式制度变迁模式是以强制性变迁为主，采取的由上到下的方式，由国家或地方政府来主导推动。以制度供给中最为重要的类型法律法规为例，在国家层面还没有出台相应的法律法规或者正在修订某些法律法规的时候，地方是难以提前做出相应的制度供给的。因此，国家层面制度供给的缺失直接影响了青海省制度供给的质量和数量。

目前青海地方层面出台的多是实施意见、规定和办法，如《青海省鼓励矿产资源勘查开发的若干规定》《青海省发展循环经济实施意见》《关于推进柴达木循环经济试验区发展的若干意见》《青海省加快推行清洁生产的意见》等，立法层次低，具体的、可操作性强的专项条例、章程较小甚至空白，且很多仍处于政策层面。青海建设循环经济发展先行区的相关配套措施不尽完善，没有完整的统一体系。特别是现有的地方立法更多侧重于资源的开发与利用，循环经济发展等方面的法律规范还很薄弱，无法满足农牧业废弃物资源化利用、生态农牧业发展、绿色服务业发展、居民绿色消费以及城市绿色建筑等方面的要求。

2. 市场价格机制作用发挥还不明显

发展循环经济应该尊重市场规律。企业是推动循环经济发展的主体，但是企业是以利润为导向的，企业的决策要遵循成本收益分析的结果。目前循环经济出现的很多问题都表现在经济性是否合理上。对于企业而言，一种物质的闭路循环在技术上是可能实现的，但在经济上可能是不合理的。如果从经济效益方面判断，成本高于收益，那么在没有补偿的情况下，这种做法在市场上没有竞争力，企业是不会选择的。再者，物质循环受到共生关系的制约，生产过程中的任何一个环节出现问题，例如，改变原料、供应商或增减产量，都可能导致系统的不稳定。这种系统层面所面临的困难，在大企业层面有可能实现，但是对于中小企业而言，却很难实现。从区域循环经济发展来看，区域循环经济体系的建立还要受到资源条件、相关行业和管理部门等方面的影响，难以找到统一的模式，运作成本和管理成本较高。可以说，发展循环经济不仅是物质代谢方式上的调整，本质上还是不同主体在既有约束条件下背后利益关系的调整。如果市场价格机制调节作用难以发挥，那么循环经济也就丧失了可持续发展的基础。如何使得发展循环经济有利可图，是制度设计的重要着眼点。促进循环经济发展的经济手段中最为重要的是合理利用市场机制，把扭曲的资源价格通过市场矫正过来。通过以制定法规和政策为主的制度创新，构建资源再利用和再生的盈利模式，使得发展循环经济有利可图，才能够形成促进循环经济发展的长效机制。在这个过程中，政府可以运用其行政权力，通过制度设计人为创建市场，使得利益主体在满足自身利益最大化的同时实现资源最优配置，代表性的做法包括排污权交易市场、水权市场等。

采用经济手段促进循环经济的发展，本质上是要在市场经济条件下，促使企业能够主动地、创造性地发展循环经济。只有这样，循环经济才能得到持久的发展。目前，自然资源和再生资源的价格形成机制存在不同。矿产资源、生态环境等公共资源的使用与社会付出成本存在不对称性特征，使得初次资源和再生资源的价格形成机制不同。在现行制度下，企业试图免费或低价使用自然资源和环境，通过排放废弃物节约私人成本。例如，在矿业生产中，普遍存在着矿藏资源价格过低和矿业生产支付的环境成本过低的现象。矿业生产规模大、环境影响滞后，矿业生产中的环保成本一般来说大大低于生产消费环节中的环保成本，造成矿业生产中私人成本和社会成本之间存在价格差，并导致原材料的价格显著偏低。类似问题的解决，还有待于制度设计的完善，通过发挥市场机制的作用来予以调解。

3. 对于发展循环经济尚存在着认识误区

目前，各界对于发展循环经济已达成了基本共识，但是在循环经济发展路径认识方面，尚存在不小的差异，这也影响了制度供给的效果。例如，有一种观点认为发展循环经济的实质是废物利用，并指出这也是国外发达国家所走过的道路，不认可将循环经济的内涵加以扩大，认为应该将重点放在再利用和资源化方面，而不是放在减量化方面；也有的观点认为，从我国的基础条件出发，是难以避免走到发达国家走过的“先污染、后治理”的老路上，所以不应过多地强调减量化，从而有意无意地为粗放式增长模式辩护等。可以说，发展循环经济已不再是单纯的理论或理解的差异，而是涉及对发展方式转变的认识。从认识上厘清循环经济的基本内涵和外延，对于循环经济的可持续发展也是很有必要的。归纳而言，目前对于循环经济有狭义和广义两种认识。从狭义的角度来看，是指通过废物的再利用、再循环等活动来发展经济，相当于“垃圾经济”“废物经济”范畴。从广义上来看，是指围绕资源高效减量利用和废物循环利用所进行的社会生产消费和再生产活动。其实，两种界定各有利弊。与广义界定比较，狭义的界定更有利于明确发展范围和发展重点，从而与其他环节相互区别开来，例如可以与现行的清洁生产促进法进行区分等，但是采取狭义的界定，难以与转变经济发展方式的要求相吻合。因此，结合实际情况，采取广义的界定更为合理。当然，我们需要注意一些对于循环经济的认识误区，从实践来看，大体可以归纳为以下一些类型，包括：以循环经济为名包装项目，借口循环经济搞重复建设，浪费有限的资金和发展机会；被动应对或对待循环经济，就事论事而忽视循环经济的系统设计；把循环经济看做是一个什么都能装的“筐”，把什么都与循环经济相联系等。

第六章　完善青海省循环经济制度保障体系的建议

一、构建正式制度保障体系

青海省已迈入循环经济的快速发展阶段，迫切要求加快循环经济制度保障体系的建设工作。建立有利于循环经济发展的制度保障体系是克服发展循环经济过程中障碍制约因素，推动青海省循环经济顺利发展的重要措施之一。

法规、规章由于具有强制约束力，成为发展循环经济的最基本的制度保障。政府要将发展循环经济的政策主张用法规、规章的形式固定下来，做到有章可循，有法可依，从而更加有效地促进环境保护。目前的制度供给还不能满足循环经济发展的需要，加强循环经济的制度创新工作已是当务之急。为规范和加快青海省循环经济的发展，必须用立法手段对政府、企业和公众的行为进行强制性约束，杜绝短期和急功近利的行为，使循环经济的发展得到保障。当前，青海省应积极配合国家层面相关法律法规体系的建设，结合本省实际情况，从以下四个层面构建促进循环经济发展的制度保障体系：

（一）制定促进青海省循环经济发展的地方性法规

在推进青海循环经济发展先行区建设中，以国家《循环经济促进法》为上位法，加快起草出台青海省促进循环经济发展的地方性法规，推进地方立法、执法、司法和守法工作，这对于在依法治国的大背景下，构建青海循环经济发展的法治体系，依法保障循环经济发展先行区建设工作的意义重大。制定“青海省循环经济发展促进条例”，将其作为促进青海省循环经济发展的根本法规，围绕基本管理制度、减量化制度、再利用和资源化制度、激励约束制度等方面，落实青海省促进循环经济发展的各项制度措施，明确规定政府、企业、个人等的权利、义务、责任。该办法的规制重点包括：抑制资源浪费和污染物排放的总量调控制度；循环经济评价考核制度；以生产者为主的责任延伸制度；对高耗能、高耗水企业的管理；引导性的产业政策和产业规范；激励措施；严格的法律责任等。西宁市作为全省最重要的城市，有必要研究制定“西宁市循环经济发展促进条例”。

（二）修改、制定若干重要的法规或规章

青海省人大及其常委会、青海省人民政府、各市、州人大及其常委会曾先后制定了一些与循环经济有关的地方性法规和规章，如《青海省盐湖开发与保护条例》《海西蒙古族藏族自治州矿产资源

管理条例》等。可以按照循环经济的要求，对这些地方性法规和规章进行必要的修订完善，以保障本地区循环经济的依法稳步推进。按照循环经济发展的要求，围绕资源综合利用、节约能源、节约用水、废旧物资回收利用、清洁生产促进、循环经济定量考核等方面制定或修订相关法规或条例，对若干重要方面的循环经济作专门规定，作为“青海省循环经济发展促进条例”的重要支撑。在前期研究成果的基础上，笔者起草了《青海省资源综合利用管理办法》（建议稿）。

（三）制定各种体现循环经济理念和原则的单项法规、规章或规范性文件

对青海循环经济发展中的一些具体问题，可以根据实际，制定与循环经济发展相适应、能配套的专项地方性法规规章、法规性决议决定，以保障循环经济的健康发展。如循环经济的鼓励性政策、循环经济产品的认定、循环经济技术研发、能源节约、绿色消费、产品及包装物回收利用、最终废弃物的回收利用以及资源综合利用等。根据不同行业和产品的性质，围绕包装容器和材料收集、家用电器收集、建筑材料回收管理及循环利用、汽车回收循环利用、绿色采购、电池回收利用、商品包装、食品回收管理等方面，制定相应的地方性法规、规章和规范性文件。

（四）推动地方循环经济制度建设

在完善省级制度保障体系建设的同时，还需要继续完善地方循环经济制度保障体系建设。特别是西宁市、海东和各州，都需要根

据自身的实际情况，做好促进循环制度保障体系建设工作。以西宁市为例，可以从以下方面入手：

1. 制定综合性的地方循环经济法规（例如：西宁市循环经济促进条例）。

2. 制定专业性的循环经济法规、规章，包括：西宁市节约用电管理办法、西宁市可再生能源发展条例、西宁市节水型用水器具管理办法、西宁市商品包装管理办法、西宁市废旧电池回收管理办法、西宁市促进资源有效利用实施办法、西宁市生活废弃物管理办法、西宁市垃圾处置收费实施办法、西宁市废旧电子产品管理办法等。

3. 制定促进循环经济发展的规划与计划。各级政府定期编制促进循环经济的规划和计划。把发展循环经济作为各级政府编制各类规划计划的重要指导原则；研究制订促进循环经济发展的分领域专项规划。在促进循环经济发展的专项规划中，深化落实资源节约、资源综合利用和废弃物减排等重点领域的具体推进目标、推进重点和政策措施，明确各职能部门及各级政府的权利和义务。

4. 逐步建立循环经济评价指标体系。建立全市资源生产率、循环利用率、无害化处置率等综合循环经济指标体系，建立土地、能源、水、材料消耗和废弃物排放的分行业统计指标体系。将循环经济指标体系纳入国民经济和社会发展规划和年度计划。县级以上的年度政府工作报告中需要对其实施情况做专门阐述并与政绩考核相结合。

5. 实施循环经济和资源节约的年度公报制度。由市政府有关部门编制西宁市循环经济发展公报，次年 3 月以前公开发布。

6. 制定行业资源节约与综合利用标准及设计规范。包括行业准入标准和淘汰标准。制定行业和产品领先者动态标准制度。在行业的资源消耗标准和产品的能耗、水耗标准基础上，以当前资源消耗水平最低的企业和能耗、水耗最低的产品为基准目标，每隔 3 年调整一次本行业、产品的资源消耗标准。

7. 建立终端用能产品的能效准入标准和能效标识体系。节能主管部门定期公布淘汰低能效用能产品、设备的目录。制定用能产品能效级别，建立能效标识。

8. 建立动态的西宁市建筑节能标准规范。以国家强制性标准为基础，以节能效果为标准，建立西宁市建筑节能标准规范，每 3 年对建筑节能的标准规范进行修订更新，提高节能能效。强制性标准以国家的相关标准为基础，覆盖所有的新建项目。推荐性标准比强制性标准更高，首先应用于各种新建的公共建筑和事业单位建筑。

9. 制定西宁市用水器具和设备的市场准入相关水耗标准、标识认证制度和淘汰制度，对进入市场的用水器具、设备进行严格节水认证，颁发“节水标志”、公布节水型用水器具名录；定期公布用水器具淘汰名录，逐步淘汰不符合节水标准的用水器具和设备，培育、规范节水型产品市场。

10. 制定西宁市产品包装标准和标识制度，对包装材料的种类、品质等级做出明确标识。

11. 制定西宁市物资回收处置标准、西宁市产品再利用设计标准和西宁市再生性产品生产质量标准。

二、健全基本管理制度

（一）规划制度

加快开展循环经济规划编制，是今后需要着力开展的一项重要工作。通过规划确定循环经济发展目标、重点任务和保障措施等，同时设定对相关责任主体进行绩效评价考核和鼓励、惩罚、限制的基本依据。一是要建立青海省循环经济发展规划体系，具体应该包括省级、州级以及西宁市、海东市层面的循环经济发展规划，经济社会发展相对发达以及发展循环经济有特殊意义的区、县，可以根据上级规划的要求，编制本地区的循环经济发展规划。二是要明确循环经济发展规划的编制内容，循环经济发展规划应当包括规划目标、适用范围、主要内容、重点任务和保障措施等，而且必须规定资源产出率、废物再利用和资源化率等指标。三是制定出台地方性促进循环经济发展的法规，并在其中对于循环经济发展规划做出具体要求；在制定资源能源、生产消费、环境保护、宏观管理等方面的政府规章时，要将促进循环经济发展的内容涵括其中，特别是在做出相关规划规定的时候，要主动做到与循环经济发展规划衔接。从正式制度的效力层次来看，各级循环经济发展规划可以采取规范性文件的形式，其中省级循环经济发展规划应由省政府颁布实施。

（二）目标责任制度

一是要扩大目标责任制的覆盖面，在制定出台与资源能源、生产消费、环境保护、宏观管理等有关的地方性法规、规章，特别是涉及节能、节水、节地、节材以及减少污染物排放等方面内容的时候，要明确提出目标责任方面的要求。二是在规划和调整地方产业结构时，要严格根据上级人民政府下达的本行政区域主要污染物排放、建设用地和用水总量控制指标进行，特别是在新建、改建、扩建建设项目时，必须强化主要污染物排放、建设用地和用水总量控制指标方面的目标责任要求。三是提升目标责任制度的效力层次。在制定出台或者修改相关地方性法规、规章的时候，将执行节能减排、环境保护等目标责任制度所取得的经验，及时总结并反映在相应立法中。

（三）定额制度

节约资源和环境保护是一项必须长期坚持的战略方针。加强主要资源的定额管理，是贯彻这一要求的具体体现。实行限额管理是有计划地合理利用和节约资源原材料的有效手段。在市场经济环境下，采取强制性定额和激励性政策相结合，可以有效降低资源需求增长，提高资源生产率。定额管理的重点是工业企业。目前，工业企业单位产品能耗和水耗在逐步降低，但距科学、合理的用能用水标准尚有不小的差距，还有很大的潜力可挖。发展循环经济中的定额管理制度主要是针对资源、能源、原材料消耗所采用的管理制度。实行定额管理，对于节约资源、能源、原材料，提高资源生产率，降低成本，提高经济效益，都有重要的作用。

为了完善定额管理制度，一是适当扩展定额管理的适用范围，将污染物排放、土地资源纳入定额管理的内容；二是明确循环经济定额管理指标。由于相关制度中已经对能耗、水耗、废物排放总量等做出了规定，循环经济的定额管理应该集中在资源生产率、废物产生率、循环利用率和最终处置率等方面展开，特别是围绕水耗、能耗和主要污染物产生量等制定明确的定额管理指标；三是制定地区、行业、产品的差别定额管理标准。由于青海省地区、行业以及产品在资源条件、技术水平和经济发展方面的差异，应根据上述指标，制定出差别性的定额管理标准和实施细则；四是完善规范相关统计方法。完善统计方法和统一规范是执行定额管理制度的基础，应该充分利用现有的统计指标体系，适当增加相应统计信息，建立完善的定额管理统计指标体系和统计方法，使定额管理制度能够得到有效执行的保障。

（四）评价考核制度

循环经济评价考核制度应当体现政府对循环经济的支持，主要反映在政策保障、资金保障、技术保障等方面。评价考核制度还应当体现对经济可持续发展以及对资源能源利用效率与废弃物再利用状况的考核。发展循环经济不仅要实现经济的可持续发展，更重要的是要扭转资源能源消耗、浪费严重的局面，提高资源能源的利用效率。政府不仅要推动经济发展，更要推动经济可持续发展，在提高资源能源利用效率和资源能源再利用、循环利用效率的基础上发展经济，引导企业改进生产技术、提高对资源能源的节约意识和对环境保护的重视程度，自觉发展循环经济，将发展循环经济、提高资源能源利用率和节约使用资源能源变为全民的自愿行为，推动循环经济的发展。

一是建立循环经济目标责任制。根据国家循环经济综合管理部门制定的循环经济评价指标体系，由上级人民政府对下级人民政府发展循环经济的状况定期进行考核，并将主要评价指标完成情况作为对地方人民政府及其负责人考核评价的内容，将考核结果作为干部奖惩、升降的依据。需要注意的是，从地方的制度建设来看，用于考核的评价指标体系还是应该遵循国家的规定，不宜自行删减或创设。循环经济评价考核制度既包括对企业及其员工的考核，也包括对政府及政府工作人员的考核。重点是对政府发展循环经济的状况进行考查，并将其作为对领导干部政绩考核的依据。二是针对地方和工业园区，区别适用不同的考核指标。循环经济评价指标体系一般分为宏观层面和工业园区层面。宏观层面的指标体系用于对全社会和各个地方发展循环经济状况进行总体的定量判断，为循环经济管理及决策提供依据。工业园区指标主要用于定量评价和描述园区内循环经济发展状况，为工业园区发展循环经济提供指导。宏观评价指标一般由资源产出指标、资源消耗指标、资源综合利用指标、再生资源回收利用指标和废物处置降低指标五大部分构成；工业园区指标由资源产出指标、资源消耗指标、资源综合利用指标、废物处置降低指标四大部分构成。三是设定政府责任。各级人民政府及其有关部门应当以循环经济理念和发展循环经济的基本原则为指导，在其职权范围内制定和采取有利于循环经济发展的政策和措施，推动循环经济发展。对于违背循环经济发展的行为，应当以行政责任的形式做出约束性规定，将其列入行政处分。相关情形包括：擅自变更循环经济发展规划的；发布虚假循环经济统计信息的；不依法做出行政许可决定的；决定不符合规定的企业进入产业集中区和开发区的；违反规定批准新建、扩建、改建项目的；不按规定采购节能、节水、再生利用产品的；发现违法行为不予查处的；有不依法履行监督管理职责的其他行为的，等等。对于国家机关工作人员，在发展循环经济工作中发现有徇私舞弊、滥用职权、玩忽职守，构成犯罪的，依法追究刑事责任；尚不构成犯罪的，依法给予行政处分。

（五）重点行业监督管理制度

发展循环经济事关经济结构的调整，事关经济发展方式的转变，重点行业是实现这一过程的关键环节。但是，由于习惯于原有经济增长方式所形成的路径依赖，在没有强有力的约束条件下，如果没有明显的经济效益，那么相关企业是没有动力去实现节能减排以及其他循环发展目标的。因此，从制度上对重点行业发展循环经济进行引导就显得尤为重要。一是要扩大对重点行业监督管理的范围。对于盐湖、钢铁、有色金属、煤炭、电力、石油加工、化工、建材、建筑等行业发展循环经济的情况，应当通过制度明确规定予以重点监督。二是提高监督制度的效力层次。在相关地方性法规、规章的修改、制定过程中，应该明确提出对重点行业发展循环经济的进行监督管理要求。三是明确监督重点。盐湖、钢铁、有色金属、煤炭、电力、石油加工、化工、建材、建筑等行业中重点企业的能耗、水耗，是监督管理的重点。深入推进工业节能，实现能量梯级利用，鼓励水资源梯级利用。严格控制新增建设用地规模，探索开展低效利用建设用地二次开发。加强重点行业原材料消耗管理。实行材料消耗核算，提倡鼓励使用再生材料，鼓励包装容器重复使用，减少商品过度包装，提高循环利用率。

（六）重点用能单位监督管理

青海省能源资源短缺，能源供需矛盾相对凸显，节能形势严峻，节能任务艰巨。强化节能监管，降低单位产品和产值能耗，抑制能源消费过快增长，成为各级政府和全社会共同关注的焦点。因此，加强对重点用能单位的监督管理是一项重要的工作。

一是要根据国家法律的修订，及时修订《青海省节能监察办法》。在管理领域、标准体系、监管制度、激励措施和法律责任等方面做出修改。针对重点用能单位，需要明确对重点用能单位节能监察的具体内容、程序等。二是应该从工业、建筑、交通运输、公共机构等领域，对重点用能单位做出区别规定，分别明确监督管理的重点。三是要明确监察机构的职责、手段，特别是节能监察机构可以采用的节能监测技术手段，进而实现对用能单位的主要耗能设备、工艺、产品能耗指标等进行检验测试和分析评价。

（七）重点用水单位监督管理制度

青海省生产生活可利用水资源短缺，工矿区、城镇等人口聚居区水资源供需矛盾日益凸显，节水任务亟须引起重视。强化节水监管，降低生产生活水耗，是发展循环经济的一个重要环节。加强对重点用水单位的监督管理是不容忽视的一项重要工作。就制度建设而言，虽然有关于节水方面的地方性法规和规范性文件，但是相关制度中没有对重点用水单位的监督管理做出规定，是为制度供给的缺憾。《循环经济促进法》第十六条第三款规定："重点用水单位的监督管理办法，由国务院循环经济发展综合管理部门会同国务院有关部门规定。"目前，针对重点用水单位，还没有出台相关监管办法。国家层面制度建设的滞后，也影响了地方层面制度的供给。因此，在有关节水、饮用水资源管理以及水资源保护等方面的地方性法规、规章和规范性文件制定或修改过程中，应该将重点用水单位监督管理制度列入其中。

（八）统计核算制度

循环经济评价指标是建立循环经济统计制度的基础，也是政府、园区、企业制定循环经济发展规划和加强管理的依据。为了科学地评价循环经济的发展状况，建立一套设计合理、操作性较强的循环经济评价指标体系是十分必要的。在循环经济指标体系建立起来后，关键问题是设定循环经济的指标统计制度。国家相关法律对此也提出了明确要求，《循环经济促进法》第十七条第一款规定：

"国家建立健全循环经济统计制度，加强资源消耗、综合利用和废物产生的统计管理，并将主要统计指标定期向社会公布。"在健全循环经济统计核算制度的基础之上，为了使发展循环经济落到实处，地方政府应制定循环经济的年度计划和目标，并将其纳入绩效考核体系，考核指标应与评价指标相对应，从而将统计核算制度真正落到实处。

（九）生产者责任延伸制度

生产者责任延伸制度事关企业责任，是一个涉及生产者、经销商（包括进口商）和消费者的复杂体系。设计生产者责任延伸制度，需要协调考虑协调生产者责任与消费者责任。将生产者的责任从单纯的生产阶段逐步延伸到产品废弃后的回收、利用和处置环节，这是废弃物管理的重要制度之一，可以为青海循环经济发展奠定重要基础。从青海省循环经济发展的实践来看，需要做出生产者责任延伸制度设计，但是不宜规定得过多、过细。一是在相关制度设计中做出有关生产者责任延伸制度的原则规定；二是追踪国家有关生产者责任延伸制度产品目录和管理办法，加大制度执行力度。三是在推动循环经济时，积极探索生态税、预付处置费、抵押金返还、保证金等方式方法。四是从利益相关者角度出发，将生产者责任延伸制度所蕴含的积极意义扩展到消费者、管理者、政府等主体中，提高各方相关的意识。例如，强调政府有责任制定相应的政策和制度，并通过有效的手段加以实施以及通过绿色采购等方式积极参与循环经济等。五是在制度建设中要注意把生产者责任延伸制度与环境标识制度、产品和工艺标准、税收减免或补贴、消费者付费制度等衔接起来。

（十）强制回收制度

一是按照法律规定，对于生产列入强制回收名录的产品或者包装物的企业，必须对废弃的产品或者包装物负责回收；对其中可以利用的，由各该生产企业负责利用；对因不具备技术经济条件而不适合利用的，由各该生产企业负责进行无害化处置。二是对生产者、经销商和消费者在回收使用过程的行为做出全面的规范，增强可操作性。三是有效利用现存的民间回收市场体系，实现与强制回收制度的衔接。四是在地方性相关立法中，增加强制回收制度。

（十一）标准标识制度

开展循环经济标准和标志是一项推动循环经济发展的具有积极意义的制度。加大对循环产品、技术、工艺等的研发力度，建立以青海循环经济产品和技术为基准的标准、标识、标志和认证制度，推动青海循环经济产品的节能标识制度和标志产品的认证工作。一是要意识到建立循环经济标准和标识制度的重要性。循环经济标准与传统的环境标准不同，是对企业技术、设备工艺在节能、节水、节材、节地、资源综合利用等方面的统一技术要求和规范，或者对产品在单位产值以及单位产品的能耗、物耗排放所作的强制性限值。循环经济标准重点在于对企业技术、设备与工艺在节能、节水、节材、节地、资源综合利用等方面的要求和规范，或者对产品在单位产值以及单位产品的能耗、物耗排放所作的强制性限值。它侧重于源头控制、侧重于预防、侧重于资源的节约与重复利用。循环经济标识标志的取得以达到循环经济标准为前提，循环经济标识适用于技术、工艺、设备和产品（原材料、零部件）。它强调循环经济标准对于转变经济结构，提升技术工艺水平具有重要的意义。二是立足于可操作性和重点领域或问题，开展循环经济标准和标识建设工作。这需要综合经济管理部门会同有关部门制定与循环经济发展有关的技术、工艺和设备的节能、节水、节材、节地、资源综合利用标准和标识，并对有关产品规定单位产品的能耗、物耗和废物排放的限值标准。三是要求产品生产者应当根据国家规定，在应当标识的材料、零部件、产品及包装物上对产品的能耗、物耗和废物排放情况进行标识。四是要求城乡交通、通讯、公用工程等基础设施的规划、设计和建设应当符合节能、节水、节地、节材的要求，推广使用符合标准的新型材料、可再生材料和可再生能源，完善产品包装物标准、建筑行业和建筑物节能、节水、节地、节材设计标准等。五是将循环经济标准和标识制度与市场准入制度、目录制度和价格税收制度等相衔接，保证循环经济标准标识制度的实施。

三、深化减量化制度建设

（一）节能制度

节能制度得分相对较高，这也表明青海省对于节能工作是十分重视的，相关政策措施能够反映现阶段循环经济发展的要求。节能工作是贯彻减量化原则发展循环经济的重要内容，为此建议在政府的立法工作中，将规范性文件中行之有效的经验和做法适时上升为规章，提高制度的效力层次，扩大覆盖面。

（二）节油制度

一是在节能工作中加强对节油的认识，并在相关制度建设中有所反映。二是加强节油制度建设，要求鼓励和支持企业使用高效节油产品，要求电力、石油加工、化工、钢铁、有色金属和建材等企业，必须在国家规定的范围和期限内，以洁净煤、石油焦、天然气等清洁能源替代燃料油，停止使用不符合国家规定的燃油发电机组和燃油锅炉。三是将节油的制度要求及时反映到相关政府规章和地方性法规的立法工作之中。

（三）节水制度

一是在修订有关节水的地方性法规、规章时，加强水资源再利用方面的规定，以全面反映循环经济的要求。二是将规范性文件中行之有效的经验与措施，在地方性立法、规章制定工作中及时予以反映，提高制度的权威性和效力层级。

（四）再生水利用制度

一是需要从全省层面重视再生水利用工作，建立再生水利用方面的制度规范，改变目前再生水利用省级层面重视不足的问题。二是在有关节水、水资源管理等方面的地方性立法、规章和规范性文件制定过程中，增加再生水利用方面的规定，将再生水利用的管理纳入水资源及节水管理之中。

（五）建筑节约制度

一是在有关建筑方面的地方性立法、规章制定或者修改过程中，将建筑节约制度予以规定。二是将规范性文件中行之有效的做法和措施在相关地方性立法、规章制定或者修改中予以反映，提升制度建设的层级和权威性。

（六）合理开发矿产制度

加强资源开采管理，实现资源的保护性开发。实现能量的梯级利用、资源的高效利用和循环利用，努力提高资源的产出效益。一是在有关矿产资源开发的地方性立法、规章制定或者修改过程中，将矿产资源开发的减量化、再利用和资源化予以反映；二是制定合理开发矿产方面的规范性文件，将其侧重点放在矿产资源的再利用和资源化方面，而不是以利益分配为重点，以发挥其对发展循环经济的引导作用。

（七）市场准入制度

一是依据国家层面制定的相关目录，结合青海省循环经济发展的状况，明确禁止生产、进口、销售列入淘汰名录的设备、材料和产品，禁止使用列入淘汰名录的技术、工艺、设备和材料。二是从严制定、执行高耗能、高耗水及高污染行业市场准入标准。对于能耗、物耗和污染物排放高于强制性标准的产品不得进入市场。三是制定并严格执行企业进入资源回收、拆解、再生行业的市场准入标准，以防止在废弃物循环利用过程可能产生的负面影响。对从事资源回收、拆解、再生的企业，实行许可证管理，落实相应的行政责任。

（八）农业节约制度

一是强化农业节地、节水、节能、节肥、节药意识，在相关地方性法规、规章的制定或修改过程之中，能够将节地、节水、节能、节肥、节药的内容有所反映。二是采取规范性文件等形式，积极推进土地集约利用，鼓励和支持农业生产者采用节水、节肥、节药的先进种植、养殖和灌溉技术，优先发展生态农业。三是在相关规划中明确节约型农业的发展思路，调整种植结构，建设和管护节水灌溉设施，提高用水效率。

（九）机关事业单位节约

一是加强机关事业单位节约的制度建设，在相关地方性法规、规章的制定或修改过程之中，将机关事业单位节约制度纳入，倡导机关事业单位厉行节约、杜绝浪费，带头使用节能、节水、节地、节材和有利于保护环境的产品、设备和设施，节约使用办公用品。二是通过规范性文件等形式，核定不同类型机关事业单位的用能、用水定额指标，由财政部门根据该定额指标制定支出标准，将机关事业单位节约真正落到实处。

（十）服务业节约

服务业作为青海省调整产业结构，转变经济增长方式着力发展的重点产业，有必要在实现循环发展方面先行一步。循环型服务业的发展不仅能够加快其需求潜力和市场空间，有利于集约型经济和劳动密集型经济协调发展，也有利于促进三次产业结构的优化升级，有利于为第一、第二产业顺利转变发展方式提供服务。因此，青海在服务业领域构建循环经济发展模式，不仅是解决服务业发展中的经济资源环境矛盾的根本，保障服务业可持续、健康、生态化发展的有效途径，也是青海建设全国循环经济发展先行区的重要内容。一是要加强服务业节约的制度建设。在相关地方性法规、规章的制定或修改过程之中，将服务业节约制度纳入。二是在制定或修订服务业发展规划等规范性文件的时候，对服务业节约做出规定，要求餐饮、娱乐、宾馆等服务性企业采用节能、节水、节材和有利于保护环境的产品，减少使用或者不使用浪费资源、污染环境的产品。在依法审批新建餐饮、娱乐、宾馆等服务性企业的时候，要求其采用节能、节水、节材和有利于保护环境的技术、设备和设施。三是以专业化分工和提高资源配置效率为重心，积极发展生产性服务业。立足全省资源开发和产业基础，以细化和深化专业化分工、降低社会交易成本、提高资源配置效率为重点，建立服务上下游、连接核心企业的生产性服务体系，着重发展以物流、信息业为重点的生产性服务业。四是以绿色消费为核心，提升发展生活性服务业，着重发展以商贸流通、宾馆饭店、生态旅游为代表的生活性服务业。不仅要关注流通、制造、加工中的成本节约，还需要特别重视物流各环节产生的成本，最大限度利用市场信息，整合物流资源，减少物流资源浪费，达到节约资源的目的。四是发展循环型生态旅游业。坚持引进先进技术，降低物耗和能耗，有效提高旅游资源利用率；在旅游废物产生方面，加强污染预防，降低污染物的排放，从源头控制污染产生；在社会消费方面，大力倡导旅游资源保护与满足旅游者需求的均衡，减轻旅游业发展过程中对环境的压力，采取有利于节约资源和保护资源的旅游消费方式。着力打造生态旅游景区，培育生态旅行社，推进酒店业向绿色转型，发展生态旅游交通，大力开发生态旅游商品。五是积极发展绿色现代物流体系。加快推进绿色交通、运输仓储与保管的绿色化、装卸搬运和包装的绿色化、流通加工的绿色化，开展绿色信息的搜集和管理，培育创新型租赁物流服务业，实施物流企业的绿色物流管理，完善绿色物流体系支持政策。

（十一）发展散装水泥制度

发展散装水泥是一项贯彻减量化原则的具体举措，对于发展循环经济具有积极意义。一是在相关地方性法规制定或修订过程中，增加鼓励发展使用散装水泥的规定，提升该项制度的效力层次。二是在相关规划、规范性文件制定或修订的时候，落实使用散装水泥，推广使用预拌混凝土和预拌砂浆的措施。

（十二）产品包装制度

在相关地方性法规、省政府规章、省政府规范性文件的制定或修订中，从严规定设计产品包装物所执行的产品包装标准，从源头上杜绝过度包装行为，防止过度包装造成资源浪费和环境污染。

（十三）环境友好设计制度

环境友好设计制度是一项贯彻减量化原则的有效举措，对于发展循环经济具有积极意义。一是在相关地方性法规、政府规章制定或修订过程中，增加环境友好设计方面的规定，确立环境友好设计制度。二是从内容上明确环境友好设计的激励措施和环境不友好设计的限制措施，要求从事工艺、设备、产品及包装物设计的环节，应当遵循减量化原则，优先选择采用易回收、易拆解、易降解、无毒无害或者低毒低害的材料和设计方案，并应当符合有关国家标准的强制性要求。严格执行国家制定的禁止在电器电子等产品中使用的有毒有害物质名录规定，不得设计使用国家禁止使用的有毒有害物质。三是将环境友好设计制度与生产者责任延伸制度、产品标识制度等相互衔接。

（十四）延长建筑使用寿命

延长建筑使用寿命是一项贯彻减量化原则的积极举措，是一项增加社会财富的活动，对于发展循环经济具有积极意义。一是在相关地方性法规、政府规章制定或修订过程中，增加延长建筑使用寿命方面的规定，确立延长建筑使用寿命制度，为社会增进财富。二是要求建筑物的所有者或者使用者，采取措施加强建筑物维护管理，延长建筑物使用寿命。三是要明确政府（特别是城市人民政府）在城市建设改造中，对于符合城市规划和工程建设标准，在合理使用寿命内的建筑物，除为了公共利益的需要外，不得决定拆除。

（十五）限制一次性产品

限制一次性产品使用是一项贯彻减量化原则，保护环境的举措，对于发展循环经济具有积极意义。一是在相关地方性法规、政府规章制定或修订过程中，增加限制一次性产品方面的制度规定。二是根据国家出台的一次性产品具体名录，限制一次性消费品的生产和销售。

（十六）禁止黏土砖

禁止黏土砖制度是一项贯彻减量化原则保护土地资源尤其是耕地资源重要举措。一是在相关地方性法规、政府规章制定或修订过程中，增加禁止黏土砖生产、销售和使用方面的规定。二是明确禁止损毁耕地烧砖的制度，通过规范性文件或者规章的形式，明确禁止生产、销售和使用黏土砖的期限和区域。

（十七）自愿协议

开展节能与减排的自愿协议工作，是一种替代传统计划管理的好方法。一是在相关政府规章和规范性文件的制定或修订过程中，落实自愿协议制度的实施措施，增强可操作性。二是完善自愿协议的实施机制，明确自愿协议的政府主管部门。从实践来看，地方经济行政主管部门、环境保护行政主管部门和发展改革部门可以作为与企业签订节能环保自愿协议的政府代表。三是增强节能减污自愿协议的激励机制。加强重点用能企业节能监察，鼓励企业制定切实可行又高于一般水平的能源效率目标。在企业达到较高节能目标时，给予一定形式的奖励，带动整个行业其他企业的节能。可以在贴息和税收上给予实行自愿协议企业更多的优惠，以促进高能耗行业设定更高的节能目标，提高能源利用效率。四是加强试点，不断扩大自愿协议的范围，在有色、石化、化工、建材、造纸、酿造等行业推广自愿协议制度。

四、加强再利用和再循环制度

（一）园区循环

循环型园区是贯穿循环经济理念的园区发展形态，是一种新型的组织关系。循环型园区应该紧密围绕当地自然条件、行业优势和区位优势，进行循环型园区的设计和运行，通过园区各单元间的副产物和废物交换、能量和废水的梯级利用、信息以及基础设施的共享，实现资源利用的最大化和废物排放最小化。发展循环型园区，既是发达国家发展循环经济的重要经验，也是青海建设国家循环经济发展先行区的现实选择。一是针对柴达木循环经济试验区等重点园区，出台专门性法规，推动重点园区循环经济发展。建设循环型园区，要贯彻发展生态工业的要求。生态工业园区是据循环经济理念、工业生态学原理和清洁生产要求而设计建立的一种新型工业园区。它通过物流或能流传递等方式把不同工厂或企业连接起来，形成共享资源和互换副产品的产业共生组合，建立“生产者—消费者—分解者”的物质循环方式。二是做好农业园区的规划设计。注重建设以农业生产、农产品加工为基本功能，兼顾展示示范、休闲观光、辐射。要按照“产业特色明、科技水平高、经济效益好、运行机制活”的总体要求，立足当地经济发展水平、资源区位条件和产业发展基础，在农业主导产业相对集中连片的区域，通过强化农业基础设施和装备设施建设，优化结构布局，推广先进技术，创新经营管理机制等途径，集中力量，高起点、高标准、高水平地规划建设一批土地集约型、资本密集型、技术密集型和生态循环型的农业园区，使之成为建设国家循环经济先行区农业产业集聚的循环区、承接农业产业转移的示范区和农村产权制度改革的试验区。三是相关地方相关法规、规章的制定或修订过程中，确立园区循环经济发展制度，适时将规范性文件中行之有效的政策措施上升为规章或地方性法规，提高园区循环经济制度的效力层次，增强制度的权威性，扩大覆盖面。四是在制度内容上，要求各类产业园区组织区内企业进行资源综合利用，促进循环经济发展；鼓励各类产业园区的企业进行废物交换利用、能量梯级利用、土地集约利用、水的分类利用和循环使用，共同使用基础设施和其他有关设施。五是加强园区循环监督管理制度，要求产业园区应当依法进行环境影响评价，采取生态保护和污染控制措施，确保本区域的环境质量达标。

（二）工业废物综合利用

工业废物综合利用是资源综合利用的关键环节，也是发展循环经济的重要举措。一是加快省内关于资源综合利用方面的立法工作，通过制定地方性法规或政府规章的形式，对于资源综合利用做出全面有针对性的规定。二是明确工业废物综合利用制度调整的重点对象，就实践来看，目前需要重点关注粉煤灰、煤矸石、尾矿、废石、废料、废气等工业废物的综合利用以及生产过程中所产生的废水、余热、余压的综合利用。

（三）建筑废物综合利用

一是在相关地方性法规和规章的制定或者修订过程之中，对于建筑废物综合利用制度做出有针对性规定。二是从内容上要求建设单位应当对工程施工中产生的建筑废物进行综合利用；不具备综合利用条件的，应当委托具备条件的生产经营者进行综合利用或者无害化处置。三是扩大相关规范性文件的覆盖范围，使之在全省范围内发生效力。

（四）农业林业综合利用

农业林业综合利用涉及人员多、覆盖面积广，是发展循环经济的一个重领域。一是在相关地方性法规、规章的制定或者修订过程之中，对于农业林业综合利用利用制度做出有针对性的专门规定。二是从内容上明确要鼓励和支持农业生产者和相关企业采用先进或者适用技术，对农作物秸秆、畜禽粪便、农产品加工业副产品、废农用薄膜等进行综合利用，开发利用沼气等生物质能源。积极发展生态林业，鼓励和支持林业生产者和相关企业采用木材节约和代用技术，开展林业废弃物、沙生灌木等综合利用，提高木材综合利用率。三是将农业林业相关规划中关于农业林业综合利用的举措反映到地方性法规、规章之中，提高制度层级效力，扩大覆盖面，增强权威性。四是围绕提高农业资源产出率，遵循“减量化、再利用、资源化”的原则，推动农业发展方式的根本性转变。加大循环经济理念、知识的宣传力度，在全社会大力倡导生态伦理观，全面推进绿色消费和清洁生产，为农业循环经济发展营造良好的外部环境。立足当地农业发展现实条件，依托设施农业、枸杞种植、舍饲育肥、草原生态畜牧业、农畜产品加工等重点产业构建循环农业产业链，促进种养殖业废弃物的循环利用。五是深化农村牧区经济体制改革，赋予农牧民对承包耕草场占有、使用、收益、流转及承包经营权抵押、担保权能，加大产权保护力度，建立农村产权流转市场，充分发挥市场机制对农业资源配置的决定性作用，通过价格机制、竞争机制激发农业循环经济发展的内生活力。六是创新农牧业生产经营主体，着力培育家庭农场、合作经济组织、龙头企业等新型农业产业化经营主体，增强农业循环经济发展的内生动力。完善农业循环经济发展的相关立法，制定发展规划，公开、透明、规范地对各类农业循环经济发展主体给予必要扶持，破解农业循环经济初期发展面临的资金、技术、人才瓶颈。七是鼓励探索合适的循环经济发展模式。城郊地区以设施农业为核心的循环农业发展模式，农牧结合区以腐熟发酵技术为核心的循环农业发展模式，采取“龙头企业 + 专业农户”或“龙头企业 + 专业合作社 + 专业农户”等生产组织形式，充分发挥各类生产经营主体的优势。针对枸杞集中种植区，减少化肥施用量，严格禁止使用高残农药，鼓励使用有机肥和采用生物技术杀灭病虫，提高枸杞品质。针对牧区，以生态畜牧业专业合作社为平台，推动草场、牲畜等生产资源的优化配置，实行划区轮牧、以草定畜、分群饲养，季节性补饲，减轻草场载畜压力，提高畜群繁活率和商品畜出栏率。

（五）废物回收

一是在相关地方性法规、规章的制定或修订过程中，将废物回收制度纳入其中。二是构建以回收站（点）为基础，以分拣中心（基地、园区）为枢纽，以集散交易市场为核心，以加工利用为目的再生资源回收利用体系。建立与完善再生产品研制、开发与生产的激励机制和产业扶持政策。建设城市社区和乡村回收站点、分拣中心、集散市场“三位一体”的再生资源回收体系。实施再生资源完善分类回收、密闭运输、集中处理体系，推进再生资源规模化利用。加强废物回收交易市场的环境保护、安全和消防方面的监督管理。三是规范西宁、海东、格尔木、德令哈、玉树等重点城市和青海湖、祁连山、三江源等重要景区交通干线主要城镇废旧物资交易市场，在有条件的城市建设再生资源处置加工中心。完善垃圾分类收集、分拣、转运、填埋系统，加强农村再生资源回收利用体系建设，不断完善覆盖城乡的再生资源回收、加工、利用体系。

（六）废物交换

交易体系和交易机构则是实现市场优化配置资源的组织形态和高端形式，具有较强的社会性和公开性。建设循环经济发展先行区就是要以构建要素市场体系为主题，以推动循环经济发展要素市场发展和提升竞争力为主线，依托资源优势，优化要素市场结构，提升要素市场功能，加大要素市场创新力度，发挥要素市场服务循环经济的作用。废物交换制度是废物回收利用的一项行之有效的方法，对于发展循环经济具有积极的意义。一是在相关地方性法规、规章和规范性文件的制定或修订中，确立废物交换制度。二是从制度建设上鼓励支持生产经营者建立产业废物交换信息系统，促进企业交流产业废物信息。特别是需要建立工业固体废物交换制度。重点企业应当提供其生产过程中产生的废物的数量、成分组成等信息。

（七）垃圾分类制度

一是在省级层面的地方性法规、规章的制定或修订过程中，明确将垃圾分类制度予以规定。二是要与垃圾回收制度相衔接，首先要建立生活垃圾的分类收集制度，由地方政府负责城镇公共场所和旅游观光场所设立生活垃圾分类回收设施，环境卫生机构对生活垃圾进行分类收集，分别运输、利用或者处置。其次，建立规范废物大量产生者的制度。对于产生无毒废物但废物年产生量或累计堆存量大的企业，必须制订并实施废物回收利用计划。三是将垃圾分类制度与价格政策相衔接，根据本行政区域经济社会发展状况，实行垃圾排放收费制度，所收取的费用专项专用于垃圾分类、收集、运输、贮存、利用和处置。

（八）废电器电子产品回收

一是在相关的地方性法规、规章的制定或修订过程中，明确将废电器电子产品回收制度予以规定。二是加强对收集、利用、处置废旧电子电器的单位的经营许可管理制度和对拆解、再生利用电器电子产品拆解企业的资质管理。

（九）废车回收

一是在相关的地方性法规、规章的制定或修订过程中，明确将废车回收制度予以规定。二是建立报废汽车的资源化回收制度。对强制报废的机动车进行资源化回收，并对拆解和资源化回收企业实行经营许可制度。

（十）污泥综合利用制度

一是在相关的地方性法规、规章或者规范性文件的制定或修订过程中，规定污泥回收制度。二是从制度上明确要求县级以上人民政府要支持企业建设污泥资源化利用和处置设施，提高污泥综合利用水平，以防止产生再次污染。

（十一）回收产品信息披露

一是在地方性法规、规章和规范性文件的制定或者修订过程中，将回收产品信息披露制度纳入，通过立法的形式建立信息公开约束。二是建立再利用产品标识制度。对于回收的电器电子产品，经过修复后销售的，必须符合再利用产品标准，在显著位置标识为再利用产品。

（十二）再制造或翻新产品标识

一是在地方性法规、规章和规范性文件的制定或者修订过程中，将再制造或翻新产品标识制度纳入，也可以将其与回收产品信息披露制度一并规定。二是在鼓励企业开展机动车零部件、工程机械、机床等产品的再制造和轮胎翻新活动的基础上，对于再制造和翻新产品实行严格管理，要求其质量必须符合国家规定的标准，并在显著位置标识为再制造产品或者翻新产品。

（十三）发电市场准入

一是在相关的地方性法规、规章制定或修订过程中，规定发电市场准入制度，也可以将该项制度与资源综合利用的其他市场准入制度一并规定。较为合理的处理方式是在有关资源综合利用的地方性法规或规章的制定过程中将该项制度予以规定。二是明确对于建设利用余热、余压、煤层气以及煤矸石、煤泥、垃圾等低热值燃料的并网发电项目，采取行政许可或者备案制进行管理。三是明确电网企业应当按照国家规定，与综合利用资源发电的企业签订并网协议，提供上网服务，并全额收购并网发电项目的上网电量。

五、完善激励约束制度

（一）科技支撑

科技支撑对于发展循环经济至关重要。一是提升科技支撑制度供给的层级效力，在相关地方性法规、规章的制定或修订过程中，明确规定发展循环经济的科技支撑制度。二是在相关地方性法规或规章中，将重点循环经济重大科技攻关项目的自主创新研究、应用示范和产业化发展等列为财政性资金予以支持的重点。三是建立统筹协调机制，特别是利用财政性资金引进循环经济重大技术、装备的，要明确消化、吸收和创新方案的审批主管部门以及监督实施部门。四是将《青海省人民政府办公厅转发省科学技术厅〈青海省增强循环经济试验区科技创新能力的若干政策措施〉的通知》等规范性文件中行之有效的政策措施及时纳入相关地方性法规、省政府规章之中，以提高权威性和扩大覆盖面。

（二）价格政策

价格机制是市场经济中实现资源有效配置的基础制度，发挥价格制度在推动循环经济发展中的作用是必然趋势和必由之路。一是在相关地方性法规、规章的制定或修订过程中，充分重视价格制度的作用，并做出发挥价格机制调节资源节约和合理利用的制度性安排。二是扩大价格制度的调整对象。除了水、土地资源外，还应该通过有利于资源节约和合理利用的价格政策，引导单位和个人节约和合理使用水、电、气等资源性产品。三是发挥价格政策与国家产业政策的协调作用，通过限制性价格政策约束资源高消耗行业中的限制类项目的发展；通过鼓励性价格政策引导资源节约型和综合利用型项目的发展。

（三）财政税收优惠

从实践来看，再利用和再生利用原料的成本常常比购买新原料的价格更高，由此构成了推进循环经济的成本障碍。对此可以考虑通过财政税收手段予以调解。为推进循环经济的发展，应当对相关产业活动，从财税政策方面给予扶持，对于废旧物资回收体系的运行应鼓励探索其他机制，如押金制度等。对于构建循环经济系统，可以采用经常性的直接财政补贴支持，包括采取物价补贴、企业亏损补贴、财政贴息、税前还贷等措施支持循环经济的发展。对企业生产经营过程中使用的无污染或减少污染的机器设备，实行加速折旧制度。实行有差别的排污标准，提高排污收费标准，加强监管，使发展循环经济的企业在经济上能够盈利。

（四）专项资金制度

一是在相关地方性法规、规章的制定或修订过程中，将推动循环经济发展的专项资金制度予以规定，体现对发展循环经济的引导和鼓励。二是将规范性文件中行之有效的政策措施适时反映到政府规章、地方性法规之中，以提升相关制度规定的层级效力，提高权威性。

（五）行政处罚

从制度供给来看，地方性法规、省政府规章和省政府规范性文件对于行政处罚均做出了相应的规定，但是相关规定与循环经济的联系不够紧密，这与循环经济制度供给的相对滞后有关。行政处罚的制度结构还是完整的，行政处罚制度的进一步完善尚有待于贯彻减量化、再利用和资源化以及宏观管理方面其他制度的完善。加大信息公开力度，实行环境质量公告制度，建立政府环境信息网站，及时发布环境质量报告以及城市空气、噪声、饮用水源水质、重点企业环保行为、污染事故等环境信息，加大公众的知情权和监督权。

（六）行政处分

从推动循环经济发展的角度来看，行政处分制度是推动依法行政、切实保障行政机关及其工作人员履行行政职责的重要举措。一是在完善发展循环经济相关制度的基础上，相应落实行政处分制度。二是在规范性文件中相应规定行政处分制度，以提高规范性文件的落实力度，增强规范性文件的严肃性。

（七）信贷支持

资金支持是推动循环经济发展的重要措施，作为间接融资手段的信贷支持扮演者重要的角色。一是在相关地方性法规、规章的制定或修订过程中，强调信贷支持的重要性，同时做出相关的制度设计。二是将信贷支持与政府的资金支持政策协调起来。三是引导银行业开展绿色金融，通过信贷政策的调整扶持循环经济的发展。对符合国家产业政策的节能、节水、节地、节材、资源综合利用等项目，金融机构应当给予优先贷款等信贷支持，并积极提供配套金融服务。

（八）授信约束

一是在相关地方性法规、规章的制定或修订过程中，将授信约束制度予以反映，可以将其与信贷支持制度一并规定。二是从内容上要明确授信约束制度的调整所在，应该明确规定对生产、进口、销售或者使用列入淘汰名录的技术、工艺、设备、材料或者产品的企业，金融机构不得提供任何形式的授信支持。

（九）投资支持

一是在相关地方性法规、规章的制定或修订过程中，将发展循环经济的投资支持制度予以明确。二是将省政府规范性文件中行之有效的政策措施及时反映到地方性法规、规章之中。三是通过投资支持制度的规定，明确在制定和实施投资计划时，应当将节能、节水、节地、节材、资源综合利用等项目列为重点投资领域。

（十）政府采购

政府采购是引导和促进循环经济、绿色消费的重要手段。一是在相关地方性法规、规章的制定或者修订过程中，将政府绿色采购的制度纳入其中，提高政府绿色采购的层级效力，克服目前政府采购在内容上各自为政的局面。二是通过制度明确在使用财政性资金进行采购时，应当优先采购节能、节水、节材和有利于保护环境的产品及再生产品。

（十一）垃圾排放收费

垃圾收费制度是一项能够贯彻市场经济要求，通过价格实现对市场经济行为调节的有效措施，对于减排具有重要的意义。一是在相关省级层面地方性法规、省政府规章的制定或修订过程之中，将垃圾排放收费制度予以规定。二是将实践中行之有效的政策措施适时通过规范性文件、省政府规章的形式予以规定，扩大覆盖面，提升制度层级效力和权威性。

（十二）奖励

奖励制度是发挥政府调节市场经济职能，推动循环经济发展的一项有效的措施。一是在相关地方性法规、规章做出循环经济发展的相关制度设计的时候，及时将奖励制度予以配合。二是从制度上明确财政奖励的对象主要是在循环经济管理、科学技术研究、产品开发、示范和推广工作中做出显著成绩的单位和个人。三是要求企业事业单位应当对在循环经济发展中做出突出贡献的集体和个人给予表彰和奖励。

（十三）押金制度

押金制度是一项贯彻市场经济要求，发挥市价格调节功能的措施，有助于促进循环经济发展。一是在相关地方性法规、规章的制度过程之中，将押金制度纳入其中，形成有效的引导。二是可以将押金制度与垃圾排放收费制度、以旧换新等废物回收方式一并予以规定。

第七章　再利用和再循环制度创新案例研究

——以青海省资源综合利用制度为例

一、青海省进行资源综合利用制度创新的背景

（一）做好青海省资源综合利用工作的意义

资源综合利用是指在资源开采过程中对共生、伴生矿进行综合开发与合理利用；对生产过程中产生的废渣、废水（液）、废气、余热余压等进行回收和合理利用；对社会生产和消费过程中产生的各种废物进行回收和再生利用等。青海省是一个资源丰富的省份，也是一个资源消耗大省。“十一五”以来，青海省资源利用水平在逐步提高，尾矿利用获得了加快发展，煤矸石、粉煤灰等固体废弃物利用工作初见成效，在提高了企业经济效益的同时，有力推动了青海省资源节约和利用、环境保护工作的开展，对青海省国民经济和社会发展也起到了积极的促进作用。

加强资源综合利用，是贯彻《循环经济促进法》的需要。《循环经济促进法》于 2009 年 1 月 1 日正式实施，其中促进资源的综

合利用是《循环经济促进法》着力强调的一项内容。全面贯彻《循环经济促进法》，对青海省资源综合利用工作进行规范、引导，依法大力开展资源综合利用，规范资源综合利用工作的管理，提高资源综合利用的效率和效益，减少“三废”排放，遏制污染加剧，势在必行。

加强资源综合利用是“十二五”时期青海建设资源节约型、环境友好型社会，加快转变经济发展方式的重要着力点。国家及青海省的“十二五”规划都提出，要加快经济发展方式转变，推动经济结构战略性调整。这对资源节约与综合利用提出了更高的要求。青海省资源利用方式总体上还相对粗放，开发利用效率不高，造成资源浪费和环境污染问题。为了适应建设资源节约型、环境友好型社会的总体要求，必须加快转变资源利用方式，以科技进步为手段，以制度创新为基础，以矿产资源节约与综合利用为重要着力点，发展绿色经济和循环经济，全面提高资源开发利用效率和水平。

（二）青海省资源综合利用中存在的问题

随着青海省工业经济的持续、快速发展，资源短缺、环境污染等方面的问题仍然突出，资源综合利用仍然存在很多问题，主要表现在：

第一，资源综合利用率低，浪费严重，大量的宝贵资源未能得到充分利用，作为“三废”排出后造成的污染，成为制约青海省经济又好又快发展、提高企业经济效益和良性循环发展的重要因素之一，同时也对人民生活造成直接的损害。

第二，青海省“三废”资源综合利用面窄点少，综合利用“三废”资源只限于粉煤灰、煤矸石、部分建筑垃圾和少量的工业废渣、尾矿，生产的产品仅局限于低标号水泥、砌块砖等技术含量低、附加值低的产品，无法实现“三废”资源更好的经济价值和效益。

第三，部分企业资源综合利用意识和环保意识淡薄、经营粗放、缺乏资金、技术、人才和有效管理手段，造成资源浪费严重。

第四，青海省资源综合利用法规体系不健全，管理体系不完善，在资源综合利用规划的制定、指导、协调、监督管理、统计等工作方面，对浪费能源资源现象的惩处等方面没有法律依据；对资源综合利用缺乏奖励和激励机制，公共财政对资源综合利用的支持力度偏弱，难以起到鼓励和拉动企业投资的作用。

第五，资源节约与综合利用的基础工作相对薄弱，对资源综合利用现状水平和潜力掌握不够。先进适用技术的推广和应用不够，资金投入相对不足，影响了资源节约与综合利用规模的扩大。激励制度有待加强，监督管理体制有待健全，对资源开发利用效率的监管和考核还不到位。

总的来看，青海省的资源节约与综合利用水平与新形势要求还有较大差距，资源节约与综合利用规模和水平总体上与经济社会发展的迫切需求还不相适应。青海省资源综合利用工作有较大的空间，面对量大面广的可利用废弃资源，需要进一步加大工作力度，进一步拓宽资源综合利用领域，填补资源综合领域的空白。因此，要坚持把制度建设作为推进节约与综合利用工作的重要保障。通过制度创新，完善激励引导机制，充分调动政府、企业、事业单位、行业协会、科研院所等各方面的力量，落实企业主体责任，强化监督管理，全面推进资源节约和综合利用工作。

（三）研究意义

《循环经济促进法》于2009年1月1日正式施行，明确了发展循环经济的目标、内容、方针、原则，在循环经济发展规划、总量调控、评价考核、生产者责任延伸、重点企业监督管理、统计、标准和产品资源消耗标识等方面建立了相应的法律制度和措施。促进资源的综合利用是《循环经济促进法》着力强调的一项内容。青海省是一个资源较为丰富的省份，同时又是一个资源消耗大省。随着青海省工业经济的持续、快速发展，资源短缺、环境污染等方面的问题仍然突出，资源综合利用仍然存在很多问题。因此，全面贯彻《循环经济促进法》，采用制度创新的形式对青海省资源综合利用工作进行规范、引导，依法大力开展资源综合利用，规范资源综合利用工作的管理，提高资源综合利用的效率和效益，减少“三废”排放，遏制污染加剧，势在必行。本项研究以《青海省资源综合利用管理办法》（征求意见稿）为例，将会丰富对青海省发展循环经济制度创新方面的认识，着眼于资源综合利用工作的制度创新，将有助于推动青海省发展循环经济制度支撑体系的建立。

二、资源综合利用制度创新经验概述

（一）国外资源综合利用制度建设概述

从国际层面上看，世界各国为应对资源环境危机，开展资源综合利用的大趋势体现为以下三个阶段：第一，初步认识阶段(1960—1980 年)。从 20 世纪 60 年代起，各国意识到环境污染的严重后果，开始进行污染防治立法，并在一些领域将污染治理与资源循环利用相结合（如美国 1965 年《固体废弃物处置法》)。这一时期的立法主要集中于完善各国国内立法，但在一些重要国际组织的决议和宣言中已经开始关注资源的可持续利用（如 1972 年的《人类环境宣言》)。第二，形成共识阶段（1980—1990 年)。由于酸雨问题、河流及海洋污染等涉及国家间的协作治理污染，国际社会开始完善对处理国际环境问题的国际立法；注重国内环境立法与国际环境立法的协调，强调越界污染损害的国家责任以及探索国际环境保护合作。同时，各国开始从注重对污染的末端控制转变到对资源利用的全过程管理，资源循环利用成为一种共识。第三，联合行动阶段（1990 年以后)。1992 年召开的联合国环境与发展大会是推动全球可持续发展的一次历史性会议，大会通过的《里约宣言》中 27 项原则有多项直接提到可持续发展，《二十一世纪日程》核心是建立新的全球伙伴关系，促进可持续发展。此后开始形成以国际环境法为核心，在全球环境保护理念及经济一体化趋势下修改国内环境法，实行包括资源综合利用立法在内的一系列国际、国内立法活动。

西方学者就循环经济思想以及资源综合利用方面达成了许多共

识，主要包括：一是循环经济是实现可持续发展的基本途径，可以从微观、中观、宏观的层面进行设计和创新；二是资本已成为制约经济繁荣的重要因素；三是在污染问题上，“源头预防”至关重要；四是循环经济模式要效仿大自然进行“系统设计”，如产业共生、生态工业，最终达到“零排放”；五是政府在循环经济发展中应发挥重要作用。以日本、德国、美国等为代表的西方发达国家，取得了许多成功的经验，主要包括：完备的立法和严格的执法是根本保障；强化行政管理，制定经济优惠政策是重要条件；建立生态工业园区，发展静脉产业是典型示范；以政府绿色采购来启动和引导市场需求是有效手段；加强科学研究，发挥公众和中介组织作用是重要措施。采取法律和经济等综合措施创造市场环境，发挥企业的积极性和公众的主导参与，是国外循环经济发展成功的主要做法。

（二）可供参考的例证

1. 日本的例证

日本是资源消费大国，经济发展所需资源、能源的绝大部分依靠从国外进口，易受国外价格的冲击。因此，日本提出把发展环境产业以及循环经济作为改善日本经济结构，提高产业竞争力的重要内容。过去的大量生产、大量废弃、大量消费的社会经济模式给日本带来了诸多的环境问题，包括废弃物处理压力日益增大、废弃物处理的社会成本不断加大等，促使日本意识到发展循环经济的重要性。从制度创新来看，日本出台了一系列鼓励资源综合利用的制度。例如，在法律方面，日本制定了《废弃物处理法》（原先是

《清扫法》)、《再生资源利用促进法》《包装容器循环再利用法》《家用电器回收再利用法》，为促进资源综合利用、节约能源提供了法律保证，对减轻环境污染起到了良好作用。在资源综合利用优惠政策方面，日本出台了节能设备投资税收优惠政策，包括：为了鼓励节能设备投资，规定对有效利用能源的设备实行加速折旧，即第一年可折旧 30%；在地方税法中规定，节能设备的固定资产投资税，可予以减免；对节能率超过 20%、有可能大量推广的项目，对企业投资额可按 7% 抵扣企业所得税或者个人所得税；对有效利用能源的设备实行特别折旧等。

为了鼓励节能和综合利用资源，从贷款利率上给予优惠。例如：日本开发银行 1975 年设立节能专项贷款；国民金融公库 1980 年开始向中小企业和私人发放节能贷款；住宅金融公库对墙壁隔热、开水和热水供应、太阳能热水器等节能住宅产品给予专项贷款等。日本把发展静脉产业作为建设循环型社会的重点领域和切入点，建立了一批废弃物再生利用行业的生态工业园区。静脉产业生态工业园区不仅成为解决环境问题的主要途径，而且成为新的经济增长点，受到了地方政府的积极响应和大力支持。

重视科技进步的推动作用，发挥公众参与和中介组织作用。日本高度重视循环型产业领域的新技术、新设备和新产品的研究与开发，建立了推进循环型社会形成的技术支撑体系。在生态工业园区专门开辟实验研究区域，入驻大学和研究机构，产、学、政府各部门共同研究废弃物处理技术、再利用技术和环境污染物合理控制技术。同时，日本政府注重发挥公众参与和中介组织的作用，运用各种手段和舆论传媒加强对循环型社会的宣传，倡导绿色消费，提高公众的环境意识，并通过公布环境信息，保障公众环境知情权和监督权；在国内许多城市成立清洁中心、旧货调剂交易会等专门从事循环利用的非政府组织，使政府、企业和公众互通信息，调剂余缺，推动垃圾减量化。

搭建起了先进的立法体系，为日本成为资源循环利用率最高、环境保护最好的国家提供了重要保证。日本在立法体系上具有较强的规划性，采取了基本法统领综合法和专门法的模式，第一个层面为基础层，颁布了《促进建立循环型社会基本法》；第二层面是综合性法律，有《固体废弃物管理和公共清洁法》和《资源有效利用促进法》；第三层面是根据各种产品的性质制定的法律法规，主要有《促进容器与包装分类回收法》《家用电器回收法》《建筑及材料回收法》《食品回收法》和《绿色采购法》等。在立法中明确规定了国家、地方政府、企业和公众的责任与义务，特别是规定企业和公众的“排放者责任”原则和“扩大生产者责任”原则，规范了官、产、民在建立循环型社会方面的行为。比较全面的法律制度，为促进资源综合利用、保护环境奠定了基础。日本制定的环境保护的法律，规定了排放者的排放标准，同时还制定了一系列综合利用的法律，对产生污染从源头到最终处理都有相应的制度，使企业和个人有法可依。相比较而言，我国目前只有少数几部法律涉及环境，缺乏对资源综合利用的详细规定，还没有做到有法可依。

从日本资源综合利用现行做法来看，以下几个方面值得关注：地方政府从预算中安排垃圾回收、处理费用，中央政府对地方政府建设的垃圾处理场投资给予25%的财政补贴；对进行清洁生产的固定资产可以实行加速折旧；用于环境保护的投资可以免征固定资产财产税；国立环境资源研究机构或者国家资助的财团法人环境研究机构，免费对社会和企业提供有关资源综合利用和环境保护等方面的培训、研修、技术咨询、业务咨询等；鼓励一些民间组织，如儿童团、妇女团等来回收废旧物资，日本许多城市采用资源回收奖励，鼓励公众回收有用物质，对集体回收报纸、硬板纸、旧布等的社区、学校发给奖金。

2. **德国等的例证**

德国关于资源综合利用方面的制度创新工作主要体现在以下方面：1972年制订了《废弃物管理法》（要求关闭垃圾堆放场、建立垃圾中心处理站）；1986年制定了《垃圾预防与管理法》；1991年制订了《包装管理条例》；1996年制订了《物质闭路循环和废物处理法》等。此外，德国还制订了《农业和自然保护法》《污水污泥管理条例》《废旧汽车处理条例》《废电池处理条例》《有机物处理条例》《电子废物和电力设备处理条例》《废木材处理条例》《废物管理技术指南》《城市固体废物管理技术指南》等一系列制度。其中，《垃圾预防和管理法》把垃圾定义为“所有的人想要处置的可移动物品或公众认为需要进行适当管理的可移动物品”，建立了“减量化、再利用、循环利用”的实施原则，而处置只作为最后的手段。《包装管理条例》强调了生产者责任的延伸，它强制生产者具有回收包装物的义务并将其循环使用，同时允许建立一家或多家私人代理机构，通过协议代替生产者和销售者履行垃圾回收和循环利用的职责。在立法目的上，德国重视资源的循环与综合利用，例如，《物质闭路循环与废物处理法》第一条规定："本法律的目的：促进循环废物管理，保育自然资源确保废物能被以环境兼容的方式得到处理。"《循环经济促进法》第一条规定："为了促进循环经济发展，提高资源利用效率，保护和改善环境，实现可持续发展，制定本法。"

欧盟及其成员国通过立法的形式，规定了抑制废物产生制度、循环名录制度（包括强制循环和自愿循环）、市场准入制度、经济刺激制度、信息化建设制度、政府扶持制度等。以政府扶持制度为例，主要包括融资帮助、绿色采购、财政绿色补贴、环保专项基金支持、贴息贷款、增值税和所得税减免，鼓励绿色消费，照顾性地分配污染物排放总量指标，建立科技研究和中小企业发展基金，鼓励废物回收与再生企业投资，优先发行相关债券和彩票等。美国1995 年设立"总统绿色化学挑战奖"，支持具有基础性和创新性、有实用价值的化学新工艺、新方法；美国各州制订可使用再生产品实行政府优先购买的相关政策，联邦审核人员有权对各联邦代理机构的再生产品购买情况进行检查，对未能按规定购买的行为处以罚金。

3. 中国的探索

经过不断探索，中国已形成了独具特色的循环经济发展模式。有学者（黄国良，2009）归纳成"3 +1"模式，即小循环、中循环、大循环，废物处置和再生产业，其中的"大循环"就是指建立循环型城市和省区。围绕资源综合利用方面制度建设，主要体现为税收政策的优惠。2004 年，贵州省颁布实施了我国第一部地方性循环经济法规——《贵阳市建设循环经济生态城市条例》，为贵阳市推进循环经济发展，建设生态城市提供法制保障。随后，北京、上海等地相继出台了一系列符合地方情况的循环经济法规。《青海省循环经济促进条例》于 2022 年 1 月 1 日起施行。

（三）发展启示

20 世纪 90 年代以来，全球经济出现资源短缺迹象，德国、日本、美国、英国等发达国家都把发展循环经济，加强资源综合利用工作作为实施可持续发展战略的重要途径，取得了明显成效。总结和借鉴国内外实践循环经济的成功经验，对于发展青海循环经济，做好资源综合利用工作，努力实现经济社会的可持续发展具有重要的启示作用和现实意义。

第一，必须建立完善的法规体系，加强监督检查和执法力度。发达国家推进循环经济发展的成功经验之一，是随循环经济发展的不同阶段，建立和不断完善相应的法律法规体系。德国把废弃物的处理提高到循环经济的高度，建立了系统配套的法律体系。日本把建立循环型社会作为发展循环经济的目标。美国制定了《资源回收法》《污染预防法》等有关循环经济的法规，极大地促进了循环经济的开展。借鉴国际立法经验，适时建立和完善地方循环经济法规体系，重点制定和完善有关废弃物处置和资源综合利用方面的法规，对于加快发展青海循环经济具有重要的促进作用。目前《中华人民共和国循环经济促进法》已颁布实施。我们要借鉴先进经验，着手制定绿色消费、资源循环再生利用以及家用电器、建筑材料、包装物品等行业在资源回收利用方面的专项法律法规；建立健全各类废物回收的责任制定；综合运用财税、投资、信贷、价格等政策手段，调节和影响市场主体的行为，建立自觉节约资源与保护环境的激励和约束机制；要积极组织开展资源节约的专项检查，严格环境管理和监督，加大浪费资源和污染环境责任人的惩罚力度。

第二，制定有利于资源综合利用的政策措施。政策具有相对的灵活性和时效性强的特点。西方发达国家资源综合利用制定的鼓励政策涉及面广，较好地发挥了保护环境的作用。一是生产资源节约政策。征收新材料税，减少厂家对原材料的使用；征收填埋和焚烧税，限制和减少企业对原材料的投入和使用，实现生产废物及垃圾减量化和再利用；减免税收，鼓励企业采用节能设备和清洁能源。二是消费领域政策。采取垃圾处理预交制，按垃圾数量收费、收取污水处理费等政策，改变人们的消费习惯。三是废旧物资再生利用政策。美国从1999年开始对废旧物资再生利用实行税收优惠政策。日本也出台了类似的政策，还实行资源回收奖励政策，调动公众回收有用物资的积极性。目前，我国对资源综合利用制定的优惠政策只侧重于工业生产的废弃物，没有鼓励综合利用和处理生活垃圾的政策。日本发布的《包装容器循环再利用法》《家用电器回收再利用法》，实际是主要针对生活垃圾的。今后，可以借鉴日本的一些做法。加快建立与青海循环经济发展、资源综合利用相适应的激励和约束机制，完善和创新资源节约和再利用、环境管理、消费管理等方面的政策。特别是技术上、经济上的障碍，需要政府在政策制定和资金扶持和社会导向方面发挥主导作用。可以参照日本的做法，出台促进循环经济的投资政策、税收优惠政策，对从事资源回收、循环利用和废弃物无害化处理的企业，给予财政补贴和优惠贷款，增加设备折旧。对那些与发展循环经济相悖的高消耗、高排放、高污染的企业，加大惩罚力度，迫使其走低消耗、低污染、循环利用资源的道路。

第三，重视运用三套机制，发挥多元主体的作用。所谓“三套机制”，是指以政府为主导，发挥行政机制；以企业为主体，发挥市场机制；以培育非政府组织、公民为依托，发挥社会机制。通过社会多元主体共同参与，最后形成政府、市场、社会三种机制在治理体制上的有机整合。明确企业和公众作为“废弃物产生者”的责任，并增加“生产者责任”。

构建不同层次的组织体系，是发展循环经济的必经之路。目前，国内外循环经济的发展重点在三个层面上展开：一是企业内部的循环利用。最具代表性的是美国杜邦化学公司模式，通过厂内务工艺之间的物料循环，减少物料使用，达到少排放甚至“零排放”的目标。二是通过企业间的工业代谢和共生关系，形成生态工业园区。例如，我国广西贵港生态工业园区由六个系统组成，各系统内分别有产品产出，各系统之间通过中间产品和废弃物的相互交换而互相衔接，形成了一个比较完善和闭合的生态工业共生网络，使园区内资源得到最佳配置，废弃物得到有效利用，环境污染减少到最低水平。三是废物回收和再利用体系。例如，德国建立了包装废弃物回收系统，对企业包装废弃物进行回收和分类，然后分送相应的资源利用厂家进行循环利用，能回用的直接分送制造商使用。借鉴国内外经验，必须加快青海循环经济生产组织体系建设，大力发展生态企业，推进能量的梯级利用、高效利用和循环使用，努力培育再生资源回收产业，构建社会化的再生利用系统，在整个社会范围内推进循环经济的发展。

第四，重视资源综合利用技术支撑体系的建设。努力突破制约资源综合利用的技术瓶颈，重点组织开发和示范有普遍推广意义的资源节约和替代技术、能量梯级利用技术、延长产业链和相关产业链接技术、“零排放”技术、有毒有害原材料替代技术、回收处理技术、绿色再制造技术，以及降低再利用成本的技术等，不断提高单位资源消耗产出水平，降低污染物排放量，从源头上缓解资源约束矛盾和环境的巨大压力。积极支持建立循环经济信息系统和技术咨询系统，及时向社会发布有关循环经济的技术、管理和政策等方面的信息，开展信息咨询、技术推广、宣传培训等。

第五，重视中介服务机构的发展。西方发达国家特别注重发挥社会中介服务组织的促进作用。日本专门成立了废旧物品回收情报服务机构，定期向社会发布各类废旧物品方面的信息，组织废旧物品调剂会，推动垃圾减量运动的发展和消费的节约。加拿大的社区服务组织定期与政府签订环境维护与废弃物回收合同，组织动员社区群众和志愿者监督检查区域内环境，协助政府落实相关政策，推进循环经济的发展。英国的环保团体在推进循环经济的过程中也扮演着重要的角色。借鉴国外经验，必须加快建立各种形式的中介服务机构，为政府、企业提供相关信息和服务，监督政府和企业的环境行为，使政府的有关法规得到贯彻和实施。

第六，积极培养全民循环经济意识，提高公众的环境保护和资源节约意识。增强公众循环经济的意识和参与的积极性，是发展循环经济的基础所在。各国十分重视采取各种措施增强公众的环境意识和参与意识，从而使循环经济能够在稳定的社会环境和公众支持下发展。日本经常结合城市美化宣传活动，发动公众开展公共垃圾收集活动，增强广大公众的循环经济意识。英国的环保团体也通过各种方式来普及环保知识，促进环境信息的交流，倡导有益的消费方式。公众参与环境管理的范围、程序、形式和法律已经日趋成熟。英国通过法律赋予公众环境权，使公众能够对政府、企业和个人环境行为进行监督。为此，要加大循环经济的宣传力度，倡导生态价值观和绿色消费观。积极引导绿色消费，逐步制定鼓励绿色消费的经济政策，优先采购经过生态设计或通过环境标志认证的产品，以及经过清洁生产审计或通过 ISO14000 环境管理体系认证的企业的产品。通过开展绿色消费和资源节约活动，引导人们选择包装物较少或者可循环使用的物品；发挥社区的作用，组建废弃物资源的回收利用系统，实施垃圾分类收集，可维修的物品重新返回市场或捐献自己不再需要的物品供别人使用。此外，通过发展以文化消费为主的第三产业和以信息服务为主的信息产业，改进居民的消费结构，促进社会消费多样化，如加大公园绿地、开放式运动与健身场地、文化教育与娱乐设施以及信息服务设施配置的比重，引导居民逐渐将更多的消费投入到能源和原材料消耗低的项目中。鼓励发展专门从事废弃物处理的行业。可借鉴日本的做法，委托专门的组织来处理来自中小企业产生的废弃物，形成专业化分工，避免人、财、物投入的浪费。对专门从事垃圾处理的组织在发展初期给予一定的优惠政策。加强国际交流与合作，及时掌握国际上有关环保和资源综合利用的技术和政策。

三、青海省资源综合利用制度创新的制度环境分析

（一）国家层面

1. 发展历程

20 世纪 50—70 年代，我国开展资源综合利用工作。20 世纪 80—90 年代，制定了《关于进一步开展资源综合利用意见的通知》等规范性文件。改革开放以来，我国推进经济增长方式转变取得了积极进展，资源节约与综合利用工作取得了显著成效。但总体上看，粗放型的经济增长方式尚未得到根本转变，资源消耗高、浪费大、环境污染严重等问题依然存在，已成为制约我国经济社会可持续发展的主要因素。1996 年，国务院批转了国家经贸委等部门《关于进一步开展资源综合利用的意见》（国发〔1996〕36 号）。同时，将开展资源综合利用的方针“因地制宜、鼓励利用、多种途径、讲求实效、重点突破、逐步推广”。之后，政府陆续颁布一些鼓励资源综合利用的产业政策和税收优惠政策，从宏观上对资源综合利用工作给予指导，效率逐步提高，利用途径不断拓宽。2005 年 7 月 6 日，国务院发出《国务院关于做好建设节约型社会近期重点工作的通知》（国发〔2005〕21 号），强调了近期建设资源节约

型社会的工作重点，并要求编制《2005—2007 年资源节约与综合利用标准发展规划》。党的十六届五中全会通过的《中共中央关于制定国民经济和社会发展第十一个五年规划的建议》和十届人大四次会议审议批准的“十一五”规划纲要将节约资源作为基本国策，明确指出：要“建设资源节约型、环境友好型社会”“发展循环经济”，坚持开发节约并重、节约优先，按照减量化、再利用、资源化的原则，大力推进节能节水节地节材，加强资源综合利用，完善再生资源回收利用体系，加大环境保护力度，全面推行清洁生产，形成低投入、低消耗、低排放和高效率的节约型增长方式。国务院印发的《国家中长期科学和技术发展规划纲要（2006—2020 年）》（国发〔2005〕44 号），对我国未来 15 年科学和技术发展作了全面规划与部署，提出了能源开发、节能技术和清洁能源技术取得突破，促进能源结构优化，主要工业产品单位能耗指标达到或接近世界先进水平的目标。自然资源部组织编写的《全国矿产资源规划（2021—2025）》，要求推进资源高效利用。

2. **相关立法**

从立法工作来看，2002 年 6 月颁布实施了《清洁生产促进法》、2008 年制定了《循环经济促进法》等。此外，还有《废弃电器电子产品回收处理管理条例》《再生资源回收管理办法》等法规规章陆续颁布实施。国家发展改革委、国土资源部、财政部等部门发布了《中国资源综合利用技术政策大纲》《矿产资源节约与综合利用鼓励、限制和淘汰技术目录》《关于资源综合利用及其他产品增值税政策的通知》《新型墙体材料专项基金征收使用管理办法》

等政策措施，初步形成了资源综合利用的法规政策体系。从未来的立法预期看，将通过一系列具体的物质循环法来实现减量化、资源化和再利用目标的实现，从完善资源综合利用的角度来看，通过制定单行、专门法的形式，对资源综合利用问题做出明确具体的规范，特别是需要明确如下事项：资源综合利用规划、资源综合利用名录、资源综合利用标准、资源综合利用技术推动措施、资源综合利用的奖励机制和政策扶持、资源综合利用的管理体制问题等。

3. **相关政策**

从鼓励资源综合利用的政策来看，国家主要出台了《国务院办公厅转发发展改革委关于完善差别电价政策意见的通知》（国办发〔2006〕77号)、《国务院关于实施成品油价格和税费改革的通知》(国发〔2008〕37号)、《国务院办公厅转发发展改革委等部门关于加快推行合同能源管理促进节能服务产业发展意见的通知》（国办发〔2010〕25号)、《财政部关于印发〈中央补助地方清洁生产专项资金使用管理办法〉的通知》（财建〔2004〕343号)、《国家发展改革委关于印发〈可再生能源发电价格和费用分摊管理试行办法〉的通知》(发改价格〔2006〕7号)、《财政部关于印发〈可再生能源发展专项资金管理暂行办法〉的通知》（财建〔2006〕237号)、《国家发展改革委、财政部、国家税务总局关于印发〈国家鼓励的资源综合利用认定管理办法〉的通知》 （发改办环资〔2006〕1864号)、《财政部、国家环保总局关于印发〈中央财政主要污染物减排专项资金管理暂行办法〉的通知》 （财建〔2007〕112号)、《当前国家鼓励发展的环保产业设备（产品）目录（2007

年修订)》（中华人民共和国国家发展和改革委员会公告，2007 年第 27 号)、《国家发展改革委、国家环保总局关于印发〈燃煤发电机组脱硫电价及脱硫设施运行管理办法〉（试行）的通知》（发改价格〔2007〕1176 号)、《财政部、国家发展和改革委员会关于印发〈节能技术改造财政奖励资金管理暂行办法〉的通知》（财建〔2007〕371 号)、《财政部关于印发〈国家机关办公建筑和大型公共建筑节能专项资金管理暂行办法〉的通知》（财建〔2007〕558 号)、《财政部关于印发〈城镇污水处理设施配套管网以奖代补资金管理暂行办法〉的通知》(财建〔2007〕730 号)、《财政部关于印发〈淘汰落后产能中央财政奖励资金管理暂行办法〉的通知》（财建〔2007〕873 号)、《财政部、国家发展改革委关于印发〈新型墙体材料专项基金征收使用管理办法〉的通知》（财综〔2007〕77 号)、《财政部、国家发展改革委关于印发〈高效照明产品推广财政补贴资金管理暂行办法〉的通知》（财建〔2007〕1027 号)、《国家发展改革委办公厅关于鼓励利用电石渣生产水泥有关问题的通知》（发改办环资〔2008〕981 号)、《财政部、国家税务总局、国家发展改革委关于公布节能节水专用设备企业所得税优惠目录（2008 年版）和环境保护专用设备企业所得税优惠目录（2008 年版）的通知》(财税〔2008〕115 号)、《财政部、国家税务总局、国家发展改革委关于公布资源综合利用企业所得税优惠目录（2008 年版）的通知》(财税〔2008〕117 号)、《财政部关于印发〈秸秆能源化利用补助资金管理暂行办法〉的通知》（财建〔2008〕735 号)、《财政部、国家税务总局关于资源综合利用及其他产品增值税政策的通知》(财税〔2008〕156号)、《财政部、国家税务总局关于再生资源增值税政策的通知》(财税〔2008〕157号)、《财政部、科技部关于开展节能与新能源汽车示范推广试点工作的通知》(财建〔2009〕6号)、《关于印发〈太阳能光电建筑应用财政补助资金管理暂行办法〉的通知》(财建〔2009〕129号)、《财政部、国家发展改革委关于开展"节能产品惠民工程"的通知》(财建〔2009〕213号)、《财政部、国家发展改革委关于印发〈"节能产品惠民工程"高效节能房间空调器推广实施细则〉的通知》(财建〔2009〕214号)、《关于实施金太阳示范工程的通知》(财建〔2009〕397号)、《关于再生资源增值税退税政策若干问题的通知》(财税〔2009〕119号)、《财政部、国家税务总局关于以农林剩余物为原料的综合利用产品增值税政策的通知》(财税〔2009〕148号)、《中国人民银行　银监会　证监会　保监会关于进一步做好金融服务支持重点产业调整振兴和抑制部分行业产能过剩的指导意见》(银发〔2009〕386号)、《关于资源综合利用及其他产品增值税政策补充的通知》(财税〔2009〕163号)、《财政部　国家税务总局　国家发展改革委关于公布环境保护节能节水项目企业所得税优惠目录(试行)的通知》(财税〔2009〕166号)、《财政部　国家税务总局关于调整完善资源综合利用产品及劳务增值税政策的通知》(财税〔2011〕115号)、《国家发展改革委关于印发"十二五"资源综合利用指导意见和大宗固体废物综合利用实施方案的通知》(发改环资〔2011〕2919号)、《国家发展改革委办公厅关于印发资源综合利用电厂审核认定细化要求等工作规则的通知》(发改办环资〔2012〕584 号）等。

（二）地方层面

从地方实践看，上海市、深圳市、山东省、浙江省、甘肃省等都出台了相应的政策法规，推动资源综合利用工作的开展。例如：2011 年 9 月 30 日浙江省第十一届人民代表大会常务委员会第二十八次会议通过的《浙江省资源综合利用促进条例》、2007 年 5 月 31 日甘肃省第十届人民代表大会常务委员会第二十九次会议的《甘肃省资源综合利用条例》、2001 年 4 月 6 日山东省第九届人民代表大会常务委员会第二十次会议通过的《山东省资源综合利用条例》、2003 年 2 月 21 日深圳市第三届人民代表大会常务委员会第二十二次会议通过的《深圳市资源综合利用条例》等。

从各地的实践看，具有重大带动作用的关键技术研发创新不足，许多再生资源没有得到有效利用，一些综合利用产品的技术含量低，附加值不高，竞争力不强，各地还需要开展更高水平资源综合利用工作的政策引导和技术指导。在基层，干部、群众理解最深刻的是资源综合利用问题，他们需要国家在资源综合利用技术应用问题上给予政策引导和技术指导。

就青海省而言，资源节约和资源综合利用工作才开始起步。在资源节约、综合利用和清洁生产方面，一是《清洁生产促进法》《国务院关于资源节约活动的通知》等有关资源节约的法律法规得以贯彻实施，并制定了《在全省开展资源节约活动的实施意见》《青海省资源综合利用条例》及《青海省加快推行清洁生产的意见》等地方性法规政策，推动了资源综合利用工作的开展。二是技术进步和结构调整促进了资源综合利用工作的开展。结合工业结构调整，积极开展资源节约活动，遏制了部分行业、地区盲目投资和低水平重复建设。依托技术进步，加快对传统产业的改造升级，重点加强省属重点企业的节能降耗工作，推广蓄热式加热炉、高（焦）炉煤气回收、热电联产等节能和综合利用先进实用技术，提高了冶金、建材、化工医药等重点耗能企业的资源综合利用水平。三是充分发挥新闻媒体和社会团体的作用，积极宣传党和国家节约能源的方针政策，大力推动节能降耗，努力建设节约型社会，全民资源意识和节能意识不断提高，营造了良好的氛围。四是在矿产领域，资源综合利用工作取得初步进展。《青海省盐湖资源开发与保护条例》《青海省鼓励外商投资勘查开采矿产资源若干规定》《青海省鼓励矿产资源勘查开发的若干规定》的颁布实施，标志着青海重要矿产资源循环利用有了法律保障。条例和办法积极鼓励矿业权人采用先进的生产工艺、技术设备开发盐湖资源，鼓励采用成熟工艺对具有工业价值的共生和伴生矿产进行综合回收利用，鼓励外商运用新技术、新方法开采低品位、难选冶的矿产资源，回收利用尾矿资源，鼓励用先进技术开采省内现有技术难以开发利用的矿产资源，开发利用闭坑后的残余矿产资源，等等。通过政策推动和各方面的积极努力，矿山企业能够积极开展矿产资源的综合利用。例如，西部矿业锡铁山分公司铅锌矿石综合利用初步形成产业链，基本达到了废弃物“零排放”的要求；在大柴旦行委，利用铅锌矿尾矿——硫精矿石生产硫酸，硫酸生产硼酸，硫酸尾渣生产铁精矿，铁精矿生产中的废料又成为水泥厂的添加剂。但是从总体上看，还没有形成促进资源综合利用的制度体系，法规制度建设相对滞后，政策也不完善。解决上述问题需要政府、企业与社会的共同努力，通过在理论和实践上的借鉴与创新，明确发展思路，推进青海省资源综合利用工作的开展。

四、存在的问题及原因分析

（一）制度建设存在不足

目前，青海省关于促进循环经济发展的地方性立法尚属空白。与发展循环经济有关的制度，包含国家和地方两个层面。从体系的完整性上看，现有制度体系缺乏对一些与循环经济相关的重要制度的规定以及相关权责的界定，例如资源再用、再生和循环利用强制实施的法律义务、生产者责任制度等在现有的法律体系中并没有明确的规定，只是在《清洁生产促进法》等法律中有含糊表述；另外，一些在发达国家普遍推行的制度，如抑制废物形成制度、循环名录制度等还没有建立。

从制度保障体系的整体制定思路来看，多是从单个主管部门管理的角度出发制定，在资源利用、再生和循环利用中延续的是末端治理的思路，缺乏一种从全局、全社会的层面上将法规政策体系加以系统整合的政策制定思路，尤其忽视产业政策的调整、技术扶持政策的运用和市场机制的建设对推动循环经济的作用。青海省仍处于传统线性经济模式中，现有的环境法规和政策体系大多采取末端控制、指令性控制，在资源输入端和污染排放端缺少有效的经济控制手段和社会参与手段，这不利于发挥企业和社会的积极性。循环经济发展要求强化基于市场机制的方法，发挥企业主体的积极性。目前的市场价格体系不但不能反映资源的稀缺性，反而因为回收利用的材料价格高于原材料的价格，不利于原材料的节约和二次材料的大量利用，同时，污染排放端也缺乏强有力的经济约束。目前的政策体系较少考虑采用市场性和参与性的政策，排除了市场主体企业和社会力量在推进循环经济中的作用，客观上造成企业和社会参与积极性不足的缺陷。在现有产业政策、技术政策的推进中，以行政手段为主导，以形形色色的项目开道，形成由政府部门唱独角戏的局面。虽然已经开始运用税费作为激励手段，但系统地运用市场机制和社会机制显得不足。政府在推进循环经济过程中，社会动员机制薄弱的问题突出。虽然人们对于发展循环经济的重要性已有所认识，在制度上却没有制定出相应的奖励和惩罚机制，以引导人们保护环境和节约资源。例如，虽然国家出台了禁止过度包装的法律条款，并从法律上鼓励使用易回收包装物，但还没有建立起与之相适应的实施机制，地方上存在食品、药品、保健品等过度包装现象，造成资源的极大浪费。再如，国家层面出台的《清洁生产促进法》《可再生能源法》《节约能源法》等，没有对企业的责任和义务做出具体规定，缺乏强制实施力，青海省也没有针对性的地方性立法或政策对此予以引导规范。

国家出台的有关促进循环经济发展方面的法律法规对公众的直接影响力不大，已有政策存在落实不到位的情况。缺少相应的法规政策与标准、缺少激励政策、缺少监督手段、缺少惩罚机制是阻碍资源综合利用开展的重要因素。

（二）相关主体的责任制度不明确

参与资源综合利用工作的主体有政府、生产者、消费者等，但目前从国家到地方，还没有形成适合的责任制度体系，尤其是生产者责任延伸制度还不完善，这是导致循环经济发展缓慢的一个重要原因。生产者责任延伸制度是将产品生产者的责任延伸至产品的整个生命周期，生产者要承担产品从设计到消费或废弃后对环境影响的全部责任，包括原材料的选择、生产过程的“减排”、生产和消费过程中废弃物的处理等各个环节对环境的影响。该制度强调从末端治理向源头控制的方向转变。近些年来，国内已开始制定体现生产者责任延伸制度的有关法律法规，例如《废旧家电及电子产品回收处理管理条例》明确了家电等电子产品回收利用主体的责任，但生产者责任延伸制度的建立和实施还存在着许多障碍。目前，生产者还只局限于生产和售后服务环节，很少触及对废弃物的处理，废弃物的回收和处理更多由政府及环保部门承担，废弃物排放量、处理情况以及处理费用等都不影响企业的收益，对企业缺乏约束。就回收环节来看，青海省尚未建立有序的产品废弃物回收网络体系，已有的废旧物资回收利用企业规模普遍较小，处理技术也非常落后，无法应对和承担生产者责任延伸制度的需要。目前的消费者责任制度也不健全，在环保、治污、节能减排等方面，没有对消费者造成的环境破坏使其承担责任的相关规定，导致消费者随处丢弃垃圾、排污、破坏环保等事情屡屡发生，却难以追究其法律责任。

（三）对资源综合利用工作存在简单化、片面化的认识

目前公众对废物回收利用、垃圾无害化处理、环境保护、节能节水节电等的认同度较高，但对“减量化”的重视程度不够，对绿色消费的认识还有待提高。资源综合利用是个社会工程，需要全体民众的参与才能真正发展起来。随着青海省经济快速发展和生活水平提高，人们对实现经济、人口、社会、资源、环境的可持续发展和循环经济有着内在的要求。但目前公众尚未树立起科学的消费观，参与意识不强，对循环经济的理解存在偏差，没有从整体上形成环境保护、资源循环利用、废弃物回收加工再利用、生态保护等方面的意识，也没有形成循环经济发展的社会理念。虽然在政府、社会的宣传倡导下，人们的环保、节能等意识有所提高，但远未达到“习惯成自然”的程度，人们普遍缺乏将生活垃圾分类捡装、资源循环利用、保护环境、减少污染的习惯，循环经济意识还较为淡薄。公众对资源综合利用的了解还需要从知识的知晓进入到能力的培育，对资源综合利用观念的认同和参与在不同社会群体之间和同类社会群体之中还不平衡。公众普遍地把推动资源综合利用看做是政府的责任。一些经济部门和地方的政府官员也并未把公众意识当做一种有建设性的力量，没有提供公众参与的有效途径。

（四）政府作用发挥不足

全面推进资源综合利用，必须对现有的生活方式和经济运行模

式实施全面的重构，这是一个重新分配利益的过程。政府在资源综合利用的实施中，扮演着极为重要的角色。目前资源综合利用的推进中，仍然存在政府失灵的现象。主要表现在：第一，以 GDP 为主要考核指标的政绩考核制度不利于资源综合利用的开展。就青海省经济发展而言，投资是拉动 GDP 增长的主要推动力，固定资产投资倾向与资源综合利用所要求的内生循环型的发展会产生抵触。绿色 GDP 国民收入核算体系尚有待建立。第二，治理环境污染的目标排序靠后。政府目标具有多元化的特点，治理环境污染仅是目标之一，往往被放在经济增长、就业、稳定物价、维护社会稳定等之后。第三，现行的政策制定思路存在缺陷。现行的资源再用、再生和循环利用政策，过分侧重于末端治理，这从根本上与循环经济模式发展的要求是相悖的。资源综合利用要求摒弃对废弃物进行被动的“末端处理”的“边污染、边治理”的生产模式，代之以在生产和消费的源头进行“管端预防”为主的生产消费模式。目前缺乏一种从全局、全社会的层面上将促进资源综合利用的政策体系加以系统整合的政策制定思路。第四，部门利益加剧了新制度安排的困难程度。资源综合利用涉及诸多行业与领域，现行的部门管理经济、条块分割的管理机制，使得政府各部门缺乏有效的协调，容易出现政策冲突或政策盲区，出现多头管理、管理空白乃至互相矛盾的现象，对于资源综合利用非常不利。

五、完善青海省资源综合利用制度的措施建议

（一）做好《青海省资源综合利用管理办法》等法规规章的制定工作

法规、规章由于具有强制约束力，成为做好资源综合利用工作的基本制度保障。政府要将鼓励资源综合利用的政策主张用法规、规章的形式固定下来，做到有章可循，有法可依，从而更加有效地促进环境保护。目前的制度供给还不能满足资源综合利用工作的需要，加强立法成为制度构架的当务之急。为推动青海省资源综合利用工作的良性、有序发展，需进一步加强法规体系建设，用立法手段对企业、政府和公众的行为进行强制性约束，杜绝短期行为和急功近利，使资源综合利用工作得到保障。当前，青海省应积极配合国家层面相关法律法规体系的建设，结合本省实际情况，制定资源综合利用的基础性法规，规定社会各方面相应的权利、义务、责任，明确企业、区域及社会三个层次推进资源综合利用工作的具体措施和指标体系，落实相关责任。西宁市作为全省最重要的城市，有必要研究制定“西宁市资源综合利用条例”。

做好《青海省资源综合利用管理办法》的立法工作。2008 年年底，省政府办公厅《关于印发做好青海省人民政府 2009 年立法工作的意见和青海省人民政府 2009 年立法工作计划的通知》（青政办〔2008〕185 号），将原定地方性法规《青海省资源综合利用管理条例》，改为《青海省资源综合利用管理办法》，并于 2010 年 4

月形成了《青海省资源综合利用管理办法》（送审稿）和之后的《青海省资源综合利用管理办法》（草稿）。制定该“办法”属于一项制度创新工作，在立法过程中遇到了很多困难。完善《青海省资源综合利用管理办法》，需要强调实现“一个结合”和“三个提高”，把握“一条主线”。“一个结合”，就是要把资源综合利用和实施青海可持续发展结合起来；“三个提高”，就是要提高资源综合利用的管理和服务能力，提高资源开发与利用的能力，提高资源综合利用的激励水平。“一条主线”就是要始终贯彻循环发展。在做好制定《青海省资源综合利用管理办法》的基础上，做好建筑垃圾回收利用、再生资源回收利用等资源综合利用配套法规规章的制定工作。

（二）制定鼓励资源综合利用的地方优惠政策

坚持鼓励与限制相结合的原则，在国家相关政策未出台之前，先行制定地方优惠政策，将发展资源综合利用纳入政策体系，努力形成促进资源综合利用的激励机制。认真贯彻落实国家有关资源综合利用的税收优惠政策，解决税收优惠政策执行及征管方面的难点和盲点。对获得资源综合利用认定的项目、产品，应按规定给予享受有关的税收优惠政策，促进资源综合利用水平的提高。加强对减免税金用途的管理，严格落实对减免税金使用情况进行专项审计的规定，切实按规定把减免税金用在提高资源综合利用水平上。

用足用好用活国家的优惠政策。认真落实国家资源综合利用的相关优惠政策。鼓励企业开展资源综合利用认定申报工作，支持符合国家有关税收减免政策规定的企业向所在地主管税务机关申报办理减免税。对资源综合利用重大项目和技术开发、产业化示范项目，要给予直接投资、资金补助和贷款贴息等支持。

研究制定对提高资源综合利用效率显著的项目，在资金、供电、供水、矿权出让、资源整合、矿产资源补偿费缴纳等方面的扶持政策。研究制定环境社会效益显著，但生产成本较高、盈利微薄甚至没有利润的资源综合利用项目、产品的政府扶持政策。研究制定属于资源综合利用但尚未列入国家优惠政策支持范围的项目、产品的鼓励政策。研究制定生产者责任的规章，“三废”排放者应承担相应的处置责任，以改变把“三废”留给社会、把财富留给自己的现象。制定消费环境保护政策。提高城市污水处理费征收标准，开征城市生活垃圾处理费，鼓励公众购买循环经济产品，推动政府绿色采购，引导消费者树立正确合理的消费观，促进社会化的良性循环。

调整和完善有利于废旧资源再生利用的税收政策。加大建立废旧资源回收处理收费制度，针对尾矿、难采矿、低品位矿和伴生矿开发利用制定更加优惠的政策。

开展工业固废资源综合利用企业认定试点工作；完善工业资源综合利用产品认定制度；进一步研究完善税收优惠目录，重点支持大宗、高附加值综合利用产品。

推进资源税改革，提高资源产品的资源税税率，促进大宗工业固体废物综合利用；推动以环境税替代排污费，为大宗工业固体废物综合利用创造良好环境。实行生产者责任延伸制度，推动建立用于大宗工业固体废物综合利用专项资金；将符合条件的大宗工业固体废物综合利用产品纳入节能、环境标志等产品政府采购清单。

通过国家科技计划、中央预算内基建投资、循环经济专项、中小企业发展基金等现有资金渠道，支持大宗工业固体废物综合利用共性、关键技术研发、技术改造以及重点项目建设。

建立资源综合利用统计制度和指标体系。建立资源综合利用统计制度，将重要资源综合利用信息数据纳入国民经济统计体系，为政府宏观调控和企事业单位开展资源综合利用提供统一、权威的数据信息，使资源综合利用统计制度走向规范化、制度化。建立以共伴生矿产综合利用、“三废”综合利用、再生资源回收利用等为基本框架的资源综合利用评价指标体系，加强对主要指标的分析，提出相应的对策措施。

制定科学的资源价格形成机制和生态环境补偿机制。政府价格主管部门要充分运用价格调控职能，建立反映市场供求关系、资源稀缺程度及环境修复成本的资源价格形成机制，提高资源综合利用的整体水平。如调整城市供水价格，合理确定再生水价格，完善农业水费计收办法。探索建立资源利用和生态环境补偿机制，探索多样化的环境补偿方法和模式，明确各利益相关者的权利、义务、责任，对补偿内容、方式、标准及操作方式加以规范，推动相关环境补偿政策法规的制定和完善。

建立资源产权二级市场和排污权交易制度。依照国家法律法规，加快建立和完善资源使用权的初级市场，将资源有偿使用制度落到实处，并有序开放和完善水权等资源产权的二级市场，促进资源产权合理流转。研究制订水权交易制度，促进水资源使用权在不同主体之间的有偿转换。探索建立排污权交易制度，建设青海省污染物排放权交易市场，利用市场交易模式实现节约资源、保护生态环境的目的，更好地发挥市场在资源配置和生态环境补偿中的作用。探索建立城市污水和固体废物处理市场运行办法，培育和规范环境保护基础设施建设和运营的市场机制。

（三）构建资源综合利用管理体系

加强资源综合利用的组织领导。资源综合利用是一项系统工程，涉及国民经济和社会发展的各个领域，需要有关部门的协调配合、共同推动。建立由省政府牵头、有关部门参与的青海省资源综合利用工作协调机构，建立职能部门间长期有效的协调合作机制，形成责权明确、统筹协调、信息共享的管理体系。各级政府应成立相应的协调工作机构，推进资源综合利用的实施。各部门应根据职能职责，结合青海省实际，编制资源综合利用专项规划，确保完成资源综合利用的各项目标任务。把资源综合利用工作列入各级政府的国民经济与社会发展规划，列入各部门的工作议程。

确立企业资源综合利用的主体地位。建立以企业为主的创新体系，鼓励企业采取自主、联合或委托等方式开发资源综合利用项目，政府做好公共服务工作。推动“产学研”联合，促进资源节约与资源综合利用科技成果的产业化；积极培育和发展技术市场，运用市场机制促进新技术、新产品、新设备、新材料的推广应用；鼓励企业加快应用高新技术改造传统产业的步伐。以企业自主创新为核心，用循环经济理念，推进资源深加工技术的研发，提高产品的附加值，延伸产业链，实现资源型工业的优化升级，实现工业经济由原料输出型向产品深加工型转变。

建立资源综合利用信息平台。建立以省、市、县三级资源综合利用信息为平台的管理信息系统，使有关系统相互衔接，数据自由交换，及时、准确反映全省资源综合利用的动态，及时发布有关资源综合利用的政策、技术和管理方面的信息。建立资源综合利用的中介机构，充分发挥中介机构在深化资源综合利用过程中的促进作用，推动全省资源综合利用全面、协调、可持续和快速发展。

（四）明确部门职责，做好资源综合利用的管理工作

建立“统一管理、依托各方、各司其职、合力推进”的工作机制，明确各部门的职能分工，密切配合，做好全省资源综合利用管理工作。加快制订资源综合利用规划，规范、引导资源综合利用产业健康持续发展，注重与资源综合利用、清洁生产等规划的协调与衔接。尽快建立资源综合利用统计制度。将青海省重要资源综合利用信息数据纳入国民经济统计体系，同时要加强对资源的计量管理工作，为评估青海省行业和企业资源综合利用效益提供重要依据。在充分发挥市场配置资源基础性作用的同时，强化政府在推动资源综合利用发展方面的综合协调职能。

推动资源综合利用发展列入重要议事日程，建立促进规划实施的综合决策与管理体制。认真研究解决推进资源综合利用发展的热点、难点问题，制定相应的政策和措施。

有关部门和机构要为资源综合利用的发展提供指导和协助，促进资源综合利用产品出口，引导金融机构对有利于促进资源综合利用发展的重点项目给予贷款支持。积极促进科技型资源综合利用的发展，对企业在规划、用地、财政等方面提供政策支持。推进建立各项服务机构，建立资源综合利用发展促进中心，加速资源综合利用信息服务业和物流业的发展。

强化监督管理，坚决制止一切浪费资源的行为。建立资源节约的统计制度和信息发布制度，促进各行各业改进工作，堵塞浪费资源的漏洞。鼓励和支持大企业参与资源综合利用工业生态系统的建设，制定企业进入生态园区的条件和优惠政策，以带动和促进资源综合利用的发展。

（五）加大资金投入，拓宽融资渠道

加大财政扶持力度。充分发挥政府投入对资源综合利用的引导作用。设立青海省资源综合利用专项资金，主要用于宣传培训、调查研究、表彰奖励、支持重点工程和重大技术开发，以及新技术、新产品、新设备、新材料的推广应用。创新政府资金投入方式，采取以奖代补等多种形式支持资源综合利用重点项目和标志性工程的建设。进一步整合各方面的优惠政策资源，把不同渠道的政府性资金直接、间接地投入到资源综合利用上，扩大政府资金的引导效应。

拓展融资渠道。采取多种方式，扩大实施资源综合利用重大示范项目的融资渠道。实现投资主体多元化、运行机制企业化、运行

管理市场化；鼓励金融投资，增大政策性银行筹资量；开发多领域金融手段，引导商业银行、信托基金等金融机构增加对资源综合利用项目贷款；通过召开项目推荐会，邀请财团、投资商、运营商和中介机构广泛参与项目建设；鼓励社会投资主体，以独资、合资、承包、股份制、股份合作制、BOT（建设—经营—转让）等形式参与资源综合利用项目开发。

积极引进境外资金。鼓励合理利用清洁发展机制，吸引国外资金投入资源综合利用项目建设和技术研发领域。积极申请世行、亚行、全球环境资金、联合国开发计划署等国际组织的贷款或捐赠，为资源综合利用产业化发展搭建多元化投融资平台。

（六）建立资源综合利用技术支撑体系

青海省资源综合利用工作有较大的空间。面对量大面广的可利用废弃资源，需要进一步加大技术创新工作力度，进一步拓宽资源综合利用领域，填补资源综合领域的空白。

加强资源综合利用生产技术的基础研究，包括共性技术、关键技术和专门技术，对重大技术项目要组织科研院所进行联合攻关，并在资金和人力上给予支持。引导关键、共性重点综合利用技术的开发，推进高新技术产业示范，推广应用成熟、先进适用的技术与工艺，淘汰落后的生产工艺和装备。

在科技项目立项上，加大对资源综合利用科技项目的支持力度，鼓励企业开展技术改造。鼓励企业、高等院校和科研院所加大对再生资源加工利用技术领域的研发投入，加快建立以企业为主体的资源综合利用技术创新体系，积极推动科技成果转化，促进资源综合利用技术产业化。提高资源综合利用技术装备标准化、系列化、成套化和国产化水平。

推广应用先进适用技术。制订《青海省资源综合利用技术政策》，及时向社会发布有关资源综合利用的政策、技术和管理方面的信息。培育和发展资源综合利用的技术市场，开展技术咨询和信息服务，促进资源综合利用科技成果的转让和推广应用。充分利用国内外先进适用技术改造传统产业，对在资源综合利用过程中已经形成的先进、成熟的新技术、新工艺、新设备和新材料应大力推广，使先进适用的科技成果尽快得到普及和应用。要依靠不断提高资源综合利用的科技含量，进一步提高资源综合利用的效益和水平。

鼓励技术创新。各级人民政府应加强资源综合利用的技术创新工作。加快建立以企业为主体，以市场为导向，产、学、研相结合的资源综合利用技术创新体系。鼓励并支持龙头骨干企业与省内外高校、科研机构围绕资源综合利用，建立若干个技术创新战略联盟，组织实施资源综合利用重大科技项目，培养创新团队，解决共性关键技术，获取自主知识产权，制订重要标准，形成产业核心竞争力。

加强科技合作与交流。充分把握国际社会高度重视环保的有利时机，充分利用国内外两个市场、两种资源，深入推进资源综合利用。实施“引进来”和“走出去”相结合的战略，积极开展资源综合利用的国内外交流与合作。通过合资和吸引外援、外资等途径，利用信息交流、境外培训、学术研讨等方式，对经济效益显著并适合青海省具体情况的资源综合利用科学技术注重引进和消化吸收，提高青海省资源综合利用科学技术水平。

（七）以矿产循环发展为突破口，不断提高资源综合利用水平

调整矿山企业结构，促进规模开发。加快推进矿业结构调整，延伸产业链，努力实现资源合理配置，进一步提高资源利用效率。提高矿山企业准入门槛，逐步关闭、整合企业规模设置不合理、破坏浪费资源的企业，减少矿山企业数量，杜绝大矿小开，走规模化、集约化之路。合理控制开发规模和开发密度，提高矿产资源利用水平，延长矿山服务年限。

努力改善矿业结构，不断延伸产业链。积极推进盐湖资源的综合开发利用，采用先进的生产工艺，生产氯化钾及附加产品，大力发展镁、锂、锶、钾、硼等元素为主的高新技术产品。减少原煤出售，提高煤的清洁、高效利用水平，推进煤电联营，积极发展煤焦化等深加工产业。

推进企业科技攻关，提高矿产资源选冶水平。大力扶持矿山企业引进和推广资源开发的新工艺、新方法、新技术，增加矿业开发的科技含量，提高中低品位、共伴生矿产资源的综合利用水平；加大对重要共伴生矿床及难选冶矿床选冶技术的支持力度。

加大矿产资源执法力度，保护矿产资源的合理开发利用。进一步加大矿产资源管理秩序整顿力度，通过执法检查和行政监察等手

段，坚决制止乱采滥挖、采富弃贫、破坏浪费资源的行为，鼓励和引导矿业权人合理开发利用矿产资源，提高资源利用水平。提高废弃物资源化水平。重点在排放量大、堆存量大、污染严重的固体废弃物大宗利用和高附加值利用，继续推进粉煤灰、煤矸石、尾矿、脱硫石膏、磷石膏、冶炼废渣、建筑垃圾等废弃物资源化利用。同时，加强对生产、生活过程中产生的废水、废气及余压余热的回收利用。推进废弃电子电器、废旧轮胎（橡胶）、废旧纺织品、废塑料、废旧零部件等可再生资源的综合利用。继续推广利用秸秆肥料、饲料、食用菌基料、工业原料、燃料等。

（八）加强废物回收利用，积极开展循环经济试点工作

建立覆盖全社会的再生资源回收网络，全面推进居民特别是城镇社区生活垃圾的分类收集。规范再生资源回收市场，鼓励企业和个人从事废物回收，根据回收物资分布情况规划建设新的加工企业，对其给予税费减免优惠，促进回收物资的加工使用和有效使用。制定优惠政策，鼓励工业企业和建筑企业使用资源回收再生产品。全面开展单项或者多项的循环经济试点，用生态链条把工业与农业、生产与消费、城区与郊区、行业与行业有机结合起来。推行全社会节水、清洁生产、垃圾分类收集、绿色消费、城市交通使用清洁能源、居民和公共场所使用绿色照明设备、使用新型建材建设和改造住宅区，大力发展资源循环利用产业。

建立废旧物资交换管理体系，做好物质资源的回收和循环利用工作。废旧物资的综合回收利用，有两种方式：一是原级资源化，

即把废弃物生成与原来相同的产品，例如将废纸生成再生纸、废玻璃生成新玻璃，废钢铁生成再生钢等；二是次级资源化，即把废弃物变成与原来不同的新产品，例如把无机物制作建筑材料，彩色路面砖等，把有机物制作成有机复合肥等。废旧物资回收利用是资源综合利用的一部分。建立废物交换管理体系是解决废旧物资的综合回收利用的有效方式，包括建立废物交换管理系统和废物交换平台，前者可将废物申报、经营许可、废物去向、转移、审批等制度建立和完善，后者可构建合理的废物、原料、产品、用户的废物循环快捷链，使废物资源在企业间、社会间得到合理集中的配置和交换。

（九）建立城市生活垃圾回收利用体系

生活垃圾一般可分为四大类：可回收垃圾、厨余垃圾、有害垃圾和其他垃圾。长期以来，青海省城市垃圾主要采用露天堆放和简易填埋的原始方法，这种处理方式对土壤、地下水、大气等都会造成现实的影响和潜在的危害。城市在不断扩大，而城市周围的水塘、低洼地逐渐被垃圾所填埋，城市再扩容的部分又建在被垃圾填埋的土地上，这些未经任何处理和无害化措施的垃圾，由于雨水及地表水、地下水的浸润，使垃圾中有毒物质进入了自然水循环系统，造成了极难恢复的二次污染。实现城市生活垃圾社会层次上的物质循环关键在于建立一个回收、分类、加工利用体系。目前，常用的垃圾处理方法主要有综合利用、卫生填埋、焚烧和堆肥。一般处理城市垃圾的工艺路线如下：在贮放池进行除臭、消毒、除尘预处理，然后进行分类筛选，分选出回收物、可燃物、有机物、无机物、可燃物、有毒物。垃圾分类是合理利用与妥善处理的基础，可按照下列类别对城市垃圾进行分类：不可燃物、大件垃圾、家用电器、纸类、厨余垃圾、纤维类、草木皮革、塑胶类、塑料类、污泥类、有毒垃圾、建筑垃圾、工业垃圾。在做好垃圾分类回收的同时，还应将一些闲置不用或已经过时淘汰的电器、衣物等旧物捐给生活水平低的贫困人群，这样既可以改善贫困者的生活质量，又减少了垃圾数量，使有限的资源得到最大限度的利用。需要强调的是，居民在日常生活中要养成不随意扔垃圾、将垃圾分装的习惯，这样可以大大降低垃圾回收成本，提高资源回收的价值。

（十）提高全民资源综合利用意识

公众是推动资源综合利用工作的社会基本力量。公众自觉参与资源综合利用的行动，其作用和效果都胜过法律条文和行政命令。例如，任何废物处理装置对于环境保护的作用，都不会比居民自觉地减少生活垃圾的排放更有效。公众参与对于青海省开展资源综合利用工作有着更为特殊的意义。现阶段是在人民生活水平总体上还不高的情况下实施循环经济战略，明显地具有自上而下超越式前进的外推性特点。这就需要政府在发挥决策主导作用之外，最大限度地调动和激发公众在资源综合利用过程中的行为主体作用。目前，青海省人民群众对资源综合利用已经有了显著的知晓、认识和领会，但还没有达到认同和参与层面。对于资源综合利用的知晓和认识，属于知识的普及；而对于资源综合利用的知晓与认同，属于素质的培育。贯彻资源综合利用战略，应该在宣传和推广资源综合利用思想的基础上，着力提高社会各界人士的认同意识、参与意识和率先意识，实现从知晓到认同、从了解到参与、从领会到创新的飞跃，从而使各界公众真正建立起走可持续发展和资源综合利用之路的行为准则和思想意识。推进公众参与资源综合利用，应有重点、有针对性地进行，可以将参与资源综合利用的社会公众分为三个大的社会群体：第一类是普通公众。他们是实施资源综合利用的基础性力量，对资源综合利用的了解和接受对未来的发展方向有很大影响。第二类是学生，包括各类中小学学生和各类在校大学生。他们是资源综合利用的后备力量和希望所在，是当前各种社会公益性活动不可低估的参与性力量，对资源综合利用的认识和参与关系到未来的前途。第三类是管理、知识界，主要包括各级政府、企业、街道社区的管理人员以及教育界和科技界的知识分子。他们是有可能较早了解和接受资源综合利用思想、掌握资源综合利用能力的社会群体，是传播资源综合利用思想、提高全民资源综合利用意识的核心力量。

大力宣传资源综合利用对促进国民经济可持续发展具有重要意义，加快建立资源综合利用信息和情报网络系统，企业提供先进的技术与管理信息，促进企业资源综合利用上水平、上台阶。发现和总结资源综合利用的先进典型和经验，及时组织交流和推广，发挥典型的示范和引导作用。通过有效的宣传教育，引导人们自觉地珍惜和节约资源，有意识地变废为宝，化害为利，提高资源的综合利用率，减少环境污染。政府部门加强资源综合利用的信息引导，政策指导，开展咨询服务。积极鼓励和促进资源综合利用产品的研究和开发以及综合利用方面的技术转让和成果转化。

（十一）发挥行业协会作用，健全服务体系

建立健全资源综合利用服务体系，鼓励相关协会、中介机构等开展资源综合利用技术咨询、技术产品推广等服务。强化行业协会行业自律和技术服务职能，使行业协会积极协助政府推进行业资源综合利用，发挥桥梁和纽带作用，为政府制定资源综合利用法规、政策、规划等出谋划策，开展技术交流，协调促进资源综合利用共性技术、关键技术和配套技术研发，推广资源综合利用先进技术和工艺设备，协助开展企业资源综合利用监督管理，开展人才培训，促进行业资源综合利用技术进步和管理水平的提高。积极引导各类环保民间组织投身环保公益活动，建立各级、各类环保方面的非政府组织，为公众参与搭建平台。

（十二）加大宣传力度，推进人才培养

广泛、深入地开展资源综合利用的宣传、培训和交流活动。充分发挥新闻、广播、网络等媒体的作用，大力普及资源综合利用知识，广泛宣传资源综合利用政策，努力营造全民参与废弃物资源化利用的良好氛围。组织形式多样的培训会、座谈会和交流会，加大对政府部门、企业和行业协会等相关人员的培训力度，提高全社会的资源忧患意识、节约意识和责任意识。建立健全公众参与机制，通过网上投票、听证会、论证会、社会公示、设立环境保护投诉电

话、实行有奖举报制度等形式，激励民众参与热情。

建立完善人才培养和引进机制。鼓励高等院校和科研院所培养资源综合利用人才。依托重大项目、重点学科和科研基地，加大学科带头人的培养力度，积极推进资源综合利用创新团队的建设。充分创造条件，引进科技创新人才。开展企业管理和技术人员培训，提高其组织实施资源综合利用的技术和业务能力。

六、制度创新建议——《青海省资源综合利用管理办法》（建议稿）

提出制度创新特别是立法建议是本项研究的主要目标。根据前期研究成果，提出《青海省资源综合利用管理办法》（建议稿），为相应立法提供参考。该项立法性质为省政府规章。

（一）《青海省资源综合利用管理办法》（建议稿）说明

为落实科学发展观、实现经济增长方式的根本性转变，建设资源节约型和环境友好型社会，推动青海绿色发展，率先在全国实现循环经济先行区建设，起草了《青海省资源综合利用管理办法》（以下简称“建议稿”）。现对有关问题说明如下。

1. “建议稿”的基本框架

考虑到与《循环经济促进法》和未来“青海省循环经济促进条例”立法的衔接，本“建议稿”采用“再利用和资源化”两原则作为主线的立法思路。这样有利于体现贯彻国家、青海省发展循环经济的指导原则，反映不同经济活动阶段的共同要求，也有利于突出在社会经济发展中再利用和资源化工作的加强。在立法中，以两原则为统领，贯穿于生产、流通，消费等社会经济活动过程中。作为省政府的规章，加强政府职责是立法的重要环节，在现有体制条件下，加强政府部门的统一、分工、协调的引导作用是做资源综合利用工作的制度保障，同时需要强调发挥市场机制的作用。

2. **“建议稿”的主要内容**

第一章　总则，包括：立法目的、适用范围、涵义界定、基本原则、主管部门、目标责任制、表彰和奖励、公民义务、举报投诉等。

第二章　管理与服务，包括：规划与计划、行政主管部门的职责、统计报告、废旧物交换信息系统等。

第三章　开发与利用，包括：工业废弃物综合利用、无害化处置、固定资产投资、建筑废物综合利用、共生和伴生矿产资源综合开采、循环用水和中水回用、废电器电子产品等拆解和再生利用、低热值燃料生产电力及上网等。

第四章　鼓励与扶持，包括：专项资金、资源综合利用认定制度、税收优惠政策、政府采购等。

第五章　法律责任

第六章　附则

（二）《青海省资源综合利用管理办法》（建议稿）相关制度评析

1. 立法目的

从合理利用资源，提高资源利用效率，保护生态环境，实现经济和社会可持续发展的角度，依据《循环经济促进法》等法律、法规，结合本省实际，制定本办法。考虑到本条是阐述立法目的和法律依据，本办法是政府规章性质，需要在列举《循环经济促进法》的基础上，补充相关法律法规。

2. 资源综合利用的界定

对资源综合利用进行了界定，属于解释性条款，可以采取分项的形式对资源综合利用进行逐项说明，具体可以借鉴先进立法经验，例如国家发改委相关文件中对于资源综合利用的界定，采取以下界定，“资源综合利用：主要是指在矿产资源开采过程中对共生、伴生矿进行综合开发与合理利用；对生产过程中产生的废渣、废水（液）、废气、余热余压等进行回收和合理利用；对社会生产和消费过程中产生的各种废物进行回收和再生利用。”如果采用分项的表述，那么可以表述为：“本办法所称资源综合利用主要是指：（一）对生产过程中产生的废水（液）、废气、废渣、余热、余压等进行回收和合理利用；（二）在矿产资源开采过程中对共生、伴生矿等进行综合开发和合理利用；（三）对城市垃圾、农林废弃物、畜禽粪便等其他资源进行综合利用；（四）对生产和消费过程中产生的各种废旧物资进行回收和再生利用。”需要注意的是，如果将前述表述中的“主要是指”改为“是指”，看似更为清晰，但是，上述描述条款，没有涵括全部的情形，也没有兜底条款，逻辑上是不严密的。

3. 立法原则

开展资源综合利用应当坚持“因地制宜，鼓励利用，多种途径，讲求实效，重点突破，逐步推广”的方针，遵循资源综合利用与企业发展、节能减排、污染防治相结合，坚持经济效益与环境效益、社会效益相统一的原则。

4. 部门职责

该部分需要明确资源综合利用的主管部门。从目前的管理工作职责来看，资源综合利用工作，涉及工业和信息化、财政、税务、生态环境、科技等多个部门，还难以确定由哪一个部门来具体主管该项工作，可以采取资源综合利用行政主管部门的表述，并将其行政级别明确为县级以上人民政府。对于涉及的主要部门，可以采取列举其资源综合利用的主要职能，对于其他相关部门，可以表述为在各自的职责范围内依法做好相关的资源综合利用监督管理工作。

5. 资源综合利用管理部门的职责

主要涉及资源综合利用行政主管部门的具体职责，从目前的行政职责来看，该项工作由发展改革或者工业和信息化部门予以承担更为恰当，其主要工作职责包括：建立垃圾分类收集和资源化利用体系，制定有利于推广使用资源综合利用建材产品的施工规范和技术标准；做好机动车报废更新和回收拆解管理工作，加强对废旧金属、报废电子产品、废造纸原料、废轻化工原料、废玻璃等回收利用的监督管理；加强对废旧物资产生单位的环境监督管理，指导废旧物资产生单位做好废旧物资的收集、贮存、运输、利用、处置等工作；加强对资源综合利用企业、产品的标准化管理；制定废水综合利用规划，采取措施推广循环用水、一水多用和中水回用等新技术、新工艺；建立资源综合利用统计报表制度等。

6. 资源综合利用管理工作

主要包括：建立资源综合利用目标责任制，采取措施推广资源综合利用先进技术，宣传资源综合利用知识，增强公民资源节约和环境保护意识，对在资源综合利用工作中做出显著成绩的单位和个人予以表彰和奖励等。

7. 个人和组织义务

对于个人和组织，在资源综合利用工作中，需要增强资源节约和环境保护的意识，合理消费，节约资源。鼓励个人和组织，延长产品的使用寿命，使用清洁能源和再生产品，减少废物的产生量和排放量。公众有保护资源的义务，有对浪费资源、破坏资源的行为进行检举、揭发与控告的权利。当然，对于公众的监督权利，可以单设条款来予以规定。

8. 统计报表制度

《循环经济促进法》第十七条规定，“国家建立健全循环经济统计制度，加强资源消耗、综合利用和废物产生的统计管理，并将主要统计指标定期向社会公布。”因此，与《循环经济促进法》第十七条的规定进行衔接。省统计部门建立健全资源综合利用统计报表制度，并纳入全省国民经济和社会发展统计报表体系。资源综合利用单位和企业定期向属地统计部门和资源综合利用行政主管部门报送资源综合利用统计资料。

9. 信息交换制度

根据《循环经济促进法》第三十六条“国家支持生产经营者建

立产业废物交换信息系统，促进企业交流产业废物信息。”地方立法可以规定由省级资源综合利用行政主管部门建立健全信息交换制度。

10. 废弃物综合利用

根据《循环经济促进法》第三十条“企业应当按照国家规定，对生产过程中产生的粉煤灰、煤矸石、尾矿、废石、废料、废气等工业废物进行综合利用。”第三十二条“企业应当采用先进或者适用的回收技术、工艺和设备，对生产过程中产生的余热、余压等进行综合利用。”企业应当对生产过程中产生的废渣、废气、废水（液）等工业废弃物进行综合利用，不具备综合利用条件的，应当提供给具备条件的生产经营者进行综合利用。企业应当加强废水污染治理，采取措施，充分利用废水资源，提高水的重复利用率。推行工业废水零排放，采取措施推广循环利用和中水回用、一水多用等新技术、新工艺。从实践看，如果提供的工业废弃物能够产生经济效益，那么采取有偿的方式更好；如果不能够产生明显的经济效益，主要是社会效益，那么规定为有偿将难以落实。可以考虑发挥企业的市场主体作用，去由市场来探索形成相应的机制。

11. 工业废渣利用

根据《循环经济促进法》第三十三条“建设单位应当对工程施工中产生的建筑废物进行综合利用；不具备综合利用条件的，应当委托具备条件的生产经营者进行综合利用或者无害化处置。”建设单位应当对工程施工中产生的建筑废物进行综合利用。工程建筑设计、施工单位应按照国家有关规定和标准，优先选用粉煤灰砖、砌块砖等资源综合利用建材产品。筑路、筑坝、回填工程，应当根据技术要求掺用粉煤灰或煤矸石等可利用工业废渣。

12. **水资源综合利用**

行政机关、企业事业单位应当加强水污染治理，综合利用水资源，提高水的重复利用率，采取措施推广循环用水和中水回用、一水多用等新技术、新工艺。

13. **废品回收**

根据《循环经济促进法》第三十八条“对废电器电子产品、报废机动车船、废轮胎、废铅酸电池等特定产品进行拆解或者再利用，应当符合有关法律、行政法规的规定。”第三十九条“回收的电器电子产品，需要拆解和再生利用的，应当交售给具备条件的拆解企业。”回收废旧家用电器、废电池、废手机、废轻化工原料的单位和个人，应当及时交售给具有拆解或再利用条件的企业进行拆解或再利用。对于国家明令淘汰的生产性废旧金属，应当及时交售给经商务主管部门、公安部门备案的企业进行处理。报废的机动车辆应当交售给有报废机动车回收（拆解）资格的企业进行回收拆解。

14. **固定资产投资项目**

固定资产投资项目应当选择资源综合利用率高、废物排放量小的先进技术和工艺。具备综合利用条件的固定资产投资项目，其可行性研究报告和环境影响评价书中应当包含资源综合利用的方案，并与建设项目主体工程同时设计、同时施工、同时投产。

15. **采矿许可证**

在矿产资源勘探中，应当统一规划，综合勘查、评价、开采和利用，在采矿许可证中规定开采回采率、资源综合利用率、土地复垦率等约束性指标。

16. **余热发电**

根据《循环经济促进法》第三十二条“全额收购并网发电项目的上网电量”的规定，鼓励建设利用余热、余压、煤矸石、城市垃圾等低热值燃料生产电力的资源综合利用电厂（机组）；资源综合利用电厂（机组）所发电量，凡属企业自发自用、不纳入电网统一销售的，电网经营企业不得在国家规定之外加收其他费用。电网企业应当与符合并网条件的资源综合利用发电上网企业及时签订并网协议，提供上网服务，并收购上网电量。

17. **资源综合利用认定制度**

资源综合利用企业的产品、工艺、项目、电厂（机组），具备国家减免税优惠政策条件的，可以向资源综合利用认定机构申请认定。经资源综合利用认定机构认定的资源综合利用企业、产品、项目、电厂（机组），可按国家有关规定享受税收优惠政策；所获得的减免税款，用于资源综合利用，不得挪作他用。

18. **鼓励与扶持**

根据《循环经济促进法》，与“资源综合利用”有关的鼓励与扶持措施主要包括：财政措施、税收优惠、金融措施、价格措施、政府采购政策等五部分。因此，在地方立法中，需要对财政措施、金融措施、价格措施予以重点体现。

（三）《青海省资源综合利用管理办法》（建议稿）

第一章 总 则

第一条 为合理利用资源，提高资源利用效率，保护生态环境，实现经济社会可持续发展，依据《中华人民共和国循环经济促进法》等有关法律、行政法规的规定，结合本省实际，制定本办法。

第二条 在本省行政区域内从事资源综合利用及相关活动的单位和个人，应当遵守本办法。

第三条 本办法所称资源综合利用主要是指：

（一）对生产过程中产生的废水（液）、废气、废渣、余热、余压等进行回收和合理利用；

（二）在矿产资源开采过程中对共生、伴生矿等进行综合开发和合理利用；

（三）对城市垃圾、农林废弃物、畜禽粪便等其他资源进行综合利用；

（四）对生产和消费过程中产生的各种废旧物资进行回收和再生利用。

第四条 资源综合利用应当遵循资源综合利用与企业发展、节能减排、污染防治相结合，经济效益、环境效益、社会效益相统一的原则。

第五条 省人民政府资源综合利用行政主管部门负责全省资源综合利用的指导、协调和监督管理工作。

州、市、县人民政府确定的资源综合利用行政主管部门负责本行政区域内的资源综合利用管理工作。财政、税务、环保、商务等有关部门应当根据各自的职责做好资源综合利用监督管理工作。

第六条　县级以上人民政府应当建立资源综合利用目标责任制，促进资源综合利用工作的开展，推广资源综合利用先进技术、宣传资源综合利用知识、开展科技咨询、提供信息服务、提高资源综合利用水平，增强公民资源节约和环境保护意识。

在资源综合利用工作中做出显著成绩的单位和个人，由县级以上人民政府及其有关部门予以表彰和奖励。

第七条　任何单位和个人都应当增强资源节约和环境保护的意识，合理消费，节约资源。

公民有保护资源的义务，对浪费资源、破坏环境的行为有权举报。

第二章　管理与服务

第八条　县级以上人民政府应当将资源综合利用纳入根据国民经济和社会发展规划，并制定年度计划。

第九条　省资源综合利用行政主管部门应当会同城乡建设、商务、工商、公安、环境保护、质量监督、水利、统计等行政主管部门做好以下工作：

（一）逐步建立垃圾分类收集和资源化利用体系，制定有利于推广使用资源综合利用建材产品的施工规范和技术标准；

（二）做好机动车报废更新和回收拆解管理工作，加强对废旧金属、报废电子产品、废造纸原料、废轻化工原料、废玻璃等回收利用的监督管理；

（三）加强对废旧物资产生单位的环境监督管理，指导废旧物资产生单位做好废旧物资的收集、贮存、运输、利用、处置等工作；

（四）加强对资源综合利用企业、产品的标准化管理；

（五）制定废水综合利用规划，采取措施推广循环用水、一水多用和中水回用等新技术、新工艺；

（六）建立资源综合利用统计报表制度，并纳入全省国民经济和社会发展统计报表体系。

第十条　资源综合利用单位应当定期向所在地统计部门和资源综合利用行政主管部门报送资源综合利用统计资料。

第十一条　省资源综合利用行政主管部门应当组织重点用能企业搭建废旧物交换信息系统，促进企业交流废旧物信息。资源综合利用行政主管部门及财政、税务、环保、商务、税务等部门在监督检查中发现问题，应当及时互通情况，做好监督管理和指导服务工作。

第三章　开发与利用

第十二条　企业应当按照国家规定，对生产过程中产生的粉煤灰、煤矸石、尾矿、废石、废料、废气等工业废物和余热、余压等进行综合利用。不具备综合利用条件的，应当按协商价格提供给具备条件的生产经营者进行综合利用。

排放单位不得滥用市场支配地位，哄抬废水（液）、废气、废渣、余压、余热等工业废弃物价格，扰乱市场秩序。

第十三条　企业对其生产过程中产生的废物应当采用先进或者适用的回收技术、工艺和设备进行综合利用；无法综合利用的，应当进行无害化处置。

废物排放和综合利用单位应当采取措施，有效控制污染物排放，加强废物的收集、运输、贮存、加工利用等环节的环境管理。

第十四条　固定资产投资项目应当选择资源综合利用率高、废物排放量小的先进技术和工艺。不得建设废物排放量大、污染重、不具备综合利用条件的项目。

具备综合利用条件的固定资产投资项目，其可行性研究报告和环境影响评价报告中应当包含资源综合利用方案。

第十五条　建设单位应当对工程施工中产生的建筑废物进行综合利用。

工程建筑设计、施工单位应按照国家有关规定和标准，优先选用粉煤灰砖、砌块砖等资源综合利用建材产品。筑路、筑坝、回填工程，应当根据技术要求掺用粉煤灰或煤矸石等可利用工业废渣。

第十六条　矿产资源开采企业对具有工业价值的共生和伴生矿产资源，应当实行综合开采、合理利用，对必须同时采出而暂时不能利用的矿产以及含有有用组分的尾矿，应当采取保护措施，防止资源损失和生态破坏。

第十七条　企业事业单位应当加强水污染治理，综合利用水资源，提高水的重复利用率，采取措施推广循环用水和中水回用、一水多用等新技术、新工艺。

第十八条　对废电器电子产品、报废机动车船、废轮胎、废铅酸电池等特定产品进行拆解或者再利用，应当符合有关法律、行政法规的规定。需要拆解和再生利用的，应当交售给具备条件的拆解企业。

国家明令淘汰的生产性废旧金属必须及时交售给经商务主管部门、公安部门备案的企业进行处理。

第十九条　鼓励建设利用余热、余压、煤矸石、城市垃圾等低热值燃料生产电力的资源综合利用电厂（机组）。

资源综合利用电厂（机组）所发电量，凡属企业自发自用、不纳入电网统一销售的，电网经营企业不得在国家规定之外加收其他费用。

电网企业应当与符合并网条件的资源综合利用发电上网企业及时签订并网协议，提供上网服务，并全额收购并网发电项目的上网电量。

第四章　鼓励与扶持

第二十条　县级以上人民政府应当在年度预算中安排资源综合利用专项资金，用于扶持资源综合利用的产业发展、科学研究、教育培训及奖励。

县级以上人民政府资源综合利用行政主管部门应当贯彻落实国家对资源综合利用的鼓励、扶持优惠政策。

县级以上人民政府有关部门对企业资源综合利用项目应当给予扶持，提供优质服务。

第二十一条　实行资源综合利用认定制度。省人民政府资源综合利用行政主管部门负责资源综合利用认定工作。资源综合利用认定条件、认定内容、认定程序等按照《青海省资源综合利用认定管理办法》执行。

第二十二条　具备国家减免税优惠政策条件的资源综合利用企业、产品、项目、电厂（机组），经省资源综合利用认定机构认定后，可按国家有关规定享受税收优惠政策。所获得的减免税款，必须用于资源综合利用，不得挪作他用。

第二十三条　各级行政事业单位和社会团体使用财政性资金进行采购的，应当优先采购资源综合利用产品。

第五章　法律责任

第二十四条　县级以上人民政府资源综合利用行政主管部门和其他有关部门及其工作人员在资源综合利用管理工作中，有下列情形之一的，由其上级行政机关或者监察机关责令改正；情节严重的，对直接负责的主管人员和其他直接责任人员给予行政处分；构成犯罪的，依法追究刑事责任。

（一）未按规定办理认定事项的；

（二）未按规定落实优惠政策的；

（三）其他不依法履行监督管理和服务指导职责，滥用职权、玩忽职守、徇私舞弊的。

第二十五条　违反本办法第十二条第一款规定的，由县级以上人民政府资源综合利用行政主管部门给予通报批评，并责令限期整改；逾期不改正的，或整改不到位的，处以五千元以上一万元以下罚款。

违反本办法第十二条第二款规定滥用市场支配地位的，由反垄断执法机构依照《中华人民共和国反垄断法》的规定处罚。

第二十六条　违反本办法第十四条第一款规定的，由县级以上人民政府资源综合利用行政主管部门通报批评，并责令改正，逾期不改正的，报请本级人民政府责令停产停业。

违反本办法第十四条第二款规定的，由县级以上人民政府资源综合利用行政主管部门责令限期改正，逾期不改正的，处五千元以上一万元以下罚款。

第二十七条　采取弄虚作假等不正当手段，骗取《资源综合利用认定证书》享受政策优惠的，由省人民政府资源综合利用行政主管部门收缴证书，取消资格；有关税务机关依法追缴其骗取的优惠税款，并依照相关法律的规定进行处罚。

第六章　附　则

第二十八条　本办法应用中的具体问题，由省人民政府资源综合利用行政主管部门负责解释。

第二十九条　本办法自　年　月　日起施行。

第八章　减量化制度创新案例研究

——以海东市节约用水制度为例

一、海东市节约用水制度创新的必要性

（一）海东市基本状况及节水形势①

海东市，因位于青海湖之东而得名，地处黄河上游及其重要支流湟水之间，是青海省开发较早、文化历史悠久的地区，史称“河湟间”或“河湟地区”，地理位置重要，自古就有“海藏咽喉”之称。2013 年 2 月 8 日，《国务院关于同意青海省撤销海东地区设立地级海东市的批复》发布，同意撤销海东地区和乐都县，设立地级市海东市。海东市现辖两区四县，即乐都区、平安区、民和回族土族自治县、互助土族自治县、化隆回族自治县和循化撒拉族自治县，2019 年总人口 172. 6 万。2020 年，海东市完成地区生产总值（GDP）514. 6 亿元，完成地方公共财政预算收入 26. 92 亿元，城镇

① 相关资料来源于海东市人民政府官方网站 www. haidong. gov. cn。

常住居民人均可支配收入 33509 元，农村常住居民人均可支配收入 12444 元。第一产业增加值 77.4 亿元，第二产业增加值 195.2 亿元，第三产业增加值 242 亿元。全市粮油蔬菜产量占全省比重均在 40%以上，农林牧渔业总产值达到 127.52 亿元。完成社会消费品零售总额 121.27 亿元，增速居青海省八市（州）第一。

流经海东市的湟水河是黄河的一级支流，在海东过境 158 千米，占湟水河全长 42%，流域面积 0.63 万平方千米，在青海东部经济社会发展和生态安全方面具有重要地位。作为黄河上游生态功能区，海东在湟水流域生态保护和环境综合治理中更担负着重要责任。海东市按照坚持处理好水资源开发利用与保护关系的要求，坚持统筹兼顾，协调好生活、生产和生态用水，着力保障饮水安全、供水安全和生态安全，确保“一江清水向东流”。“十三五”期间，海东市水利部门共完成建设项目 476 项，完成水利投资 75.8 亿元。以重点水利项目为支撑，建成了平安牙扎、文祖口水库，民和河西沟水库，开工建设了湟水北干渠扶贫灌溉二期工程、乐都杨家水库、循化夕昌水库等重大水利工程项目，供水保障能力得到显著提升。深化小型水利工程管理体制改革，完善农业水价综合改革方案及措施，全市 525 处集中供水工程全部实行收费，年度实收水费 1569 万元，水费收缴率达 97%。建立了各级党委政府“一把手”任总河湖长的领导体制机制，在全省率先创建了总河（湖）长、河（湖）长体系。2020 年，海东市用水总量 4.92 亿立方米，农田灌溉水有效利用系数达到 0.5461，重要江河湖泊水功能区水质达标率达到 100%，一般水功能区水质达标率为 100%，河湖水质持续向好。为加快节水型社会建设，推动经济社会发展与水资源水环境承载能力相协调，海东市通过出台年度最严格水资源管理制度考核工作方案，全面落实新时期最严格水资源管理制度，在全市范围内对水资源管理工作目标进行考核，主要包括用水总量控制目标、用水效率控制目标、水功能区限制纳污目标完成情况、万元国内生产总值用水量降幅、万元工业增加值用水量降幅、农田灌溉水有效利用系数、重要江河湖泊水功能区水质达标率。此外，节约用水管理、取用水监管、水资源保护（含地下水管理）、农村饮水安全监管、河湖管理 5 项也纳入考核内容当中。

海东市地处内陆，干旱少雨，蒸发强烈，属于资源型缺水城市，生态环境脆弱。海东市总面积 1.32 万平方千米，水土流失面积 5284 平方千米，占比达 40%，水土流失成为重大生态环境问题和生存发展问题。受水汽条件和地理位置的影响，海东市境内水资源时空分布不均，资源型缺水和工程型缺水并存；受地方财力影响，水利项目前期经费严重不足，水利项目贮备不足，实施难度大，水利基础设施薄弱，水资源整体利用水平与国内先进地区相比存在较大差距。

（二）海东市节水制度创新的必要性

水是人类生存和发展不可替代的自然资源，是生态文明建设和经济社会可持续发展的基础。节约用水是应对水资源短缺的有效方法和根本途径。《水法》规定，“国家厉行节约用水，大力推行节约用水措施，推广节约用水新技术、新工艺，发展节水型工业、农业和服务业，建立节水型社会。”习近平总书记高度重视节约用水工作。2015 年 2 月 10 日，习近平总书记在中央财经领导小组第九次会议上指出，“保障水安全，关键要转变治水思路，按照‘节水优先、空间均衡、系统治理、两手发力’的方针治水，统筹做好水害防治、水资源节约、水生态保护修复、水环境治理。”黄河流域在我国经济社会发展和生态安全方面具有十分重要的地位。2019 年 9 月 18 日，习近平总书记在郑州主持召开黄河流域生态保护和高质量发展座谈会并发表重要讲话，指出保护黄河是事关中华民族伟大复兴和永续发展的千秋大计，强调要共同抓好大保护、协同推进大治理，发出了“让黄河成为造福人民的幸福河”的伟大号召，黄河流域生态保护和高质量发展上升为重大国家战略。2020 年 8 月 31 日，中共中央政治局会议审议的《黄河流域生态保护和高质量发展规划纲要》，强调要大力推进黄河水资源集约节约利用，把水资源作为最大的刚性约束，以节约用水扩大发展空间。2021 年 1 月 3 日，习近平主持召开中央财经委员会第六次会议，强调要把握好黄河流域生态保护和高质量发展的原则，编好规划、加强落实；坚持量水而行、节水为重，坚决抑制不合理用水需求，推动用水方式由粗放低效向节约集约转变；要坚持节水优先，还水于河，先上游后下游，先支流后干流，实施河道和滩区综合提升治理工程，全面实施深度节水控水行动等，推进水资源节约集约利用；要坚持以水定地、以水定产，倒逼产业结构调整，建设现代产业体系。

节约用水工作已列入各级党委政府的重要议程。党的十八大将“建设节水型社会”纳入生态文明建设的战略部署。党的十九大报告明确要求，推进资源全面节约和循环利用，实施国家节水行动。中共中央、国务院《关于新时代推进西部大开发形成新格局的指导意见》明确提出，“实施国家节水行动以及能源消耗总量和强度双控制度。”中共中央《关于制定国民经济和社会发展第十四个五年规划和二〇三五年远景目标的建议》明确提出，“实施国家节水行动，建立水资源刚性约束制度。”2012年1月，国务院发布了《关于实行最严格水资源管理制度的意见》，是继2011年中央1号文件和中央水利工作会议明确要求实行最严格水资源管理制度以来，国务院对实行该制度做出的全面部署和具体安排，是指导我国水资源工作的纲领性文件。从2013年开始，国务院实施最严格水资源管理制度，将用水总量、万元国内生产总值用水量降幅、农田灌溉水有效利用系数等5项控制指标，作为对省级政府的考核目标。按照党的十九大部署，经中央全面深化改革委员会审议通过，2019年4月15日，国家发展改革委、水利部印发了《国家节水行动方案》，牢牢把握习近平总书记新时期治水方针，把水资源节约贯穿到经济社会发展全过程和各领域，为建设生态文明、推动绿色高质量发展、实现“两个一百年”奋斗目标奠定坚实基础。水利部办公厅印发了《水利部落实〈国家节水行动方案〉任务分工方案》，推动《国家节水行动方案》任务落实。为贯彻落实《国家节水行动方案》，加快工业高效节水工艺、技术和装备的推广应用，提升工业用水效率，促进工业绿色发展，工业和信息化部、水利部编制完成了《国家鼓励的工业节水工艺、技术和装备目录（2019年）》。水利部《关于开展规划和项目建设节水评价工作的指导意见》《关于印发〈公共机构节水管理规范〉的通知》等，对节约用水工作做出了具体部署。

“一带一路”、新时代西部大开发、黄河流域生态保护和高质量发展、东西部协作和对口支援等国家战略深入实施，青海省维护国家生态安全的地位和责任持续强化，绿色发展成为内在要求和普遍共识。党的十八大以来，按照习总书记新时代治水思路要求，青海省高度重视节约用水工作，大力推进节水制度建设、节水技术改造和节水载体建设，水资源利用效率和效益不断提升。先后颁布了《青海省取水许可和水资源费征收管理办法》《青海省人民政府办公厅关于实行最严格水资源管理制度的意见》《青海省落实最严格水资源管理制度实施方案》等一系列节水方面的政策方案，以强化水资源开发、利用、节约、保护和管理各项工作，着力破解干旱缺水、水体污染、水生态环境脆弱等水资源瓶颈制约，确保以水资源的可持续利用支撑和保障全省经济社会可持续发展。经青海省政府批准，由省水利厅、省发展改革委于 2019 年 11 月 7 日正式印发了《青海省节水行动实施方案》，旨在促进农业、工业、城镇生活等领域节水，提高水资源利用效率，形成全社会节水的良好风尚，以水资源的可持续利用支撑经济社会高质量发展。2020 年 1 月 15 日，青海省人民政府以第 124 号令公布《青海省节约用水管理办法》，于 4 月 1 日起全面施行，明确规定，“市、县（区）人民政府水行政主管部门负责本行政区域内节约用水的统一管理和监督工作，制定节约用水政策，组织编制节约用水规划，指导和推动节水型社会建设。”《青海省国民经济和社会发展第十四个五年规划和二〇三五年远景目标纲要》提出，以黄河、湟水河流域为重点，统筹谋划上下游、干支流、左右岸全流域生态保护和高质量发展，共同抓好大保护，协同推进大治理，打造黄河上游千里保护带，推动湟水河全流域综合治理。

作为黄河上游重要功能生态区，黄河流域生态保护和高质量发展战略的实施，给海东市做好节水工作带来了更大的机遇，也提出了新的挑战。站在实现中华民族永续发展和加快生态文明建设的战略高度，着眼于黄河流域生态保护和高质量发展国家战略，海东市节约用水工作距离国家要求和人民群众对美好生活的期待，尚有很大差距，水资源对生态保护和高质量发展的瓶颈制约作用非常严重，水资源短缺已经成为制约海东市实现高质量发展的主要瓶颈。水资源时空分布不均衡、部分流域和地区水资源供需矛盾突出、水资源调控能力弱、水资源开发利用不易、水利用效率不高、节水主动性不强、全社会节水意识和节水管理薄弱等问题不容忽视。

随着以国内大循环为主、国际国内双循环相互促进的国家经济发展新格局的深入实施，兰西城市群、“五个示范省”等加快发展步伐，海东市水资源约束作用将更加趋紧，需要安全有力的水资源支撑。“十四五”乃至更长时期，实施节水行动，推进节水型社会建设，在海东市更具有针对性和紧迫性。随着工业化、城镇化快速推进和全球气候变化影响加剧，未来面临的水问题将更趋复杂。推进水治理体系和治理能力现代化，必须实行最严格的水资源管理制度，从粗放用水方式向高效用水方式转变，从过度开发水资源向主动保护水资源转变。为了使节约用水工作更好地服务于海东市国民经济和社会的可持续发展，更好地服务于黄河流域生态保护和高质量发展国家战略，制定节约用水管理地方性法规或者市政府规章的方式，通过地方立法的方式来实现节约用水“有规可循”，具有重要的现实意义。笔者建议制订海东市政府规章《海东市节约用水管理办法》为例，对海东市节约用水制度创新进行相关研究。

二、总体要求

（一）立法思路和指导思想

1. 立法思路

一是深入贯彻落实习近平总书记重要讲话精神。制定《海东市节约用水管理办法》，需要深入贯彻落实习近平新时代中国特色社会主义思想，紧紧围绕习总书记“3 · 14”重要讲话精神和十六字治水方针，围绕节水优先强化顶层设计。根据《中华人民共和国水法》《中华人民共和国循环经济促进法》《取水许可和水资源费征收管理条例》《青海省实施〈中华人民共和国水法〉办法》等法律法规，按照国家生态文明建设总体要求，践行“一优两高”重大战略，坚持节水优先方针，把节水作为解决水资源短缺问题的重要举措，贯穿到经济社会发展全过程和各领域，加强节水顶层设计，明确节水管理机制，科学制定节水管理制度和措施，推动节水制度创新，加快推进用水方式由粗放向节约集约转变，推动全社会节约水资源，促进水资源可持续利用。

二是坚持破解节水工作难点的问题导向。落实《国家节水方案》要求，开展节约用水立法前期研究，深入分析海东市节水工作面临的主要问题，如管理体制、节水管理制度、节水规划、用水计划管理、产业节水、城镇节水、非常规水源利用等，分析提出有针对性的措施，并予以法治化。实施最严格的水资源管理制度，严控用水总量、用水效率、水功能区限制纳污“三条红线”，推进节水型社会建设。实施水资源消耗总量和强度双控行动，以水定城、以水定地、以水定人、以水定产，坚决抑制不合理用水需求，建立不同区域不同行业节水标准定额体系和节水评价机制，深入推进农业水价综合改革，加快建立非居民用水超定额累进加价制度，全面落实居民用水阶梯水价制度。实施节水产品质量提升与推广行动，完善节水技术推广服务网络。实施全社会节水行动，加快推进节水型企业、高校、公共机构、居民小区等达标建设。

三是贯彻全面深化改革要求，注重发挥好政府和市场的作用。在设计节水制度时，注重强化规划、节水评价、计量统计、取用水户管理等管控措施，建立健全政府节水监管制度，完善节水资金支持、监督检查、节水服务等激励保障政策；同时积极发挥市场机制作用，健全水价、水权交易等节水利益调节机制，引导和鼓励市场主体参与节水，形成全社会主动节水的机制和氛围。全面总结海东市农业农村节水、节水型单位、节水型社会等建设经验，明确农业农村、工业、服务业、城市等领域高效利用水资源的要求，落实政府、企业和公众节水责任与义务，将好的做法和经验通过立法予以体现。

2. 指导思想

高举中国特色社会主义伟大旗帜，深入贯彻党的十九大和十九届历次全会精神，坚持以马克思列宁主义、毛泽东思想、邓小平理论、“三个代表”重要思想、科学发展观、习近平新时代中国特色社会主义思想为指导，全面贯彻党的基本理论、基本路线、基本方略，坚定不移贯彻新发展理念，坚持稳中求进工作总基调，以推动高质量发展为主题，以深化供给侧结构性改革为主线，以改革创新为根本动力，与时俱进把握“四个扎扎实实”重大要求，以“一优两高”战略部署为牵引，以满足人民日益增长的美好生活需要为根本目的，积极践行中央“节水优先、空间均衡、系统治理、两手发力”的治水方针，贯彻落实国家和省委省政府、市委市政府关于第十四个五年规划和二〇三五年远景目标的战略部署，以建设节水型社会为目标，以实施国家节水行动为抓手，聚焦关键环节，明确节水行动时间表、路线图，补齐突出短板，着力加强农业、工业、城镇生活等全领域节水，推动用水方式向节约集约转变，提高水资源利用效率，形成全社会节水的良好风尚，提升水安全保障水平，为实现新时代海东市高质量发展提供优质水资源保障。

（二）立法依据

根据《水法》《循环经济促进法》《取水许可和水资源费征收管理条例》《青海省实施〈中华人民共和国水法〉办法》等法律法规，落实习总书记 2014 年 3 月 14 日在中央财经领导小组第五次会议上的重要讲话精神和“节水优先、空间均衡、系统治理、两手发力”十六字治水方针，按照国家生态文明建设总体要求和《国家节水行动方案》要求，结合海东市实际，促进节约用水，提高水资源利用效率，保障生态文明建设和经济社会可持续发展。

1. **法律法规规章**

（1）《水法》（1988 年 1 月 21 日第六届全国人民代表大会常务委员会第二十四次会议通过，2016 年 7 月 2 日第二次修正）

（2）《水土保持法》（1991 年 6 月 29 日第七届全国人民代表大会常务委员会第二十次会议通过，2010 年 12 月 25 日修订通过，2011 年 3 月 1 日起施行）

（3）《中华人民共和国防洪法》（1997 年 8 月 29 日第八届全国人民代表大会常务委员会第二十七次会议通过，2016 年 7 月 2 日第三次修正）

（4）《水污染防治法》（1984 年 5 月 11 日第六届全国人民代表大会常务委员会第五次会议通过，2017 年 6 月 27 日第二次修正）

（5）《循环经济促进法》（2008 年 8 月 29 日第十一届全国人民代表大会常务委员会第四次会议通过，2018 年 10 月 26 日修正）

（6）《防沙治沙法》（2001 年 8 月 31 日第九届全国人民代表大会常务委员会第二十三次会议通过，2018 年 10 月 26 日修正）

（7）《环境保护法》（2014 年 4 月 24 日第十二届全国人民代表大会常务委员会第八次会议修订通过）

（8）《农业法》（1993 年 7 月 2 日第八届全国人民代表大会常务委员会第二次会议通过，2012 年 12 月 28 日第二次修正）

（9）《草原法》（1985 年 6 月 18 日第六届全国人民代表大会常务委员会第十一次会议通过，2013 年 6 月 29 日第二次修正）

（10）《清洁生产促进法》（2012 年 2 月 29 日第十一届全国人

民代表大会常务委员会第二十五次会议通过，自 2012 年 7 月 1 日起施行）

（11）《取水许可和水资源费征收管理条例》（国务院令第 460 号）

（12）《黄河水量调度条例》（国务院令第 472 号）

（13）《农田水利条例》（国务院令第 669 号）

（14）《中华人民共和国水文条例》（国务院令第 496 号）

（15）《中华人民共和国抗旱条例》（国务院令第 552 号）

（16）《城市供水条例》（国务院令第 158 号）

（17）《中华人民共和国防汛条例》（国务院令第 588 号）

（18）《中华人民共和国河道管理条例》（国务院令第 687 号）

（19）《中华人民共和国水土保持法实施条例》（国务院令第 120 号）

（20）《水库大坝安全管理条例》（国务院令第 78 号）

（21）《青海省生态文明建设促进条例》（2015 年 1 月 27 日青海省第十二届人民代表大会常务委员会第十七次会议通过）

（22）《青海省实施〈中华人民共和国抗旱条例〉办法》（2013 年 4 月 12 日省人民政府第 3 次常务会议审议通过）

（23）《青海省实施〈中华人民共和国水法〉办法》（2011 年 11 月 24 日青海省第十一届人民代表大会常务委员会第二十六次会议修正）

（24）《水量分配暂行办法》（水利部令第 32 号）

（25）《水利工程供水价格管理办法》（国家发展和改革委员

会、水利部令第 4 号）

（26）《建设项目水资源论证管理办法》（水利部、国家计委第 15 号令）

（27）《城市房屋便器水箱应用监督管理办法》（建设部令第 103 号）

（28）《城市节约用水管理规定》（建设部令第 1 号）

（29）《青海省取水许可和水资源费征收管理办法》（2006 年 11 月 20 日青海省人民政府第五十七次常务会议审议通过）

（30）《青海省节约用水管理办法》（2019 年 12 月 19 日青海省人民政府第三十九次常务会议审议通过）

2. **相关文件及规划**

（1）中共中央《关于制定国民经济和社会发展第十四个五年规划和二〇三五年远景目标的建议》

（2）国务院《关于实行最严格水资源管理制度的意见》（国发［2012］3 号）

（3）《全国重要江河湖泊水功能区规划（2011—2030）》

（4）《国家节水行动方案》（发改环资规〔2019〕695 号）

（5）国务院办公厅《关于推进农业水价综合改革的意见》（国办发〔2016〕2 号）

（6）《公共机构节水管理规范》（国管局办公室　国家发展改革委办公厅　水利部办公厅，2019 年 8 月 16 日印发）

（7）《全国水土保持规划》（2015—2030）（国函［2015］160 号）

（8）《全国主体功能区规划》（国发［2010］46 号）

（9）国家发展改革委员会、科技部、水利部、建设部、农业部《中国节水技术政策大纲》（2005 年第 17 号）

（10）水利部《关于印发节水型社会建设规划编制导则的通知》（水资源［2008］142 号）

（11）中共青海省委《关于制定国民经济和社会发展第十四个五年规划和二〇三五年远景目标的建议》

（12）青海省人民政府办公厅《关于青海省加快推进新时代水利高质量发展的若干意见》（青政办〔2019〕117 号）

（13）《青海省节水行动实施方案》

（14）《青海省水土保持规划（2016－2030 年）》

（15）《青海省主体功能区规划》（2014 年 3 月 31 日，青海省政府印发）

（16）《青海省政府关于实行最严格水资源管理制度的意见》（青政办［2012］330 号）

（17）《青海省国民经济和社会发展第十四个五年规划》

（18）《海东市国民经济和社会发展第十四个五年规划》

3. 相关规范与标准

（1）《取水许可技术考核与管理通则》（GB/T17367－1998）

（2）《水资源评价导则》（SL/T238－2002）

（3）《水资源供需技术规范》（2008）

（4）《节水灌溉技术规范》（2006）

（5）《地表水环境质量标准》（GB3838－2002）

（6）《地下水质量标准》（GB/T14848）

（7）《工业用水考核指标及计算方法》（CJ42 - 1999）

（8）《城市居民生活用水量标准》（GB/T50331 - 2002）

（9）《节水型生活用水器具》（CJ164 - 2002）

（10）《节水型企业评价导则》（GB/T7119 - 2006）

（11）《企业水平衡测试通则》（GB/T12452 - 2008）

（12）《城市供水管网漏损控制及评定标准》（CJJ92—2002）

（13）《入河排污口管理技术导则》（SL532 - 2011）

（14）《地下水超采区评价导则》（SL286 - 2003）

（15）《地表水水资源质量评价技术规程》（SL395 - 2007）

（16）《水环境监测规范》（SL219 - 98）

（17）《饮用水水源保护区划分技术规范》（HJ/T338 - 2007）

（三）立法内容要求

1. 理念要求

开展海东市节约用水立法工作，需要深入贯彻落实习近平新时代中国特色社会主义思想，紧紧围绕习总书记“3 · 14”重要讲话精神和十六字治水方针，以建设节水型社会为目标，把节水作为保障海东市水安全的重要举措，坚持创新驱动，持续深化体制机制改革，明确节水行动时间表、路线图，聚焦关键环节，补齐突出短板，着力加强农业、工业、城镇生活等全领域节水，推动用水方式向节约集约转变，提高水资源利用效率，形成全社会节水的良好风尚，通过建设节水型社会，提升水安全保障水平，为生态保护和高质量发展提供坚实的水资源支撑，为实现新时代海东市高质量发展提供优质水资源保障。

2. **内容要求**

从立法内容来看，开展海东市节约用水立法工作，要以习近平总书记十六字治水思路为指引，贯彻落实国家和青海省委省政府、海东市委市政府关于第十四个五年规划和二〇三五年远景目标的战略部署，根据《水法》《循环经济促进法》《取水许可和水资源费征收管理条例》《青海省实施〈中华人民共和国水法〉办法》《青海省节约用水管理办法》《国家节水行动方案》《青海省节水行动实施方案》等要求，紧扣实现“一优两高”战略目标，全面落实国家节水行动计划，结合海东市水资源特点，突出指导性和系统性要求，坚持问题导向，加强节水顶层设计，充分阐明节水工作重大意义，系统把握节水工作基础，明确节水工作总体要求，围绕总量强度双控、农牧节水增效、工业节水减排、城镇节水降损、节水开源并进、科技创新引领、特色示范等，全面谋划节水工作重点行动和具体任务；加强政策制度推动和市场机制创新，布局改革任务，落实节水保障措施，推动全社会节约水资源，提高水资源利用效率和效益，促进水资源可持续利用。节约用水规划应当包括水资源及其开发利用状况、节约用水潜力分析、节约用水目标、任务和措施等内容。

3. **方法要求**

开展海东市节约用水立法工作，需要站在生态文明建设高度，主动对接国家战略，深入调查分析海东市实际，全面总结、认真研究分析海东市节约用水工作的重大问题，分析节约用水工作发展趋势，坚持目标导向、问题导向、结果导向，贯彻新理念新要求，加强节水体制机制研究，跟踪分析已有研究成果，开展科学研究和系统设计，提出务实举措，做好本法与上位法的衔接。

4. 程序要求

开展海东市节约用水立法工作，是推进决策科学化、民主化的一种重要形式，按照政府主导、部门合作、专家咨询、公众参与、科学论证的要求，深入了解民情、充分反映民意、广泛集中民智、切实珍惜民力，建立科学化、民主化、规范化和标准化的立法工作机制和流程，充分发扬民主，提高社会参与度。建立专家咨询论证审查机制，充分发挥好业内专家作用，加强对立法前期研究、立法阶段性成果、规章草案等的论证、评估和审查。采取召开座谈会、组织专项调研、官方网站公开征求意见等多种方式，广泛征求有关部门和单位的意见，加强与水利、发改、国土、林草、生态环境、农业农村等相关部门的沟通衔接工作，增加立法的公开性和透明度。

5. 技术要求

立法采取的技术路线主要是：资料收集与分析、实地调研、研讨咨询、专题研究、立法起草和咨询论证。

首先，开展资料收集与分析工作。围绕海东市水资源开发利用状况、水生态环境状况、节约用水状况，收集分析与节约用水有关的法律法规规章、规范性文件、规划纲要及专项规划、学术论文、研究报告；收集学习国家和青海省、海东市关于“十四五”乃至更长时期的经济社会发展战略部署；熟悉相关节水技术规范、标准等。

其次，开展实地调研和咨询工作。围绕海东市节约用水工作，重点对农业节水增效、工业节水减排、城镇节水降损、节水开源并进、科技创新引领、重点工程项目等，进行现场调研。在充分调查研究的基础上，开展节约用水现状及存在问题的分析评价工作，总结已取得的成效，分析提出制约海东市节约用水工作的问题。邀请与节约用水有关的专家、青海省及海东市有关部门领导，通过召开研讨会、专家访谈等方式，对所涉及的节水部门职责、节水重点领域、节水布局、节水管理制度、节水管理、节水技术、重点项目、激励措施等，进行专项咨询研讨，为起草规章草案奠定扎实基础。

第三，开展专题研究工作。组织开展重大问题研究，通过深入研究和专家建言，理清发展思路，对重大问题达成共识，将研究成果作为立法工作的重要依据，切实起到指导立法起草的作用。围绕海东市水资源开发利用及节约用水问题、节约用水总体思路和主要任务、节水型社会建设体制机制改革等，开展重点专题研究，充分阐释问题，研究提出对策措施，为立法起草提供依据。

第四，开展立法起草工作。按照立法起草要求，融合专题研究成果，分工合作，系统开展起草工作，明确节水制度要求，科学设定节水措施，全面谋划节水工作重点行动和具体举措，提出保障措施，形成有利于水资源合理开发、高效利用和有效保护的水资源管理体制和机制，提高水资源管理能力和水平。重点是严格遵照执行现行有效的节水法律法规要求，突出落实执行，结合海东市特点，落实“节水优先”方针，加强制度推动和市场机制创新，围绕农业节水、工业节水、生活节水、非常规水源利用、总量和强度控制、节水评价、定额管理、节水“三同时”、水价、用水统计调查、水权交易等内容，落实节水保障措施，推动全社会节约水资源，提高水资源利用效率和效益，促进水资源可持续利用。

第五，开展咨询论证工作。立法论证是保证立法科学性、民主性、可执行性的重要措施。在规章起草过程中，应听取水利、统计、发展改革、住建、农业农村等各相关部门的意见，公开征求社会公众意见；自主邀请相关部门领导、专家，组织开展草案评审论证，草案经评审论证后，修改完善形成送审稿，上报市政府审查。

三、节水管理制度分析

（一）原则与机制

明确立法的原则以及节约用水的机制。从外地立法经验来看，《湖南省节约用水管理办法》规定，“节约用水工作应当坚持统筹规划、总量控制、优化配置、分类指导、综合利用的原则，建立政府引导、市场调节、公众参与的节约用水机制。”《江苏省节约用水条例》规定，“节约用水工作坚持统一规划、合理配置、总量控制、集约利用、提高效率的原则，建立政府主导、部门协同、市场引导、公众参与的节约用水机制。”《重庆市节约用水管理办法》规定，“全市各级政府应当在经济社会发展全过程坚持节水优先方针，建立政府引导、市场调节、公众参与的节约用水机制。节约用水工作应当遵循统筹规划、总量控制、优化配置、全程管理、因地制宜、注重效率的原则。”

就海东市而言，全市各级政府应当在经济社会发展全过程坚持节水优先方针，建立政府引导、市场调节、公众参与的节约用水机制。节约用水工作应当遵循统筹规划、总量控制、优化配置、全程管理、因地制宜、注重效率的原则。在节约用水工作中，需要深入贯彻坚持党的全面领导、坚持以人民为中心、坚持新发展理念、坚持深化改革开放、坚持系统观念重大原则，把握和处理好保护和发展的关系、空间和时间的关系、自身和全局的关系，遵循节水优先、统筹规划、合理配置、总量控制、定额管理、因地制宜、分类指导的原则，建立完善政府引导、市场调节、公众参与的节约用水机制，坚持节水优先、坚持空间均衡、坚持系统治理、坚持城乡统筹、坚持改革创新。

（二）政府职责

《水法》第十三条第二款规定，“县级以上地方人民政府有关部门按照职责分工，负责本行政区域内水资源开发、利用、节约和保护的有关工作。”《青海省实施〈中华人民共和国水法〉办法》第三十八条规定县级以上人民政府应当加强对节水工作的领导，完善节水制度，推广节水技术，发展节水型农牧业、工业和服务业，建设节水型社会。根据《国家节水行动方案》要求，地方各级党委和政府对本辖区节水工作负总责，制定节水行动实施方案，确保节水行动各项任务完成。从外地立法经验来看，《重庆市节约用水管理办法》规定，全市各级政府应当将节约用水纳入国民经济和社会发展规划，发展节水型工业、农业和服务业，创建节水型城市，建设节水型社会。就海东市而言，市、县（区）人民政府应当加强本行政区域内节约用水工作的领导，将其纳入国民经济和社会发展规划，实行节约用水目标责任制和考核评价制度，推进全社会节约用水。乡（镇）人民政府、街道办事处应当做好本辖区内的节约用水工作，推进节水型村镇、节水型居民小区建设。村（居）民委员会应当协助有关部门做好节约用水相关工作。本市实行节约用水目标责任制和考核评价制度，将节约用水目标完成情况作为对市、县（区）人民政府及其负责人考核评价的内容。在规定政府职责的时候，是否规定"推动发展节水型工业、农业和服务业，建立节水型社会"？考虑到在《青海省实施〈中华人民共和国水法〉办法》第三十八条有相关规定，不宜重复。对村（居）民委员会的职责做出规定，可以与小区节水相衔接。有的地方立法规定，市、县（区）人民政府应当将节约用水情况向本级人大或其常委会汇报，考虑到作为规章而非地方性法规，规定向人大报告工作有所不妥，因此不作相关规定。

（三）部门职责

《水法》第十三条第二款规定，"县级以上地方人民政府有关部门按照职责分工，负责本行政区域内水资源开发、利用、节约和保护的有关工作。"《青海省实施〈中华人民共和国水法〉办法》第六条第二款、第三款规定，"州（地、市）、县人民政府水行政管理部门负责本行政区域内水资源的统一管理和监督工作。县级以上人民政府有关部门按照职责分工，负责本行政区域内水资源开发、利用、节约、保护和防治水害的有关工作。”从外地立法经验来看，《江苏省节约用水条例》具体规定了省级水行政主管部门、发展和改革主管部门、住房和城乡建设主管部门的节水管理职责，对于其他部门采取了笼统的规定；并要求设区的市、县（市、区）人民政府水行政、发展和改革、建设等有关主管部门按照职责分工，做好相关的节约用水工作。《广东省节约用水办法》具体规定县级以上人民政府水行政主管部门、经济和信息化主管部门、住房城乡建设主管部门、农业主管部门节水管理职责，对于其他部门采取了笼统的规定，并强调了县级以上人民政府负责工业节水、农业节水的有关工作。

是否具体规定各部门的节水管理职责？具体规定各部门职责有利于落实责任，增强可执行性。难点在于需要明确各部门节水管理职责的法律依据，特别是考虑到机构改革以及地方各级政府机构调整现状，县级政府部门难以做到与市政府部门的对应。可以考虑有三种方案：一是具体规定市级、县级政府有关部门的节水管理职责，主要包括：水利、住建、农业农村、经济（工业）和信息化、发改等；对其他部门做出原则性规定；二是规定市级水利、住建、农业农村、工业和信息化等部门的具体节水管理职责，概括性规定其他有关部门和县级政府有关部门的职责；三是具体规定水利部门的节水管理职责，原则性规定市级、县级其他有关政府部门的职责。

如果采取第一种方案，那么可以将部门职责规定如下：市、县（区）人民政府水行政主管部门负责本行政区域内节约用水的统一管理和监督工作，制定节约用水政策，组织编制节约用水规划，指导和推动节水型社会建设。市、县（区）人民政府发展改革主管部门负责将节约用水计划指标纳入国民经济和社会发展规划，协助水行政主管部门制定节约用水规划和政策，会同有关部门安排节约用水重大项目、提出水价改革方案和建议，完善水价体系。市、县（区）人民政府城镇节水主管部门负责指导城镇节约用水的有关工作，根据节约用水政策、规划和标准，制定并组织实施城镇节约用水制度和具体标准，会同有关部门组织节水型城市创建工作。市、县（区）人民政府教育、科技、工业和信息化、自然资源、生态环境、农业农村、林业草原等有关部门在各自的职责范围内依法做好节约用水工作。

如果采取第二种方案，那么可以规定如下：市、县（区）人民政府水行政主管部门负责本行政区域内节约用水的统一管理和监督工作，拟订节约用水政策、措施、规划和相关标准，指导和推动节水型社会建设；水行政主管部门所属的节约用水管理机构按照规定的职责，具体负责节约用水的日常管理工作。市、县（区）人民政府发展改革主管部门负责做好节约用水规划、指标与国民经济和社会发展规划、计划以及资源节约和综合利用规划的协调衔接，组织拟定节约用水规划、政策，会同有关部门安排节约用水重大项目。市、县（区）人民政府住房城乡建设主管部门负责城镇节约用水的有关工作，根据节约用水政策、规划和标准，落实节约用水工作要求。市、县（区）人民政府工业和信息化主管部门负责工业、通信业节约用水的有关工作，推广使用节水工艺、设备和器具并进行监督检查。市、县（区）人民政府农业农村主管部门负责农业农村节约用水的有关工作，指导节水农业发展，推广使用农田节水技术、设备和器具。市、县（区）人民政府林业草原、财政、自然资源、生态环境、教育、科技、市场监督管理等有关部门在各自的职责范围内依法负责节约用水工作，并接受水行政主管部门的指导。

关于“用水计划”的制定部门。《水法》第四十七条第三款规定，“县级以上地方人民政府发展计划主管部门会同同级水行政主管部门，根据用水定额、经济技术条件以及水量分配方案确定的可供本行政区域使用的水量，制定年度用水计划，对本行政区域内的年度用水实行总量控制。”可以看出年度用水计划制定的牵头部门是县级以上地方人民政府发展计划主管部门。《青海省实施〈中华人民共和国水法〉办法》第三十四条第二款规定，“市、县（区）人民政府水行政管理部门，根据青海省用水定额、年度水量分配方案确定的水量和经济技术条件，制定年度用水计划，对本行政区域内的年度用水实行总量控制。”年度用水计划的制定部门是市、县（区）人民政府水行政管理部门。《青海省实施〈中华人民共和国水法〉办法》关于年度用水计划制定部门的规定，与《水法》的规定不一致。《西宁市节约用水条例》第九条第一款，“市、区、县发展改革主管部门会同同级水行政主管部门根据节约用水规划、用水定额、经济技术条件以及水量分配方案确定的可供本行政区域使用的水量，制定年度用水计划，对年度用水实行总量控制。年度用水计划由节约用水管理机构组织实施”，其关于年度用水计划制定部门的规定是与《水法》相一致的。《青海省实施〈中华人民共和国水法〉办法》关于年度用水计划制定部门的规定应当符合《水法》的要求。

关于发改部门的职责。发改部门在节水规划、政策方面发挥的是牵头组织作用，同时参照省发改委职责“（五）组织拟订综合性产业政策，协调第一、二、三产业发展中的重大问题并衔接平衡相关发展规划，做好与国民经济和社会发展规划、计划的衔接平衡。”由发改部门牵头组织规划、政策的拟订更符合行政管理工作实际。根据国家发改委资源节约和环境保护司职责，“拟订并协调实施能源资源节约和综合利用、循环经济政策规划，提出能源消费控制目标并组织实施。”可以将其职责规定为组织拟定节约用水规划、政策。

关于农业农村部门的职责。农业农村部门是否承担“农村节水”的有关工作？实践中农村节水工作是由农业农村部门负责，所以在该部门职责中应体现节约用水的有关工作。

目前，省级单设节水机构，隶属于省水利厅。市级、县级是否设立节水机构？从实践来看，县级人民政府单设节水机构难以做到，采取依托水行政主管部门设立节水机构的方式较为可行。

（四）节水布局

依据《青海省实施〈中华人民共和国水法〉办法》第十五条，“开发利用水资源，应当统筹安排地表水和地下水，优先开发利用地表水，合理开采地下水。”对节水布局做出规定，市、县（区）人民政府应当根据水资源条件，优先利用地表水，限制开采地下水，鼓励使用雨水、再生水、微咸水等非常规水源，合理确定经济社会发展布局和规模，限制发展高耗水产业，严格控制城镇建设、农业灌溉用水规模。在“限制发展高耗水产业”前面，是否加上“在水资源短缺、生态脆弱地区”的限定？考虑到海东市属于水资源短缺地区，以发展节水型产业主要导向，可以不加限定。针对节水方向，需要体现优先利用地表水，限制开采地下水，鼓励使用雨水、再生水、微咸水等非常规水源的要求。

（五）节水科技创新

科技创新对于做好节水工作具有重要的意义。《水法》第八条规定，“国家厉行节约用水，大力推行节约用水措施，推广节约用水新技术、新工艺，发展节水型工业、农业和服务业，建立节水型社会。各级人民政府应当采取措施，加强对节约用水的管理，建立节约用水技术开发推广体系，培育和发展节约用水产业。”《青海省实施〈中华人民共和国水法〉办法》第三十八条规定县级以上人民政府应当加强推广节水技术，发展节水型农牧业、工业和服务业，建设节水型社会。从外地立法经验来看，《江苏省节约用水条例》第三十七条规定，“县级以上地方人民政府应当培育和发展节水产业，加强节约用水科学技术推广体系建设，推广使用先进适用的节水技术和产品。鼓励和支持单位、社团和个人开展节约用水科学技术研究，研制开发、推广应用节水技术和产品。”因此，市、县（区）人民政府应当支持节约用水科技创新，促进技术成果转化推广，加快节约用水关键技术装备的研发和应用。

（六）宣传教育

加强节水宣传工作与教育工作是开展节水工作的重要举措。根据《青海省生态文明建设促进条例》第六十六条的规定，报刊、广播电视、网络等新闻媒体应当进一步加强和改进对生态文明建设的新闻舆论监督；第二十四条规定，“各级人民政府应当提倡环保消费，鼓励、引导消费者购买和使用节能、节水、再生产品，加快形成简约适度、绿色低碳、文明健康的消费行为。”《国家节水行动方案》提出，要加强国情水情教育，逐步将节水纳入国家宣传、国民素质教育和中小学教育活动，向全民普及节水知识。从外地的立法经验来看，《湖南省节约用水管理办法》第六条规定，“各级人民政府应当加强节约用水法律、法规的宣传教育，普及节约用水知识，增强全民节约用水意识。机关、企业事业单位、社会团体等应当加强节约用水知识宣传教育，增强本单位人员节约用水意识，培养其节约用水习惯。报刊、广播、电视、网络等新闻媒体应当免费开展节约用水公益宣传。”是由“有关部门和单位”还是“各级人民政府”，主导节水宣传工作？采用“有关部门和单位”的原因在于，节水宣传工作不仅仅涉及各级人民政府，还涉及宣传部门等，但是所谓的“有关部门和单位”，对于主体的表述不够清晰，由各级人民政府作为节水宣传工作的主体更为合适。因此，就海东市而言，各级人民政府应当加强节约用水宣传教育，普及节约用水知识，增强全民节约用水意识，使爱护水、节约水成为全社会的良好风尚和自觉行动。广播、电视、报刊、网络等新闻媒体应当加强节约用水的公益宣传和舆论监督。

（七）节水义务

全社会都有节水义务。根据《水法》第八条第三款，“单位和个人有节约用水的义务。”《取水许可和水资源费征收管理条例》第九条规定，“任何单位和个人都有节约和保护水资源的义务。对节约和保护水资源有突出贡献的单位和个人，由市、县（区）人民政府给予表彰和奖励。”《青海省实施〈中华人民共和国水法〉办法》第七条第一款规定，“任何单位和个人都有保护水资源、水工程和节约用水的义务，并有权制止、控告和检举违反水法和本办法的行为。”考虑到《青海省实施〈中华人民共和国水法〉办法》对于检举举报程序已有原则性规定，需要与上位法衔接，对监督权做出强调。从外地的立法经验来，《黑龙江省节约用水条例》第七条规定，“任何单位和个人都有节约用水的义务和对浪费水资源行为进行举报的权利。县级以上水行政主管部门应当建立举报制度，并向社会公布举报方式；接到举报后应当及时调查处理，向举报人反馈处理结果，并对举报人的个人信息予以保密。”《重庆市节约用水管理办法》第八条规定，“任何单位和个人都有节约用水的义务，有权对浪费水资源的行为进行监督和举报。”因此，就海东市而言，任何单位和个人都有节约用水的义务，对浪费水资源的行为有权监督和举报。市、县（区）人民政府水行政主管部门应当建立举报制度，向社会公布举报方式；接到举报后应当及时调查处理，向举报人反馈处理结果，并对举报人的个人信息予以保密。

（八）节约用水规划

节水规划制度对于发挥规划引领作用，做好节水工作具有重要的意义。《水法》第十七条第三款规定，“专业规划由县级以上人民政府有关部门编制，征求同级其他有关部门意见后，报本级人民政府批准。”《青海省实施〈中华人民共和国水法〉办法》第二十九条第二款规定，“州（地、市）、县水中长期供求规划，由县级以上人民政府水行政管理部门会同同级有关部门，依据上一级水中长期供求规划和本地区的实际情况制订，经本级人民政府发展改革管理部门审查批准后执行。”从外地的立法经验来看，《湖南省节约用水管理办法》第七条第一款规定，“县级以上人民政府水行政主管部门应当会同同级发展改革、住房城乡建设、工业和信息化、农业农村等部门，根据上一级人民政府节约用水规划和本地区经济社会发展需求、水资源状况等编制本行政区域节约用水规划，报本级人民政府批准后实施。”《江苏省节约用水条例》第七条规定，“县级以上地方人民政府水行政主管部门应当根据上一级人民政府节约用水规划以及本地区经济社会发展需求、水资源状况和水资源综合规划，依法编制本行政区域节约用水规划，报本级人民政府批准实施。编制城乡规划、区域和行业发展规划，应当包含节约用水的内容。”《重庆市节约用水管理办法》第九条第一款规定，“市、区县政府水行政主管部门应当会同有关部门，根据本行政区域经济社会发展规划、水资源综合规划，编制本行政区域节约用水规划，按同级专项规划要求报批，并报上一级水行政主管部门备案。”外地立法多是要求县级以上水行政主管部门编制节水规划。当然，是否有必要编制节水专项规划，不宜做出强制性规定。相关专项规划，例如水资源利用规划等，可以包含节水规划的内容。市（州）、县级人民政府水行政主管部门，依据上级节约用水规划和经济社会发展要求，会同发展改革等有关部门编制本行政区域节约用水规划或者相关专项规划，报本级人民政府批准后组织实施。节约用水规划应当包括水资源及其开发利用状况、节约用水潜力分析、节约用水目标、任务和措施等内容。编制区域和行业发展规划、重大建设项目和产业结构布局，应当包含节约用水内容，与节约用水规划相适应，并与国土空间规划规定的用水强度和用水总量控制指标相衔接。经批准的节约用水规划不得擅自变更或者调整，确需变更或者调整的，应当按照原批准程序重新报批。

（九）总量和强度控制制度

用水总量和用水强度“双控”制度是节水管理的重要举措。考虑到国家建立用水总量和用水强度控制指标体系，作为区域水资源开发和利用效率的控制红线，地方立法从健全制度角度予以规范。《循环经济促进法》第十三条规定，“县级以上地方人民政府应当依据上级人民政府下达的本行政区域主要污染物排放、建设用地和用水总量控制指标，规划和调整本行政区域的产业结构，促进循环经济发展。新建、改建、扩建建设项目，必须符合本行政区域主要污染物排放、建设用地和用水总量控制指标的要求。”《取水许可和水资源费征收管理条例》第三十九条第三款规定，“县级以上各地方行政区域的年度水量分配方案和年度取水计划，由县级以上地方人民政府水行政主管部门根据上一级地方人民政府水行政主管部门或者流域管理机构下达的年度水量分配方案和年度取水计划制定。”《青海省生态文明建设促进条例》第三十五条规定，“县级以上人民政府应当实行最严格水资源管理制度，落实用水总量控制、用水效率控制、水功能区限制纳污的红线控制指标，推进节水型社会建设。”从外地的立法经验来看，《江苏省节约用水条例》第八条规定，“本省实行区域用水总量和强度控制制度，建立覆盖省、设区的市、县三级行政区域的用水总量和强度控制指标体系。县级以上地方人民政府应当依据用水总量和强度控制指标，制定本行政区域年度用水计划。”《福建省节约用水管理办法》第九条第一款规定，“县级以上人民政府应当建立本行政区域内的用水总量控制指标体系，根据用水总量控制指标和节约用水规划，结合年度水量调度管理要求，制定年度用水计划，对本行政区域内的年度用水实行总量管理。”

《青海省实施〈中华人民共和国水法〉办法》第三十四条第二款与《水法》第四十七条第三款不一致的问题值得关注：

《水法》第四十七条第三款规定，“县级以上地方人民政府发展计划主管部门会同同级水行政主管部门，根据用水定额、经济技术条件以及水量分配方案确定的可供本行政区域使用的水量，制定年度用水计划，对本行政区域内的年度用水实行总量控制。”可以看出，年度用水计划制定的牵头部门是县级以上地方人民政府发展计划主管部门。

《青海省实施〈中华人民共和国水法〉办法》第三十四条第二款规定，“市、县（区）人民政府水行政管理部门，根据青海省用水定额、年度水量分配方案确定的水量和经济技术条件，制定年度用水计划，对本行政区域内的年度用水实行总量控制。”年度用水计划的制定部门是市、县（区）人民政府水行政管理部门。《青海省实施〈中华人民共和国水法〉办法》关于年度用水计划制定部门的规定，与《水法》的规定不一致。《西宁市节约用水条例》第九条第一款，“市、区、县发展改革主管部门会同同级水行政主管部门根据节约用水规划、用水定额、经济技术条件以及水量分配方案确定的可供本行政区域使用的水量，制定年度用水计划，对年度用水实行总量控制。年度用水计划由节约用水管理机构组织实施。”关于年度用水计划制定部门的规定是与《水法》相一致的。

如果采取“市、县级行政区域的用水总量和用水强度控制指标由上一级人民政府水行政主管部门编制下达并报本级人民政府批准后执行。”如此规定，虽然与《青海省实施〈中华人民共和国水法〉办法》第三十四条第二款一致，但是不符合《水法》第四十七条第三款。按照下位法符合上位法的立法原则，应当遵循《水法》的规定。实践中，青海省关于用水计划以及用水总量，是由改革主管部门会同同级水行政主管部门制定并实施管理。《青海省实施〈中华人民共和国水法〉办法》关于年度用水计划制定部门的规定，与《水法》的规定不一致。虽然存在《青海省实施〈中华人民共和国水法〉办法》关于年度用水计划制定部门的规定，与《水法》的规定不一致的情况。考虑到本条规定的是双控制度（双控指标下达），与年度用水计划有联系，但并非同一内容，现有规定也未直接违反上位法。因此规定，实行用水总量和用水强度控制制度，建立市、县（区）行政区域用水总量和用水强度控制指标体系，作为区域水资源开发和利用效率的控制红线。用水总量和用水强度控制指标由上一级人民政府水行政主管部门会同发展改革主管部门编制下达。

（十）节水评价

节水评价是一项新制度。上位法没有依据，外地立法均未规定节水评价内容。《国家节水行动方案》提出，“严控水资源开发利用强度，完善规划和建设项目水资源论证制度，以水定城、以水定产，合理确定经济布局、结构和规模。”《水利部关于开展规划和建设项目节水评价工作的指导意见》（水节约［2019］136号）对此有规定。从外地的立法经验来看，主要是对节水评估做出的规定。《太原市城市节约用水条例》第八条第一款规定，“凡新建、改建、扩建工程项目的建设单位，在建设前应当编制用水、节水评估报告。没有用水、节水评估报告的不得立项、不得办理用水计划。”《郑州市节约用水条例》第二十三条第一款规定，“新建、改建、扩建工程应当按规定进行用水、节水评估；直接取用地表水或地下水的，应当进行水资源论证。”《鞍山市节约用水条例》第十二条第一款规定，“新建、改建、扩建的建设项目设计年用水量超过3

万立方米的，建设单位在建设前应当编制用水、节水评估报告。”《深圳市节约用水条例》第二十四条第一款规定，“建设项目用水实行用水节水评估制度。”因此，就海东市而言，市、县（区）人民政府水行政主管部门应当在相关规划编制、建设项目立项、取水许可中开展节水评价，合理确定规划和建设项目用水规模和结构，促进水资源合理开发利用。

（十一）节水标准

《循环经济促进法》第十七条规定，“国家建立健全循环经济统计制度，加强资源消耗、综合利用和废物产生的统计管理，并将主要统计指标定期向社会公布。国务院标准化主管部门会同国务院循环经济发展综合管理和生态环境等有关主管部门建立健全循环经济标准体系，制定和完善节能、节水、节材和废物再利用、资源化等标准。国家建立健全能源效率标识等产品资源消耗标识制度。”第二十三条第一款规定，“建筑设计、建设、施工等单位应当按照国家有关规定和标准，对其设计、建设、施工的建筑物及构筑物采用节能、节水、节地、节材的技术工艺和小型、轻型、再生产品。有条件的地区，应当充分利用太阳能、地热能、风能等可再生能源。”《国家节水行动方案》提出，建立健全国家和省级用水定额标准体系。

从外地的立法经验来看，《广东省节约用水办法》第二十二条第一款规定，“省人民政府发展改革、水行政、质量监督等主管部门应当按照国家有关规定，积极推行用水效率标识管理制度，建立完善节约用水标准体系。”地方立法是否规定节水标准制度？考虑到节水标准的制定涉及市场准入问题，是国家事权。合适的方式是由国务院水行政主管部门、标准化主管部门会同国务院有关部门组织制定有关节水的国家标准、地方标准、行业标准，制定强制性的用水产品、设备水效标准，建立健全节水标准体系。地方水行政主管部门、标准化主管部门可以制定严于强制性国家标准、行业标准的地方节水标准，并报上级水行政主管部门、标准化主管部门备案。当然，可以鼓励有关社团、企业制定严于国家标准、行业标准的团体或企业节水标准。考虑到没有上位法的依据，规章中先不宜单设条款规定。在节水型城市建设、建筑节水等内容中，可以体现节水标准要求。

（十二）定额管理

《水法》第四十七条第三款规定，“县级以上地方人民政府发展计划主管部门会同同级水行政主管部门，根据用水定额、经济技术条件以及水量分配方案确定的可供本行政区域使用的水量，制定年度用水计划，对本行政区域内的年度用水实行总量控制。”《青海省实施〈中华人民共和国水法〉办法》第三十四条第二款规定，“县级以上人民政府水行政管理部门，根据青海省用水定额、年度水量分配方案确定的水量和经济技术条件，制定年度用水计划，对本行政区域内的年度用水实行总量控制。”定额管理制度在《水法》有要求，但是还需要地方采取具体化的规定来落实。从外地的立法经验来看，《广东省节约用水办法》第十条第二款规定，“地级以上市人民政府水行政主管部门和有关行业主管部门，对已有用水定额标准的行业、类别和产品可以制定更严格的标准，对没有用水定额标准的行业、类别和产品可以制订本市的标准，报省质量监督主管部门审核后发布实施。”《江苏省节约用水条例》第九条第二款规定，“设区的市可以制订严于省规定以及省未作规定产品的本行政区域行业用水定额，并报省水行政主管部门和质量技术监督行政主管部门备案。”在实践中，没有隶属主管部门的行业，其行业用水定额还未明确。结合青海省用水定额管理实践，由于工信、煤炭等行业主管部门在该方面的力量薄弱，实际上是由省水利部门制订定额，且采取的是地方标准。行业用水定额应当根据经济社会发展、水资源条件、产业结构变化和产品技术进步等情况，定期进行修订。考虑到该项制度应当由省人民政府水行政主管部门会同同级市场监督管理部门制订，因此，海东市在符合上位法规定的前提下，不宜对如何确定定额做出具体规定，而应当从严格执行行业用水定额的角度提出具体要求，相关规划编制、取水许可审批和用水计划核定，应当严格执行行业用水定额。

（十三）单位计划用水管理

市、县（区）人民政府水行政主管部门对取用水户实行计划用水管理。取用水户应当向市、县（区）人民政府水行政主管部门报送本年度用水情况总结和下一年度用水计划建议，水行政主管部门应当及时核定下达取用水户的年度用水计划。年度用水计划需要调整的，应当经市、县（区）人民政府水行政主管部门重新核定。

落实单位计划用水管理制度涉及如何界定用水单位、取用水单位、取水单位等的问题。取水、用水、取用水，在不同法律法规中有不尽一致的表述。采取取用水的表述更为全面合理，但是在其他法律法规中还没有体现。有关问题还需要在国务院《取水许可和水资源费征收管理条例》修订中予以考虑。《青海省实施〈中华人民共和国水法〉办法》使用了用水单位、用水户、取用水户的不同表述，用法不够严谨。但是，作为地方立法，海东市应当考虑在不产生歧义以及能够明晰表达所指的情况下，尽量与其衔接。因此，可以使用“取用水户”的表述，同时对其进行界定，取用水户包括纳入取水许可管理的单位和个人以及公共供水管网内规模以上用水单位。实践中，规模以上用水单位，是由省人民政府水行政主管部门确定并向社会公布。

另外，采取“取用水户应当于每年 11 月 30 日前向有管辖权的人民政府水行政主管部门报送本年度用水情况总结和下一年度用水计划建议，水行政主管部门应当于每年 12 月 31 日前，核定下达所管辖取用水户的下一年度用水计划。”这样是否合适，根据《取水许可和水资源费征收管理条例》第四十二条“取水单位或者个人应当在每年的 12 月 31 日前向审批机关报送本年度的取水情况和下一年度取水计划建议。”不宜采用“11 月 30 日前”的规定。因此，取用水户应当在每年的 12 月 31 日前向有管辖权的市、县（区）人民政府水行政主管部门报送本年度用水情况总结和下一年度用水计划建议，水行政主管部门应当于每年 1 月 31 日前，核定下达所管辖取用水户的本年度用水计划。

在设计单位计划用水管理制度时，是否应考虑“纳入取水许可管理的单位的年度用水计划量原则上为取水许可量”以及“同比例削减的原则”？取水许可应当加强精细化管理，根据用水户的不同生产情况明确相应的取水许可量。审批取水许可后，在预测来水量不发生变化的情况下，年度用水计划应当原则上为取水许可量，不应当按照申请、下达用水计划的方式管理，增加用水户负担。但是，在实践中还难以做到如此的精细化管理，同比例削减原则也没有得到相关专业人士的支持，因此，可以暂不予规定。

使用管网供水的单位计划用水量，是由水行政还是住建部门核定？参照《湖南省节约用水管理办法》规定，使用公共管网供水用水量较大的单位的用水计划由市、县（区）人民政府住房城乡建设主管部门依法核定。但是，根据《取水许可和水资源费征收管理条例》第三条第一款，“市、县（区）人民政府水行政主管部门按照分级管理权限，负责取水许可制度的组织实施和监督管理”；第十九条第二款“对取用城市规划区地下水的取水申请，审批机关应当征求城市建设主管部门的意见，城市建设主管部门应当自收到征求意见材料之日起5个工作日内提出意见并转送取水审批机关。”取水许可的审批机关是水行政主管部门，湖南省的做法并无上位法依据。因此，采取水行政主管部门核定的方式是合适的。

是否能够明确“公共供水管网内规模以上用水单位”中的“规模以上”具体标准？从地方立法来看，《广东省节约用水办法》第十二条“使用供水工程、公共供水管网等供水单位供应的水，且月均用水量1万立方米以上的非农业用水单位，应当确定为重点用水单位。”“根据水资源管理责任考核要求和实际需要，地级以上市和县级人民政府水行政主管部门可以将月均用水量不足 1 万立方米的非农业用水单位确定为重点用水单位。”考虑到青海省各地实际不尽相同，对于规模以上的界定，因地而异有所区别，因此，可以不确定具体数额。

对用水超过行业用水定额的取用水户，做出由市、县（区）人民政府水行政主管部门责令其加强节约用水管理，限期实施节水改造，并不得批准其新增取水的规定，是否合适？现有规定“限期实施节水改造，并不得批准其新增取水”，有违“超定额累进加价制度”，不符合用水付费的市场原则。国务院《取水许可和水资源费征收管理条例》第二十八条“取水单位或者个人应当缴纳水资源费。取水单位或者个人应当按照经批准的年度取水计划取水。超计划或者超定额取水的，对超计划或者超定额部分累进收取水资源费。”《青海省取水许可和水资源费征收管理办法》第十九条“取水单位和个人须严格按照取水许可证的规定取水。对超计划或者超定额取水的，应对超计划或者超定额部分累进征收水资源费：超过批准取水量 30% 以下的，对其超取部分水量加价 1 倍征收；超过批准取水量 30% 至 50% 的，对其超取部分水量加价 2 倍征收；超过批准取水量 50% 以上的，对其超取部分水量加价 3 倍征收。”《青海省取水许可和水资源费征收管理办法》第十九条，“取水单位和个人须严格按照取水许可证的规定取水。对超计划或者超定额取水的，应对超计划或者超定额部分累进征收水资源费：超过批准取水量 30% 以下的，对其超取部分水量加价 1 倍征收；超过批准取水量

30% 至 50% 的，对其超取部分水量加价 2 倍征收；超过批准取水量 50% 以上的，对其超取部分水量加价 3 倍征收。”因此，对用水超过行业用水定额的取用水户，不宜做出不得批准其新增取水的规定。

（十四）地下水管理

《水法》第二十三条第二款规定，“国民经济和社会发展规划以及城市总体规划的编制、重大建设项目的布局，应当与当地水资源条件和防洪要求相适应，并进行科学论证；在水资源不足的地区，应当对城市规模和建设耗水量大的工业、农业和服务业项目加以限制。”第三十六条规定，“在地下水超采地区，县级以上地方人民政府应当采取措施，严格控制开采地下水。在地下水严重超采地区，经省、自治区、直辖市人民政府批准，可以划定地下水禁止开采或者限制开采区。”《国家节水行动方案》提出，在干旱缺水地区，适度压减高耗水作物，扩大低耗水和耐旱作物种植比例，选育推广耐旱农作物新品种；在地下水严重超采地区，实施轮作休耕，适度退减灌溉面积，积极发展集雨节灌，增强蓄水保墒能力，严格限制开采深层地下水用于农业灌溉。《青海省实施〈中华人民共和国水法〉办法》第十五条第一款规定，“开发利用水资源，应当统筹安排地表水和地下水，优先开发利用地表水，合理开采地下水。”第十六条第二款规定，“在地下水禁止开采区内，禁止新建、改建、扩建取用地下水的建设项目。已建的地下水取用工程应当建设替代水源。”《青海省取水许可和水资源费征收管理办法》第六条第二款规定，“县级以上人民政府水行政主管部门取水许可审批的年总水量，不得超过本地区年水资源可利用量或上一级水行政主管部门下达的年取用水计划。批准取用地下水的年总水量，不得超过本行政区域内地下水可开采量，并应当符合地下水开发利用规划的要求。制定地下水开发利用规划应当征求国土资源主管部门的意见。”

从外地的立法经验来看，《湖南省节约用水管理办法》第七条第二款规定，“编制节约用水规划应当坚持减少水资源消耗，优先利用地表水，限制开采地下水，鼓励使用雨水、再生水等水源的原则。”考虑到青海省的水法实施办法、水费管理办法，对于地下水已有相应的规定，因此，就海东市而言，对地下水、地表水的管理，可以做出原则性规定，并在再生水利用中有所体现，市、县（区）人民政府应当严格限制开采地下水，优先配置使用地表水。在公共供水管网覆盖范围内能够满足用水需求的地区，不得新增开采地下水，原有的自备水井应当逐步关闭。

（十五）取用水户节水管理

制定取用水户的管理制度是必要的。取用水户应当建立健全节约用水管理制度，按时向有管辖权的市、县（区）人民政府水行政主管部门报送用水、节水报表。鼓励取用水户安装使用节水设施，实施节水技术改造，定期进行用水合理性分析、水平衡测试。市、县（区）人民政府水行政主管部门应当加强对重点取用水户的用水监控管理，定期进行用水监督检查。用水监督检查中发现存在问题的，对重点取用水户应当予以整改。根据《取水许可和水资源费征收管理条例》（国务院令第460号）第四十三条，“取水单位或者个人应当依照国家技术标准安装计量设施，保证计量设施正常运行，并按照规定填报取水统计报表。”

采取“安装使用节水设施，实施节水技术改造，定期进行用水合理性分析、水平衡测试”的规定，是否合适？考虑到“安装使用节水设施，实施节水技术改造，定期进行用水合理性分析、水平衡测试”属于对取用水户的义务性规定，作为市政府规章，在没有法律法规依据的情况下，按照《立法法》的规定，不能够做出增加企业或公民义务的规定，可以改为倡导性、鼓励性条款。

（十六）用水计量统计制度

用水计量和用水统计制度是提升节约用水管理现代化水平的基础性工作。用水单位和个人应当依法安装和使用合格的用水计量设施，并定期检查和维护，保证计量准确。同一用水单位或个人有两个以上不同水源或者两类以上不同用途用水的，应当分别、分类计量。任何单位和个人不得侵占、毁坏、擅自移动用水计量设施，不得干扰用水计量。市、县（区）人民政府水行政主管部门应当会同统计等主管部门，建立健全用水统计调查制度，保证用水统计资料真实、准确、完整和及时，并定期公布用水统计信息。如何明确安装计量设施的主体？可以采用“取用水单位和个人”或者“取水单位、用水单位和个人”“取、用水单位和个人”等表述取水单位和个人在《青海省实施〈中华人民共和国水法〉办法》《青海省取水许可和水资源费征收管理办法》中已有规定，采用取用水户的规定会造成范围偏窄，可以考虑使用“用水单位和个人”作为调整的主体。

（十七）取用水监控及用水审计

市、县（区）人民政府水行政主管部门应当对用水总量开展监测，对重点取用水户的计量设施和取用水情况等实施监控。重点取用水户应当依法安装取用水计量在线监测设备，保存原始监测记录，并保证监测设备正常运行。对重点取用水户设定义务性规定需要慎重，要符合《立法法》和《规章制定程序条例》的要求，如果没有法律法规依据，那么是不能做出增加取用水户义务规定的。因此，可以从水行政主管部门的角度做出管理措施的规定。

用水审计是国家推行的一项节约用水的有效举措。关于用水审计，目前还没有法律法规的依据，现有制度设计是来自于对《节能法》的借鉴。地方立法中，江苏省以及无锡市有所规定。市、县（区）人民政府水行政主管部门应当对节水管理制度不健全、节水措施不落实、用水效率不达标的重点取用水户，开展现场调查，组织实施用水设备用水效率检测，责令实施用水审计，并提出整改要求，限期整改。

（十八）节水设施“三同时”制度

节水设施应当与主体工程同时设计、同时施工、同时投入使用，这是《水法》规定的一项重要制度。新建、改建、扩建建设项目，建设单位应当制定节约用水措施方案，配套建设节水设施。节水设施应当与主体工程同时设计、同时施工、同时投入使用。配套建设节水设施的建设项目，组织竣工验收时，应当通知市、县（区）人民政府水行政主管部门参加。已经建成的节水设施，建设单位不得擅自停止使用。

地方立法中还面临一些问题。一是水行政管理部门如何融入“三同时”制度？在缺乏上位法的依据前提下，不能够采取前置审批或者类似的规定，不能够增加建设程序性规定。核心是贯彻《水法》“三同时”制度要求，采取程序性规定，将水利部门融入“三同时”制度的执行环节，依法落实可执行性。节水设施应当与主体工程同时设计，同时施工并同时投产运用。如果主体工程建成投入使用，节水设施没有建成或者节水设施没有达到国家规定的要求，需要承担《水法》第 71 条规定的法律责任。通过“配套建设节水设施的建设项目，建设单位组织竣工验收时，应当通知有管辖权的市、县（区）人民政府水行政主管部门参加。”这样可以解决水利部门介入“三同时”制度的程序。

二是与建设项目相关审批查询衔接的问题。例如，能否规定“城市规划区内的新建、改建、扩建建设项目，城市规划建设主管部门在规划选址、方案设计、施工图审查和竣工综合验收等环节，应当就编制节水措施方案或配套建设节水设施征求同级水行政主管部门的意见。”“将节水设施的建设资金纳入主体工程投资概算，保证节水设施与主体工程同时设计、同时施工、同时投入使用”，上述规定，均缺乏法律法规依据，不宜直接规定。

三是关于节水设施未验收或验收不合格的管理制度设计问题。

能否规定“节水设施未经验收或者验收不合格的，水行政主管部门不予核发取水许可证，不予核定用水计划，供水单位不予供水。已经建成的节水设施，建设单位不得擅自停止使用”？根据《取水许可和水资源费征收管理条例》第二十条，审批机关不予批准取水申请的情形，并不包含节水设施方面的内容。在无上位法依据的情况下，作为市政府规定，不宜做出不予核发取水许可证的规定。对于节水设施未经验收或者验收不合格的，水行政主管部门不予核发取水许可证，不予核定用水计划，供水单位不予供水，也是没有上位法依据的。

四是通过取水许可证来实现节水设施验收管理的问题。根据《行政许可法》第十五条规定，“本法第十二条所列事项，尚未制定法律、行政法规的，地方性法规可以设定行政许可；尚未制定法律、行政法规和地方性法规的，因行政管理的需要，确需立即实施行政许可的，省、自治区、直辖市人民政府规章可以设定临时性的行政许可。临时性的行政许可实施满一年需要继续实施的，应当提请本级人民代表大会及其常务委员会制定地方性法规。”第十六条第三款“规章可以在上位法设定的行政许可事项范围内，对实施该行政许可做出具体规定。”第四款“法规、规章对实施上位法设定的行政许可做出的具体规定，不得增设行政许可；对行政许可条件做出的具体规定，不得增设违反上位法的其他条件。”地方规章可以设定临时性的行政许可，但是，考虑《行政许可法》第十六条第四款的规定，以及《取水许可和水资源费征收管理条例》第二十条规定的情形，采取取水许可证来落实节水设施验收管理的法律依据并不够充分，因此，不宜将取水许可证管理与节水设施验收相挂钩。

五是如何解决“节水设施未经验收或者验收不合格”的问题。目前实践中，节水设施未经验收或者验收不合格的，将产生不予通过竣工验收的后果，但是实践中，也有许多项目未进行节水设施验收。目前来看，在竣工验收环节来落实节水设施管理方面，不论是采取纳入基本建设程序还是采取取水许可证管理，尚未有合法可行的制度设计。鉴于《水法》第七十一条“建设项目的节水设施没有建成或者没有达到国家规定的要求，擅自投入使用的，由市、县（区）人民政府有关部门或者流域管理机构依据职权，责令停止使用，限期改正，处五万元以上十万元以下的罚款。”在没有更好的制度情况下，考虑到《水法》已有法律责任规定，并起到了落实节水设施“三同时”制度效果的作用，因此，地方立法可以从加强管理部门工作协调的角度出发设计相关制度。例如，配套建设节水设施的建设项目，组织竣工验收时，应当通知有管辖权的市、县（区）人民政府水行政主管部门参加。

六是能否做出“未编制节水措施方案的，建设项目不得开工”的规定。依据《国务院办公厅关于全面开展工程建设项目审批制度改革的实施意见》（国办发〔2019〕11号），贯彻“放管服”改革要求，需要精简审批环节，转变管理方式，对能够用征求相关部门意见方式替代的审批事项，调整为政府内部协作事项。依据《建筑工程施工许可管理办法》，节水措施方案不属于施工许可证核发的法定条件，如果没有上位法的规定，那么是不宜做出如此规定的。

四、水资源高效利用制度分析

（一）农业和农村节水

各级人民政府应当鼓励和支持节水灌溉技术、灌溉方式的研究，推广节水灌溉技术，建设节水型农业示范区和节水型灌区，提高用水效率。新建灌区应当达到节水灌溉工程规范要求；已建灌区不符合节水灌溉标准的，逐步进行节水改造。市、县（区）人民政府农业农村主管部门应当会同水行政主管部门根据本地区水资源条件，制定农业节约用水实施方案，因地制宜发展渠道防渗、管道输水、喷灌、滴灌、微灌等节水灌溉方式，减少灌溉用水损耗。

针对灌溉用水。从目前的工作实践来看，计量收费难以做到，计量设施由农业灌溉设施管护主体安装难以落实，采纳调研的意见，计量设施由农业灌溉设施产权主体安装，并由管护主体维护。

针对农村居民大水浇灌庭院等浪费水资源的行为。该现象与农村用水福利化、水权确认有关，根本举措是引入用水有偿理念，推进阶梯水价制度，实行有偿用水，有偿用水相关内容在水价制度已有规定，水权确认在水权交易制度中已有规定。从可执行性的角度来看，可供选择的举措主要包括：鼓励、引导以及水行政部门加强监督管理等。

针对农业布局节水。各级人民政府应当积极引导推动农业生产转型升级，建立与水资源条件相适应的农业生产布局和农作物种植结构，优化农业用水结构，提高农业用水效率。

针对农业节水方式。农田灌溉应当因地制宜推广节水灌溉技术，加强节水工程与农机、农艺、生物等措施结合，建设节水型农业示范区和节水型灌区，提高用水效率。灌溉农业区应当推广节水灌溉和水肥一体化等技术。旱作农业区应当推广集雨蓄水、覆盖保墒、抗旱抗逆等旱作节水技术。农业产业园区的尾水应当循环利用。水产养殖业和畜牧业应当推广使用先进适用的节水养殖技术。集中供水的农村居民生活用水实行有偿使用、计量收费；未安装计量设施的，由县级人民政府组织供水单位、村组安装。

（二）工业节水

鼓励工业企业对生产用水进行全过程控制，采用分质供水、再生水利用、废污水处理回用等措施，降低用水消耗，提高用水重复利用率，建设节水型企业。鼓励以水为主要原料生产饮料、饮用水等产品的企业，采用节约用水工艺和技术，回收利用尾水。原料水的重复利用率不得低于国家规定标准。在耗水量较大的开发区及工业园区，鼓励企业间串联用水、一水多用和循环利用，建设节水型园区。鼓励供水企业采用先进制水技术，加强制水环节管理，减少制水水量损耗。供水企业应当加强对供水设施的维修管理，降低管网漏损率，定期对供水管网进行巡查，发现漏损或者接到漏损报告后，应当及时赶赴现场处理。

关于工业节水，涉及对企业义务方面的规定。考虑到立法属于市政府规章范畴，在没有法律法规依据的前提下，不能够增加企业的义务，因此，“工业间接冷却水、冷凝水应当循环使用或者回收利用，不得直接排放。”“尾水应当重复利用”，属于义务性条款，缺乏法律法规依据，不符合《立法法》规定，增加了企业义务，因此不宜直接规定，可以通过鼓励倡导的方式来实现立法目的。考虑到《青海省实施〈中华人民共和国抗旱条例〉办法》《青海省实施〈中华人民共和国水法〉办法》，对于供水企业管网维护已做出规定，不宜重复。

针对工业布局节水。市、县（区）人民政府应当根据水资源条件，合理确定工业发展布局和规模，优化工业用水结构。在水资源短缺、生态环境脆弱地区，严格控制高耗水工业项目建设。

针对产业园区节水。新建工业集聚区在规划布局时，应当统筹供排水、水处理及循环利用设施建设，实施区内企业串联用水和循环利用，建设节水型工业集聚区。鼓励和支持已建工业集聚区开展以节水为重点内容的循环化改造，加快节水及水循环利用设施建设。

（三）服务业节水

从产业节水以及服务业重点行业节水需要出发，需要对服务业节水做出规定。市、县（区）人民政府应当加强服务业用水管理，严格控制洗浴、洗车、人工滑雪场、人造水景观和娱水场所、宾馆等高耗水服务业的用水。鉴于关于定额的规定，在前面定额制度已有体现，因此，在服务业节水部分，不再对高耗水服务业的用水定额做出规定。

（四）城镇节水

城镇节水包括了居民用水、非常规水源利用、污水设施、建筑节水、绿化节水等，在其他条款有所规定。节水改造主要针对农业、工业企业、节水改造项目补贴等，尚无城镇节水改造方面的法律法规依据。《国家节水行动方案》规定，公共机构要开展供水管网、绿化浇灌系统等节水诊断，推广应用节水新技术、新工艺和新产品，提高节水器具使用率。大力推广绿色建筑，新建公共建筑必须安装节水器具。推动城镇居民家庭节水，普及推广节水型用水器具。考虑到《国家节水行动方案》的要求，应当对节水型城镇建设做出规定。市、县（区）人民政府应当将节约用水落实到城镇规划、建设、管理各环节，实施节水改造，推进节水型城镇建设。

针对城镇景观环境节水。城镇园林绿化应当种植耐旱型花草、树木，采用滴灌、喷灌、微灌等节水灌溉方式。消防、环境卫生等市政设施产权人或者管理人应当加强用水设施管理，防止水的泄漏、流失或者挪作他用。

针对建筑节水。应当推广绿色建筑，推动建筑节约用水；建筑应当优先采用列入国家鼓励使用目录的节水产品和设备。

针对公共机构节水。公共机构应当建立节约用水管理制度，更新使用节水产品和设备，配备用水计量设施，加强日常用水管理，建设节水型单位。公共机构应当采购列入政府采购清单中的节水产品和设备。

针对节水型居民小区。鼓励居民节约用水、合理用水。街道办事处、居民委员会应当加强对辖区内物业公司和居民生活节约用水的指导，建设节水型居民小区。

（五）非常规水源利用

市、县（区）人民政府应当将再生水、集蓄雨水、微咸水等非常规水源，纳入水资源统一配置，扩大非常规水源利用规模。城市生态景观、工业生产、城市绿化、道路清扫、车辆冲洗和建筑施工等用水，应当优先使用再生水。市、县（区）人民政府在新区建设、旧城改造和市政基础设施建设时，应当落实海绵城市建设理念，因地制宜配套建设再生水利用设施，提高雨水资源利用率。

关于雨水利用。市、县（区）人民政府在新区建设、旧城改造和市政基础设施建设时，应当因地制宜配套建设雨水利用和再生水利用设施。鼓励和支持农村集体经济组织、新型农业经营主体、农民用水合作组织和个人合理建设集雨水窖、水池、塘坝等蓄水节水工程，增加有效水源。

关于再生水利用。再生水输配水管线覆盖范围内有条件的工业企业，应当使用再生水。市、县（区）人民政府鼓励和扶持企事业单位和个人投资建设污水处理再生利用和雨水收集利用工程。城乡绿化、环境卫生、建筑施工、人工景观、道路降尘和车辆冲洗等用水，优先使用再生水，限制使用自来水、地下水及优质地表水。城镇新建大型公共建筑和政府投资的住宅建筑应当安装再生水利用设施。

（六）水价制度

水价制度是发挥市场调节机制推动节水工作的重要制度。根据《水法》第四十九条，“用水应当计量，并按照批准的用水计划用水。用水实行计量收费和超定额累进加价制度。”《国务院办公厅关于推进农业水价综合改革的意见》（国办发〔2016〕2号）要求，建立健全农业水价形成机制，分级制定农业水价，探索实行分类水价，逐步推行分档水价。《国家节水行动方案》提出，全面深化水价改革，建立健全充分反映供水成本、激励提升供水质量、促进节约用水的城镇供水价格形成机制和动态调整机制，适时完善居民阶梯水价制度，全面推行城镇非居民用水超定额累进加价制度。因此，城镇居民用水实行阶梯水价制度，农村居民用水，逐步落实阶梯水价制度。非居民用水实行超定额或者超计划累进加价制度。由水工程供给的农业灌溉用水，推行基本水价和计量水价相结合的制度。具备计量条件的灌区，实行按实际用水量，按方收取水费；不具备计量条件的灌区，可以在斗渠或支渠分水口计量用水量，按实际灌溉面积收取水费，并逐步健全计量设施，向计量收费过渡。供水价格按照补偿成本、合理收益、优质优价、促进节水、公平负担的原则确定。对于再生水的价格，需要考虑法律法规依据以及市场配置资源原则，不宜进行强制性规定。再生水价格应当不高于城市非居民用水价格，保持适当差价，由供需双方根据其水质、成本、用途、用量等协商确定。

（七）水权交易

《国家节水行动方案》提出，推进水权水市场改革，探索流域内、地区间、行业间、用水户间等多种形式的水权交易。水权交易涵盖取水权交易，采用市场机制促进节水，符合发展趋势，属于国家鼓励支持的措施。市、县（区）人民政府应当开展水资源确权登记，推行水权交易制度，鼓励地区间、行业间、取用水户间按照国家有关规定进行水权交易。针对交易主体，采取“地区间、行业间、用水户间”的方式，相较“用水单位和个人”或者“地区间、行业间、用水户间”而言，更为合理。针对水权交易，还有节水量交易的提法。根据《国务院办公厅关于推进农业水价综合改革的意见》，要求以县级行政区域用水总量控制指标为基础，明确水权，实行总量控制，鼓励用户转让节水量。

五、激励保障措施分析

（一）投融资支持

《国家节水行动方案》提出，拓展融资模式，完善金融和社会资本进入节水领域的相关政策，积极发挥银行等金融机构作用，依法合规支持节水工程建设、节水技术改造、非常规水源利用等项目。考虑到金融机构的性质，对其义务性规定需要有法律法规依据。依据《循环经济促进法》，做出鼓励性规定。市、县（区）人民政府应当将节水项目列为重点投资领域，拓展投融资模式，探索多元化的投融资渠道，鼓励和引导社会资金、民间资本投入节约用水产业，鼓励金融机构对符合国家产业政策的节水项目给予优先贷款等信贷支持。

（二）财政支持

市、县（区）人民政府应当采取水价调节、财政补助、节水奖励等方式，对节水型社会建设以及符合条件的水平衡测试、节水技术改造、节水器具推广、非常规水源利用等项目给予支持。市、县（区）人民政府应当建立健全与节水成效、农业水价水平、财力状况相适应的农业用水精准补贴机制，根据节水量对采取节水措施、调整种植结构节水的规模经营主体、农民用水合作组织和农户给予奖励。目前老旧城镇、小区、管网漏失严重，是生活节水的重点。针对老旧小区、农村地区，应当加大政府支持力度，采取财政补贴方式，在老旧小区、农村地区大力推广使用节水器具。

（三）监督检查

市、县（区）人民政府水行政主管部门和住房城乡建设、工业和信息化、农业农村、市场监督管理等部门应当依法履行职责，加强对节约用水情况的监督管理，及时查处浪费水的行为。有关单位和个人对监督检查工作应当给予配合，不得拒绝或者阻碍监督检查人员依法执行公务。

（四）节水服务

《国家节水行动方案》提出，推动合同节水管理，创新节水服务模式，开展节水设计、改造、计量和咨询等服务。贯彻国家的要求，市、县（区）人民政府应当鼓励节水服务机构发展，支持节水服务机构依法开展节约用水咨询、设计、评估、检测、审计、认证、水平衡测试、合同节水管理等服务。

（五）表彰奖励

针对表彰奖励，鉴于对使用财政资金设立奖励的规定趋于严格，规定节水奖励可执行性存在难度。《青海省实施〈中华人民共和国水法〉办法》对于表彰奖励已有相关规定，本“办法”可以不再重复规定。但是，考虑到充分发挥节水激励机制的作用，可以针对具体情况，做出有选择性的规定，对在节约用水活动中做出突出成绩的单位和个人，由市、县（区）人民政府给予表彰或者奖励。

（六）法律责任

针对取用水户的法律规定。取用水户未按规定报送用水、节水报表的；重点取用水户未按规定接受用水审计或者未对存在问题进行整改的，由市、县（区）人民政府水行政主管部门责令限期改正；逾期未改正的，处五千元以上二万元以下罚款。需要说明的是，对于“重点取用水户未按规定接受用水审计或者未对存在问题进行整改的”，目前尚未有法律法规、规章做出法律责任方面的规定。根据《行政处罚法》第十三条，“省、自治区、直辖市人民政府和省、自治区人民政府所在地的市人民政府以及经国务院批准的较大的市人民政府制定的规章可以在法律、法规规定的给予行政处罚的行为、种类和幅度的范围内做出具体规定。尚未制定法律、法规的，前款规定的人民政府制定的规章对违反行政管理秩序的行为，可以设定警告或者一定数量罚款的行政处罚。罚款的限额由省、自治区、直辖市人民代表大会常务委员会规定。”可以对其做出设定罚款的行政处罚。

针对用水企业的法律责任。根据《青海省人大常委会关于实施〈中华人民共和国行政处罚法〉几个问题的决定》关于规章罚款数额的规定，“对于尚未制定法律、法规的违反行政管理秩序的行为，属于非经营活动中的违法行为设定罚款不得超过一千元；对经营活动中的违法行为，有违法所得的，设定罚款不得超过违法所得的3倍，但是最高不得超过三万元；没有违法所得的，设定罚款不得超过一万元。”以水为主要原料生产饮料、饮用水等产品的企业，水的重复利用率低于国家规定标准的，由水行政主管部门责令限期改正，并处五千元以上一万元以下罚款；逾期未改正的，处一万元以上三万元以下罚款。

针对行政机关及其工作人员的法律责任。市、县（区）人民政府水行政主管部门或者其他有关部门工作人员在节约用水工作中徇私舞弊、滥用职权、玩忽职守的，依法给予处分；构成犯罪的，依法追究刑事责任。

六、制度创新建议——《海东市节约用水管理办法》（建议稿）

根据前期研究成果，提出《海东市节约用水管理办法》（建议稿），为相应立法提供参考。该项立法性质为市政府规章。

（一）《海东市节约用水管理办法》（建议稿）说明

一是深入贯彻落实习近平总书记重要讲话精神。制定《海东市节约用水管理办法》，需要深入贯彻落实习近平新时代中国特色社会主义思想，紧紧围绕习总书记“3·14”重要讲话精神和十六字治水方针，围绕节水优先强化顶层设计。根据《中华人民共和国水法》《中华人民共和国中华人民共和国循环经济促进法》《取水许可和水资源费征收管理条例》《青海省实施〈中华人民共和国水法〉办法》等法律法规，按照国家生态文明建设总体要求，践行“一优两高”重大战略，坚持节水优先方针，把节水作为解决水资源短缺问题的重要举措，贯穿到经济社会发展全过程和各领域，加强节水顶层设计，明确节水管理机制，科学制定节水管理制度和措施，推动节水制度创新，加快推进用水方式由粗放向节约集约转变，推动全社会节约水资源，促进水资源可持续利用。

二是坚持破解节水工作难点的问题导向。落实《国家节水方案》要求，开展节约用水立法前期研究，深入分析海东市节水工作面临的主要问题，如管理体制、节水管理制度、节水规划、用水计划管理、产业节水、城镇节水、非常规水源利用等，分析提出有针对性的措施，并予以法治化。实施最严格的水资源管理制度，严控用水总量、用水效率、水功能区限制纳污“三条红线”，推进节水型社会建设。实施水资源消耗总量和强度双控行动，以水定城、以水定地、以水定人、以水定产，坚决抑制不合理用水需求，建立不同区域不同行业节水标准定额体系和节水评价机制，深入推进农业水价综合改革，加快建立非居民用水超定额累进加价制度，全面落实居民用水阶梯水价制度。实施节水产品质量提升与推广行动，完善节水技术推广服务网络。实施全社会节水行动，加快推进节水型企业、高校、公共机构、居民小区等达标建设。

三是贯彻全面深化改革要求，注重发挥好政府和市场的作用。在设计节水制度时，注重强化规划、节水评价、计量统计、取用水户管理等管控措施，建立健全政府节水监管制度，完善节水资金支持、监督检查、节水服务等激励保障政策；同时积极发挥市场机制作用，健全水价、水权交易等节水利益调节机制，引导和鼓励市场主体参与节水，形成全社会主动节水的机制和氛围。全面总结海东市农业农村节水、节水型单位、节水型社会等建设经验，明确农业农村、工业、服务业、城市等领域高效利用水资源的要求，落实政府、企业和公众节水责任与义务，将好的做法和经验通过立法予以体现，结合国家对节水的新要求，通过地方立法予以制度化、法治化。

（二）《海东市节约用水管理办法》（建议稿）主要内容

落实《国家节水行动方案》要求，根据《水法》《循环经济促进法》等法律、《取水许可和水资源费征收管理条例》《农田水利条例》等行政法规以及《青海省实施〈中华人民共和国水法〉办法》《青海省生态文明建设促进条例》等地方性法规，参照《青海省节约用水管理办法》《青海省实施〈中华人民共和国抗旱条例〉办法》《青海省取水许可和水资源费征收管理办法》《青海省促进绿色建筑发展办法》等省政府规章，并借鉴外地立法经验，形成《海东市节约用水管理办法》（建议稿），主要内容如下。

1. **总则**

该部分主要包括：立法目的、立法依据、适用范围、概念界定、基本原则、管理体制、目标和任务、全过程节水、经济社会布局、宣传教育、考核评价、监督和表彰等。

2. **节水管理制度**

该部分主要包括：节约用水规划、总量和强度控制、节水评价、定额管理、区域计划用水、单位计划用水、用水计量、用水统计、取用水监控、用水审计、节水设施“三同时”制度、水价制度、水权交易等。

3. **水资源高效利用**

该部分主要包括：农业农村节水，涉及农业布局节水、农业节水方式、农业用水管理、农业技术节水、农村生活节水等；工业节水，涉及工业布局节水、工业节水技术改造、工业集聚区节水、制水环节节水等；城镇节水，涉及节水型城市建设、服务业节水、建筑节水、公共机构节水、小区节水、城市景观环境节水等；非常规水源利用，涉及雨水利用、再生水利用、微咸水利用等。

4. 激励保障措施

该部分主要包括：科技政策、资金投入政策、财政政策、金融政策、监督管理、鼓励节水服务机构发展等。

5. 法律责任

该部分主要包括：行政机关及其工作人员的责任、取用水户的法律责任等。

6. 主要概念界定

（1）节约用水，是指在生产生活中降低水资源消耗和损失，合理高效利用水资源的各种行为。

（2）水平衡测试，是指对用水单位和用水系统的水量进行系统的测试、统计和分析，得出水量平衡关系的过程。

（3）取用水户，是指纳入取水许可管理的单位和个人以及公共供水管网内规模以上用水单位。

（4）节水设施，是指节水器具、设备、计量设施、再生水回用和雨水收集利用系统。

（5）再生水，是指废水或者雨水经适当处理后，达到一定的水质指标，可以在一定范围内使用的非饮用水。

（6）公共机构，是指全部或者部分使用财政性资金的国家机关、事业单位和团体组织。

（7）用水审计，是指水行政主管部门对计划用水户的取水、用水、节水、耗水、退（排）水等活动的合规性、经济性及生态环境影响进行监督、鉴证与评价。

（三）《海东市节约用水管理办法》（建议稿）

海东市节约用水管理办法（建议稿）

第一章　总　则

第一条　立法目的和依据

为了加强节约用水管理，提高用水效率，保障用水安全，促进生态文明建设和经济社会可持续发展，根据《中华人民共和国水法》《青海省实施〈中华人民共和国水法〉办法》等有关法律法规，结合本市实际，制订本办法。

第二条　适用范围和概念界定

本市行政区域内的节约用水及其监督管理活动，适用本办法。

本办法所称节约用水，是指在生产生活中降低水资源消耗和损失，合理高效利用水资源的各种行为。

第三条　原则与机制

节约用水工作应当遵循统筹规划、合理配置、总量控制、定额管理、因地制宜、分类指导的原则，建立政府引导、市场调节、公众参与的节约用水机制。

第四条　政府职责

市、县（区）人民政府负责本行政区域内的节约用水工作，应当将节约用水工作目标和任务纳入本级国民经济和社会发展规划、年度计划，合理确定经济社会发展布局和规模，限制发展高耗水产业，严格控制城镇建设、农业灌溉用水规模，实行节约用水目标责任制和考核评价制度，加强节水管理队伍建设，建设节水型社会。

乡（镇）人民政府、街道办事处、开发区及园区管理机构、村（居）民委员会，应当配合有关部门和单位做好节约用水工作。

第五条　部门职责

市、县（区）人民政府水行政主管部门负责本行政区域内节约用水的统一管理和监督工作，拟订节约用水政策、措施、规划和相关标准，指导和推动节水型社会建设；节约用水管理机构按照规定的职责，具体负责节约用水的日常管理工作。

市、县（区）人民政府发展改革主管部门负责做好节约用水规划、指标与国民经济和社会发展规划、计划以及资源节约和综合利用规划的协调衔接，参与拟定节约用水规划、政策，会同有关部门安排节约用水重大项目。

市、县（区）人民政府住房城乡建设主管部门负责城镇节约用水的有关工作，根据节约用水政策、规划和标准，落实节约用水工作要求。

市、县（区）人民政府工业和信息化主管部门负责工业、通信业节约用水的有关工作，推广使用节水工艺、设备和器具并进行监督检查。

市、县（区）人民政府农业农村主管部门负责农业节约用水的有关工作，指导节水农业发展，推广使用农田节水技术、设备和器具。

市、县（区）人民政府林业草原、财政、自然资源、生态环境、教育、科技、市场监督管理等有关部门在各自的职责范围内依法负责节约用水工作，并接受同级水行政主管部门的指导。

第六条　节水科技创新

市、县（区）人民政府应当支持节水科技创新，促进节水技术成果转化推广，加快节水关键技术装备的研发。

第七条　宣传教育

有关部门和单位应当开展节约用水宣传和教育活动，逐步将节水纳入国家宣传、国民素质教育和中小学教育活动，向全民普及节水知识，提高全民节水意识，鼓励、引导消费者购买和使用节水产品，倡导简约适度的消费模式。

广播、电视、报刊、网络等新闻媒体应当加强节约用水的公益宣传和舆论监督。

第八条　节水义务

任何单位和个人都有节约用水的义务，并有权监督和举报浪费水资源的行为。

市、县（区）人民政府水行政主管部门应当建立举报制度，向社会公布举报方式；接到举报后应当及时调查处理，向举报人反馈处理结果，并对举报人的个人信息予以保密。

第二章　管理制度

第九条　节水规划

市（州)、县级人民政府水行政主管部门，依据上级节约用水规划和经济社会发展要求，会同同级发展改革等有关部门编制本行政区域节约用水规划或者相关专项规划，报本级人民政府批准后组织实施。

节约用水规划应当包括水资源及其开发利用状况、节约用水潜力分析、节约用水目标、任务和措施等内容。

编制国土空间规划、区域和行业发展规划、重大建设项目和产业结构布局，应当包含节水内容，并与节约用水规划相适应。

经批准的节约用水规划不得擅自变更或者调整，确需变更或者调整的，应当按照原批准程序重新报批。

第十条　双控制度

实行用水总量和用水强度控制制度，建立市、县（区）行政区域的用水总量和用水强度控制指标体系，作为区域水资源开发和利用效率的控制红线。用水总量和用水强度控制指标由上一级人民政府水行政主管部门编制下达并报本级人民政府批准后执行。

第十一条　节水评价

市、县（区）人民政府水行政主管部门应当在相关规划编制、建设项目立项、取水许可中开展节水评价，合理确定规划和建设项目用水规模和结构，促使规划和建设项目高效用水。

第十二条　节水设施“三同时”制度

新建、改建、扩建建设项目，建设单位应当根据节水评价结果制订节水措施方案，配套建设节水设施。节水设施应当与主体工程同时设计、同时施工、同时投入使用。

配套建设节水设施的建设项目，建设单位组织竣工验收时，应当通知有管辖权的市、县（区）人民政府水行政主管部门参加。节水设施未经验收或者验收不合格的，水行政主管部门不予核发取水许可证，不予核定用水计划，供水单位不予供水。已经建成的节水设施，建设单位不得擅自停止使用。

第十三条　计划用水管理

市、县（区）人民政府水行政主管部门对取用水户实行计划用水管理。取用水户应当在每年的 12 月 31 日前向有管辖权的市、县（区）人民政府水行政主管部门报送本年度用水情况总结和下一年度用水计划建议，水行政主管部门应当于每年 1 月 31 日前，核定下达所管辖取用水户的本年度用水计划。年度用水计划需要调整的，应当经有管辖权的市、县（区）人民政府水行政主管部门重新核定。

对用水超过行业用水定额的取用水户，有管辖权的市、县（区）人民政府水行政主管部门应当责令其加强节水管理，限期实施节水改造，并不得批准其新增取水。

第十四条　定额管理

相关规划编制、取水许可审批和用水计划核定，应当严格执行行业用水定额。

第十五条　用水统计计量

市、县（区）人民政府统计部门会同同级水行政主管部门和有关行业主管部门，建立健全用水统计调查制度，保证用水统计资料真实、准确、完整和及时，并定期公布用水统计信息。

用水单位和个人应当依法安装和使用合格的用水计量设施，并定期检查和维护，保证计量准确。

用水单位或者个人有两个以上不同水源或者两类以上不同用途用水的，应当分别、分类计量。

第十六条　取用水户管理

取用水户应当建立健全节约用水管理制度，按时向有管辖权的市、县（区）人民政府水行政主管部门报送用水、节水报表。

鼓励取用水户安装使用节水设施，实施节水技术改造，定期进行用水合理性分析、水平衡测试。

市、县（区）人民政府水行政主管部门应当加强对重点取用水户的用水监控管理，定期进行用水审计。用水审计中发现存在问题的，重点取用水户应当予以整改。

第十七条　水价制度

城镇居民用水实行阶梯水价；具备条件的农村居民用水，推进实行阶梯水价。非居民用水实行超定额超计划累进加价制度。

由水工程供给的农业灌溉用水，推进实行基本水价和计量水价相结合的制度。具备计量条件的灌区按实际用水量计收水费，计量设施由农业灌溉设施产权主体安装并由管护主体负责维护。

供水价格按照补偿成本、合理收益、优质优价、促进节水、公平负担的原则确定。具体办法由省人民政府价格主管部门会同同级水行政主管部门依据职权制定。

第十八条　水权交易

市、县（区）人民政府应当开展水资源确权登记，推行水权交易制度，鼓励地区间、行业间、取用水户间按照国家有关规定进行水权交易。

第三章　水资源高效利用

第十九条　农业节水

各级人民政府应当鼓励和支持节水灌溉技术、节水灌溉方式的研究，推广节水灌溉技术，推行先进适用的节水型畜禽养殖方式，建设节水型农业示范区和节水型灌区，提高用水效率。新建灌区应当达到节水灌溉工程规范要求；已建灌区不符合节水灌溉标准的，逐步进行更新改造。

市、县（区）人民政府农业农村主管部门应当会同同级水行政主管部门根据本地区水资源条件，制定农业节约用水实施方案，因地制宜发展渠道防渗、管道输水、喷灌、滴灌、微灌等农业节水灌溉方式，推广水肥一体化技术，减少农田、林草灌溉用水损耗。

第二十条　工业节水

工业企业应当对生产用水进行全过程控制，采用分质供水、再生水利用、废污水处理回用等措施，降低用水消耗，提高用水重复利用率，建设节水型企业。

鼓励以水为主要原料生产饮料、饮用水等产品的企业，采用节约用水工艺和技术，减少制水水量损耗，回收利用尾水。原料水的利用率不得低于国家规定标准。

鼓励供水企业采用先进制水技术，加强制水环节管理，减少制水水量损耗。供水企业管网漏损率不得超过国家规定标准。

第二十一条　服务业节水

市、县（区）人民政府应当加强服务业用水管理，严格控制洗浴、洗车、人工滑雪场、人造水景观和娱水场所、宾馆等高耗水服务业的用水定额。

第二十二条　公共机构节水

公共机构应当建立节水管理制度，更新使用节水产品和设备，配备用水计量设施，明确节水管理人员，加强用水日常管理，建设节水型单位。

公共机构应当采购列入政府采购清单中的节水产品和设备。

本条所称公共机构，是指全部或者部分使用财政性资金的国家机关、事业单位和社会团体。

第二十三条　节水型城镇建设

市、县（区）人民政府应当将节约用水落实到城镇规划、建设、管理各环节，实施节水改造，推进节水型城镇建设。

第二十四条　城镇景观环境节水

城镇园林绿化应当种植耐旱型花草、树木，采用滴灌、喷灌、微灌等节水灌溉方式。

园林、环卫部门和公共消防给水设施负责人，应当加强给水设施管理，防止跑水漏水或者取作他用。

第二十五条　非常规水源利用

市、县（区）人民政府应当将再生水、集蓄雨水、微咸水等非常规水源，纳入水资源统一配置，扩大非常规水源利用规模。

城市生态景观、工业生产、城市绿化、道路清扫、车辆冲洗和建筑施工等用水，优先使用再生水，限制使用自来水、地下水及优质地表水。

市、县（区）人民政府在新区建设、旧城改造和市政基础设施建设时，应当因地制宜配套建设雨水利用和再生水利用设施。

第四章　激励保障措施

第二十六条　投融资支持

市、县（区）人民政府应当将节水项目列为重点投资领域，拓展投融资模式，探索多元化的投融资渠道，鼓励和引导社会资金、民间资本投入节约用水产业，鼓励金融机构对符合国家产业政策的节水项目给予优先贷款等信贷支持。

第二十七条　财政支持

市、县（区）人民政府应当逐年增加节水专项资金的投入，采取水价调节、财政补助、节水奖励等方式，对节水型社会建设、节水型城镇和节水型企业、单位、居民小区建设，以及符合条件的水平衡测试、节水技术改造、节水器具推广、非常规水源利用等项目给予支持。

市、县（区）人民政府应当建立健全与节水成效、农业水价水平、财力状况相适应的农业用水精准补贴机制，根据节水量对采取节水措施、调整种植结构节水的规模经营主体、农民用水合作组织和农户给予奖励。

第二十八条　监督检查

市、县（区）人民政府水行政主管部门和住房城乡建设、工业和信息化、农业农村、市场监督管理等部门应当依法履行职责，加强对节约用水情况的监督管理，及时查处浪费水的行为。有关单位和个人对监督检查工作应当给予配合，不得拒绝或者阻碍监督检查人员依法执行公务。

第二十九条　节水服务

市、县（区）人民政府应当鼓励节水服务机构发展，支持节水服务机构依法开展节约用水咨询、设计、评估、检测、审计、认证、水平衡测试、合同节水管理等服务。

第五章　法律责任

第三十条　概括条款

违反本办法规定的行为，有关法律、法规、规章规定处罚的，从其规定。

第三十一条　取用水户法律责任

违反本办法规定，有下列情形之一的，由市、县（区）人民政府水行政主管部门责令限期改正；逾期未改正的，处五千元以上二万元以下罚款：

（一）取用水户未按规定报送用水、节水报表的；

（二）重点取用水户未按规定接受用水审计或者未对存在问题进行整改的。

第三十二条　工业节水法律责任

违反本办法规定，有下列情形之一的，由市、县（区）人民政府水行政主管部门责令限期改正，并处五千元以上一万元以下罚款；逾期未改正的，处一万元以上三万元以下罚款：

（一）以水为主要原料生产饮料、饮用水等产品的企业，原料水的利用率低于国家规定标准的；

（二）供水企业管网漏损率超过国家标准的。

第三十三条　行政机关及其工作人员法律责任

违反本办法规定，市、县（区）人民政府水行政主管部门和发展改革、住房城乡建设、工业和信息化、农业农村、市场监督管理等有关部门及其工作人员有下列行为之一的，由其上级行政机关或者监察机关责令改正；情节严重的，对直接负责的主管人员和其他直接责任人员依法给予政务处分；构成犯罪的，依法追究刑事责任：

（一）未按照规定编制或者落实节约用水规划的；

（二）相关规划编制、取水许可审批和用水计划核定，未严格执行行业用水定额的；

（三）未依法及时核定取用水户用水计划申请的；

（四）未依法履行节约用水监管职责的；

（五）其他玩忽职守、滥用职权、徇私舞弊的行为。

第六章　附　则

第三十四条　本办法从20××年　月　日起实施。

主要参考文献

[1] 曹文虎，李勇．青海省实施生态立省战略研究［M］．西宁：青海人民出版社，2009.

[2] 孙国强．循环经济的新范式［M］．北京：清华大学出版社，2005.

[3] 王贵明．产业生态与产业经济——构建循环经济之基石［M]．南京：南京大学出版社．2009.

[4] 刘国涛．循环经济、绿色产业、法制建设［M］．北京：中国方正出版社．2004.

[5] 刘志荣，陈雪梅．论循环经济发展中的政府制度设计［M］．经济与管理研究，2008（4）：76—80.

[6] 刘静暖，王文法．完善政策体系，促进循环经济发展［J］．河北大学学报（哲学社会科学版），2007（2）：43—47.

[7] 樊根耀，芮夕捷，吴磊．我国的循环经济及其制度创新［J］．西安电子科技大学学报（社会科学版），2005（3）：33—45.

[8] 李宏．循环经济发展的制度创新思考［J］．理论学习，2008（10）：39—40.

[9] 陈德敏. 中国可再生资源综合利用的战略思路与对策 [J]. 中国软科学, 2003 (8): 1—7.

[10] 郭敏, 胡四春, 刘新海. 发展矿业循环经济实现矿产资源综合利用 [J]. 矿产保护与利用, 2007 (3): 1—5.

[11] 孙超铨. 废石利用的新途径 [J]. 采矿技术, 2005 (1): 11—12.

[12] 侯万荣, 李体刚, 等. 我国矿产资源综合利用现状及对策 [J]. 采矿技术, 2006 (3): 63—66.

[13] 常前发. 我国矿山尾矿综合利用和减排的新进展 [J]. 金属矿山, 2010 (3): 1—5.

[14] 王作全. 青海建设国家循环经济发展先行区法制保障研究 [J]. 青海社会科学, 2019 (5): 163—170.

[15] 王金南. 中国绿色经济的发展与展望 [J]. 环境保护, 2009 (5): 53—56.

[16] 曲波. 青海省工业循环经济评价指标体系的建立和评价方法选择 [J]. 攀登, 2006 (6): 109—112.

[17] 宋魁. 青海省发展循环经济的思考 [J]. 平顶山工学院学报, 2007 (2): 8—10.

[18] 何如喜. 青海发展循环经济的若干思考 [J]. 中国资源综合利用, 2006 (8): 4—6.

[19] 黄贤金. 循环经济: 产业模式与政策体系 [M]. 南京: 南京农业大学出版社, 2004.

[20] 侯景新, 尹卫红. 区域经济分析方法 [M]. 北京: 商

务出版社，2004.

[21] 王莲芬，许树柏．层次分析法引论 [M]．北京：中国人民大学出版社，1990.

[22] 何尧军，单胜道．循环经济理论与实践 [M]．北京：科学出版社，2009.

[23] 黄贤金，钟太阳．区域循环经济发展评价 [M]．北京：社会科学文献出版社，2006.

[24] 沈满洪．生态经济学 [M]．北京：中国环境科学出版社，2008.

[25] 刘学敏，金建君，李咏涛．资源经济学 [M]．北京：高等教育出版社，2008.

[26] 曹广超，李玲琴，王晓鹏，马占杰．基于 AHP 分析的柴达木盆地东部地区循环经济发展评价 [J]．青海师范大学学报，2007 (4)：77—80.

[27] 王永龙．现代循环经济发展论 [M]．北京：中国社会科学出版社，2009.

[28] 马莉莉．关于循环经济的文献综述 [J]．西安财经学院学报，2006 (1)：29—35.

[29] 曲格平．循环经济与环境保护 [N]．光明日报，2000 年 11 月 20 日．

[30] 毛如柏，冯之俊．论循环经济 [M]．北京：经济科学出版社，2003.

[31] 初丽霞．循环经济的理论与实践研究 [J]．山东经济战

略研究，2004（9）：34—38.

［32］王金南，俞德辉．发展循环经济是21世纪环境保护的战略选择［J］．经济研究参考，2002（6）：13—17.

图书在版编目(CIP)数据

促进青海省循环经济发展的制度保障体系研究 / 曲波，王健著. -- 北京 : 民族出版社，2022.10
ISBN 978-7-105-16789-0

Ⅰ. ①促… Ⅱ. ①曲… ②王… Ⅲ. ①循环经济－区域经济发展－研究－青海 Ⅳ. ①F127.44

中国版本图书馆 CIP 数据核字(2022)第 188184 号

促进青海省循环经济发展的制度保障体系研究

策划编辑：宝贵敏
责任编辑：德庆央珍
美术设计：金晔
出版发行：民族出版社
地　　址：北京市东城区和平里北街 14 号
邮　　编：100013
电　　话：010-64228001（汉文编辑二室）
　　　　　010-64224782（发行部）
网　　址：http://www.mzpub.com
印　　刷：北京盛通印刷股份有限公司
经　　销：各地新华书店
版　　次：2022 年 11 月第 1 版，2022 年 11 月北京第 1 次印刷
开　　本：880 毫米 ×1230 毫米　1/32
字　　数：340 千字
印　　张：12.25
定　　价：50.00 元
书　　号：ISBN 978-7-105-16789-0/F · 484（汉 377）